EBONY BIŽYS

Japan

DK

JAPAN AUF DER KARTE

ÜBER DIE AUTORIN

Die australisch-litauische Art-Direktorin Ebony Bižys lebt seit 2010 in Tokyo. Vor ihrem Umzug dorthin arbeitete sie elf Jahre bei *Vogue Living*, zuletzt als Deputy Art Director. Ebony betreute verschiedenste Projekte künstlerisch, entwarf Websites und Pop-up-Stores, organisierte Ausstellungen, gestaltete Schaufenster und publizierte diverse Zeitschriften im Selbstverlag. Zu ihren Kunden zählen ISETAN, Tokyu Hands, LoFT, Kate Spade, Fujifilm, *Ginza Magazine*, *Popeye Magazine*, Qantas, Tourism Antwerp und mt masking tape. Ebonys Arbeiten wurden nicht nur in vielen Büchern und Magazinen vorgestellt, sondern auch bei NHK TV und dem Radiosender J-wave. Und nicht zuletzt wurden ihre Bücher in verschiedene Sprachen übersetzt.

WEBSITE www.hellosandwich.jp
INSTAGRAM @HelloSandwich
CREATIVE @HelloSandwichCreative
TWITTER @HelloSandwich
FACEBOOK @HelloSandwich

EINLEITUNG

Hallo liebe Leserinnen und Leser!

Ich freue mich sehr, dass ihr dieses kleine Buch über Japan in Händen haltet, das einige meiner Lieblingsplätze in diesem unglaublichen Land vorstellt.

Meine Liebe zu Japan begann, als ich bei *Vogue* ein Buch über japanische Alltagsmode in die Finger bekam. Begeistert von dem kreativen und spielerischen Stil, musste ich unbedingt schnell dorthin fliegen. Nach neun Reisen zog ich 2010 schließlich »für ein Jahr« nach Japan. Nun lebe ich immer noch dort. Und genieße jeden Tag aufs Neue das großartige Gefühl, Tokyo meine Heimat nennen zu dürfen.

Grundlage des Buchs ist der seit 2009 bestehende Blog *Hello Sandwich*, in dem ich Aspekte von Japan vorstellte, die mich inspirierten – oft vor allem die skurrilen Seiten und Dinge, die es nur in Japan und der japanischen Kultur gibt. Die findet ihr nun in diesem Buch: besondere Orte, die ich sehr liebe. Etwa einen *kissaten*, den es seit mehr als 60 Jahren gibt und der noch heute dieselbe alte Registrierkasse nutzt wie anfangs. Oder eine kleine Stadt in der Region Kyushu, wo 16 Bus-Wartehäuschen stehen, die aussehen wie Obstsorten.

Vielleicht ist dieser Reiseführer auch ein Ansporn, eigene und unvergessliche Erfahrungen und Entdeckungen in diesem magischen Land zu machen. Ich kann euch nur raten, Japan auch abseits der bekannten Wege zu erkunden, denn gerade in Seitenstraßen warten verborgene Schätze.

Japan, ich liebe dich!

Und euch wünsche ich viele fantastische Erlebnisse!

JAPAN

TOKYO

WAS FÜR EINE
WUNDERBARE
UND QUIRLIGE
HAUPTSTADT

35.677°N
139.765°E

01

東京

Klar bin ich voreingenommen, aber wenn ich Menschen treffe, die nach Japan kommen und sich entschließen, ihren gesamten Urlaub ausschließlich in Tokyo zu verbringen, ringt mir das den höchsten Respekt ab. Sie wissen, wie viel die Stadt zu bieten hat, und bemerken rasch, dass sie in den kleineren Vierteln abseits der bekannten Sehenswürdigkeiten unglaublich viele großartige kulturelle Erfahrungen machen können.

Die Shoppingmöglichkeiten sind fantastisch, einige der Restaurants zählen zu den besten der Welt (zum Zeitpunkt der Veröffentlichung dieses Buchs gab es in Tokyo 212 Restaurants mit Michelin-Stern, mehr als in jeder anderen Stadt). In Tempeln wie dem Gotokuji *(siehe S. 18)* lernt man die spirituelle Seite des Landes kennen, am größten Bahnhof der Welt warten einzigartige Architektur, Kunst und Mode. Werft einen Blick auf die Stadt vom Tokyo Skytree *(siehe S. 14)*, geht in den Coffee Shop Ace *(siehe S. 39)*, einen *kissaten* (altes Kaffeehaus) aus den 1970ern, oder entspannt im Inokashira-Park *(siehe S. 12)*, ehe ihr dort shoppen geht, wo Tokyos coole Kids einkaufen: in Harajuku *(siehe S. 25)*.

Tokyo steht alle Jahre wieder ganz weit oben auf der Liste der lebenswertesten Städte der Welt – kein Wunder.

27
16
NAKANO-KU
中野区
2
20
36
MINAMI-SHINJUKU
YOYOGI
SENDAGAYA
HATSUDAI
KOKURITSU-KYOGIJO
SANGUBASHI
KITA-SANDO
HATAGAYA
渋谷区
SHIBUYA-KU
東京都
TOKYO-TO
SASAZUKA
YOYOGI-HACHIMAN
HARAJUKU
12
YOYOGI-KOEN
22
MEIJI-JINGUMAE
YOYOGI-UEHARA
25
34
OMOTE-SAND
HIGASHI-KITAZAWA
13
17
29
9
10
18
5
SHIMO-KITAZAWA
33
32
IKENOUE
19
SHIBUYA
KOMABA-TODAIMAE
31
SHINSEN
1
30
SETAGAYA-KU
世田谷区
IKEJIRI-OHASHI
35
26
14
28
DAIKANYAMA
7
EBISU
EBISU
23
NAKA-MEGURO
MEGURO-KU
目黒区
SANGEN-JAYA
YUTENJI

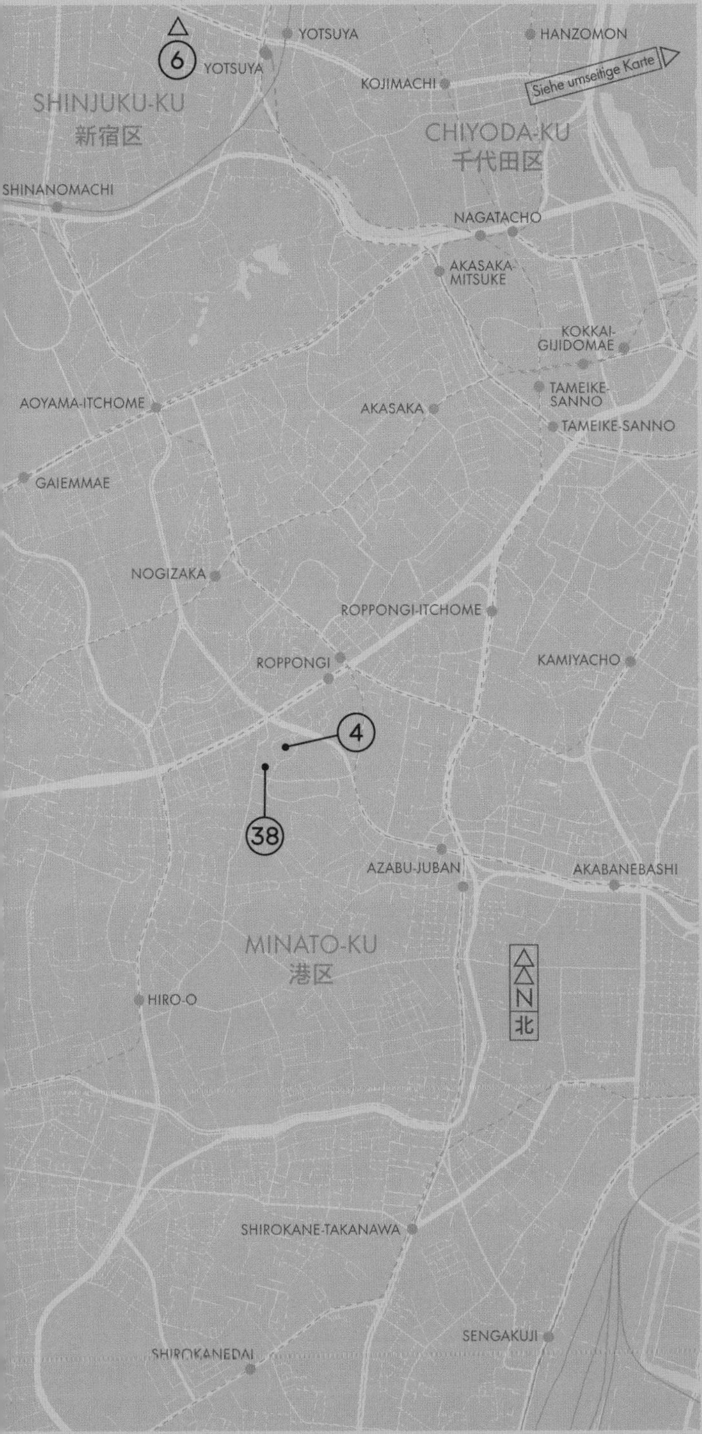

1 Shibuya | **ATTRAKTION/STADTTEIL**
4 Mori Art Museum & Tokyo City View | **ATTRAKTION/MUSEUM/AUSSICHT**
5 Spiral | **ATTRAKTION/KREATIVER RAUM/GALERIE/SHOP**
9 LoFT | **KAUFHAUS**
10 Tokyu Hands | **KAUFHAUS/CAFÉ**
12 Harajuku | **SHOPS/CAFÉS**
13 Utrecht | **BUCHLADEN/KUNST**
14 Daikanyama Tsutaya T-Site | **BUCHLADEN/MUSIK/CAFÉ**
17 Shibuya Publishing & Booksellers | **BUCHLADEN/GALERIE**
18 Tower Records | **SHOP/MUSIK/BUCHLADEN**
22 Newport | **CAFÉ/BAR/MUSIK**
23 Sidewalk Stand | **CAFÉ/SANDWICHES**
25 Fuglen | **CAFÉ/KAFFEE/BAR**
26 Alaska Zwei | **CAFÉ/VEGAN/SHOP**
28 Suezen | **RESTAURANT/TEISHOKU**
29 Commune | **BAR**
30 Golden Brown | **RESTAURANT/BURGER**
31 d47 Shokudo | **RESTAURANT/TEISHOKU/SAKE**
32 Izakaya Shirube | **RESTAURANT/IZAKAYA**
33 City Country City | **RESTAURANT/BAR/MUSIK**
34 Brown Rice Canteen | **RESTAURANT/TEISHOKU/VEGAN**
35 Spring Valley Brewery | **BAR/BRAUEREI**
38 Grand Hyatt Tokyo | **HOTEL/RESTAURANT**

NICHT AUF DER KARTE

2 Inokashira-Park | **ATTRAKTION/PARK** | 16 km westl. des Bahnhofs Shibuya
6 Yayoi Kusama Museum | **ATTRAKTION/MUSEUM** | 6 km nordöstl. des Bahnhofs Shibuya
7 Gotokuji-Tempel | **ATTRAKTION/TEMPEL** | 6,5 km westl. des Bahnhofs Shibuya
16 Nakano Broadway | **EINKAUFSZENTRUM/RESTAURANTS/IZAKAYA** | 9 km nordwestl. des Bahnhofs Shibuya
20 Avril | **SHOP/GARNE** | 17 km nordwestl. des Bahnhofs Shibuya
27 Hattifnatt | **CAFÉ** | 11 km nordwestl. des Bahnhofs Shibuya
36 Harmonica Yokocho | **BARS/NACHTLEBEN** | 17 km nordwestl. des Bahnhofs Shibuya
37 Green Cabin (My Home in Tokyo) | **UNTERKUNFT** | Adresse erfährt man bei Buchung

NISHI-NIPPORI
NISHI-NIPPORI
MIKAWASHIMA
MINAMI-SENJU
KANEGAFUCHI
ARAKAWA-KU
荒川区
15
MINOWA
NIPPORI
Sumidagawa
SENDAGI
HON-KOMAGOME
HIGASHI-MUKOJIMA
TAITO-KU
台東区
IRIYA
KEISEI
HIKIFUNE
UGUISUDANI
HIKIFUNE
TODAIMAE
NEZU
11
UENO
ASAKUSA
文京区
BUNKYO-KU
KEISEI-
UENO
UENO
INARICHO
ASAKUSA
TOKYO
SKYTREE
3
OSHIAGE
SKYTREE
TAWARAMACHI
ASAKUSA
HONJO-
AZUMABASHI
UENO-
HIROKOJI
UENO-
OKACHIMACHI
KASUGA
YUSHIMA
SHIN-OKACHIMACHI
HONGO-
SANCHOME
OKACHIMACHI
NAKA-
OKACHIMACHI
8
KURAMAE
KURAMAE
SUIDOBASHI
SUEHIROCHO
SUMIDA-KU
墨田区
SUIDOBASHI
OCHANOMIZU
AKIHABARA
ASAKUSABASHI
SHIN-OCHANOMIZU
RYOGOKU
KINSHICHO
JIMBOCHO
IWAMOTOCHO
AWAJICHO
RYOGOKU
BAKUROCHO
KANDA
HIGASHI-NIHOMBASHI
24
KANDA
TAKEBASHI
KODEMMACHO
SUMIYOSHI
KIKUKAWA
HAMACHO
CHIYODA-KU
千代田区
SHIN-NIHOMBASHI
MORISHITA
OTEMACHI
NINGYOCHO
MITSUKOSHIMAE
OTEMACHI
SUITENGUMAE
NIHOMBASHI
KIYOSUMI-SHIRAKAWA
Sumidagawa
N
北
TOKYO
Siehe umseitige Karte
KAYABACHO
NIJUBASHIMAE
CHUO-KU
中央区
SAKURADAMON
KYOBASHI
YURAKUCHO
TAKARACHO
KOTO-KU
江東区
HATCHOBORI
HIBIYA
GINZA-ITCHOME
19
MONZEN-NAKACHO
KASUMIGASEKI
TOYOCH
GINZA
SHINTOMICHO
UCHISAIWAICHO
HIGASHI-
GINZA
KIBA
21
ETCHUJIMA
TSUKIJI
SHIMBASHI

3 Tokyo Skytree | **ATTRAKTION/ AUSSICHT/RESTAURANT**
8 Almost Perfect | **ATTRAKTION/ KREATIVER RAUM/GALERIE**
11 Kappabashi | **SHOPS/ KÜCHENBEDARF**
15 Nippori Fabric Town | **SHOPS/ STOFFE/KUNSTHANDWERK**
19 Muji & Muji-Café | **SHOP/CAFÉ**
24 Coffee Shop Ace | **CAFÉ/ KISSATEN**

NICHT AUF DER KARTE

21 Moreru Mignon | **SHOP/ PURIKURA** | 24 km östl. des Bahnhofs Shibuya

1 SHIBUYA

渋谷

S Shibuya
W shibuya-scramble-square.com/sky
A 1-2 Dogenzaka, Shibuya-ku, 150-0043

ATTRAKTION/STADTTEIL | Shibuya ist ein einmaliges Rundumpaket in Tokyo, das ihr nicht versäumen solltet. Wie der Times Square in New York, nur viel größer und verrückter! Blinkende Neonlichter, ein Gewirr von Stimmen und Geräuschen, unzählige Videos, die auf riesigen Bildschirmen laufen, und Hunderte Menschen, die die gigantische Kreuzung Shibuya (oder Hachiko) überqueren. Die schiere Menge an Läden, Restaurants, Karaoke-Bars und Lokalen mit Livemusik macht Shibuya nicht nur für Touristen, sondern auch für Japaner unwiderstehlich.

Als ich noch als Urlauberin nach Tokyo kam, ging ich stets als Erstes zur Hachiko-Kreuzung und saugte den Trubel auf. Falls ihr mit dem Zug anreist, nehmt den Ausgang Hachiko, dann kommt ihr direkt an der Kreuzung raus. Ich lebe nun schon über zehn Jahre in Tokyo, aber dieser Ort wird einfach nie langweilig, auch heute noch filme oder fotografiere ich hier mit großer Begeisterung.

Geht ins d47 Shokudo *(siehe S. 49)* im Hikarie-Gebäude und genießt beim *teishoku* (Menü) den großartigen Blick über die ganze Kreuzung. Oder filmt vom Fußweg am Bahnhof Shibuya zwischen Ginza- und Inokashira-Linie das Treiben im Zeitraffer. Die 2019 eröffnete Aussichtsplattform Shibuya Sky bietet den beeindruckendsten Blick über die Shibuya-Kreuzung. Besonders bei Regen, wenn der ganze Platz übersät ist von bunten Schirmen, die sich vom glänzenden Schwarz-Weiß der Zebrastreifen abheben, gelingen wunderbare Fotos.

Wenn ihr bei Sonnenuntergang Lust auf einen Drink habt, geht in die Shibuya Drinking Alley gleich neben den Gleisen des Bahnhofs Shibuya. Die nette kleine Gasse mit ihren winzigen Bars muss man einfach gesehen haben.

2 INOKASHIRA-PARK

井の頭公園

S Kichijoji
A 1-18-31 Gotenyama, Musashino-ku, 181-0001

ATTRAKTION/PARK | Der Inokashira-Park (Inokashira Onshi Kōen) ist einer der bekanntesten in Tokyo und berühmt für seine *sakura* (Kirschbäume) und die hübschen Schwanenboote, die man mieten kann. Aber Vorsicht: Man sagt, dass sich Paare, die zusammen in einem Schwanenboot fahren, angeblich bald trennen. Nehmt also sicherheitshalber lieber zwei Boote!

In dem riesigen Park stehen etwa 20 000 Bäume. Im Herbst sind besonders die Ahornbäume eine wahre Augenweide. Gegen Ende von *hanami* (Kirschblüte) fallen die Blätter der Kirschbäume in den großen See und bilden eine rosafarbene Oberfläche, die fast an eine Eisfläche erinnert.

Wenn euch das noch nicht ganz überzeugt hat, verrate ich euch, dass es in dem Park auch noch einen kleinen Zoo gibt – ideal für Kinder – mit Leoparden, Ziegen, Pinguinen, Wildschweinen und Kranichen, einem Wald mit Wildvögeln und einem japanischen Vogelhaus. Der Eintritt kostet für Erwachsene nur 400 Yen, Kinder unter zwölf Jahren zahlen nichts.

Der Park liegt in der Region Kichijoji, die man vom Bahnhof Shibuya mit der Inokashira-Linie in 20 Minuten erreicht. Vom Bahnhof Inokashira-kōen läuft man etwa eine Minute, vom Bahnhof Kichijoji braucht man fünf bis zehn Minuten zu Fuß. Ich selbst fahre am liebsten mit dem Schnellzug von Shibuya nach Kichijoji und gehe dann – vorbei an den Läden – zum Park. So kann man auf dem Weg auch gleich noch ein paar Snacks für ein Picknick im Park besorgen.

1

1

2

3 TOKYO SKYTREE

東京スカイツリー

S Oshiage (Skytree)
A 1-1-2 Oshiage, Sumida-ku, 131-8634

ATTRAKTION/AUSSICHT/ RESTAURANT | Der Tokyo Skytree bietet eine hervorragende Möglichkeit, vom östlichen Tokyoter Vorort Sumida aus einen 360-Grad-Blick über die Stadt zu genießen. Nach dem Baubeginn im Jahr 2008 und der Eröffnung im Mai 2012 ist er nun mit 634 Metern der höchste Turm der Welt und nach dem Burj Khalifa auch das zweithöchste Bauwerk der Welt.

Es gibt zwei Aussichtsplattformen, eine auf 350 Meter und eine auf 450 Meter Höhe. Auf der Ebene der ersten befinden sich der Skytree Shop, das Skytree Café und das Sky Restaurant 634. Das Restaurant in 345 Meter Höhe bietet einen fantastischen Ausblick. Ein Mittagessen bekommt ihr hier zwischen 6292 und 8712 Yen, ein Abendessen kostet zwischen 1592 und 19 602 Yen. Das Muyabi-Dinner umfasst beispielsweise französische Gerichte wie Gänseleber zur Vorspeise, frittierte Languste mit Spargel und diverse Hauptgerichte wie Lamm oder Nagasaki-Rinderlende sowie Matcha-Mousse als Nachspeise. Oder ihr esst köstliche Gerichte vom Teppan-Grill – wobei ihr da aber rund um den Grill sitzt und nicht so viel von der tollen Aussicht mitbekommt.

Den Tokyo Skytree erreicht man ganz einfach von den Bahnhöfen Tokyo Skytree oder Oshiage, je nachdem, welchen Zug man nimmt. Die Fahrt den Tokyo Skytree hinauf kostet an Werktagen 3100 Yen und am Wochenende 3400 Yen. Und keine Angst, wenn das Wetter mal nicht strahlend schön ist: Im Skytree gibt es Bildschirme, die die Aussicht bei erstklassigem Wetter zeigen.

Mein Tipp: Fahrt am Spätnachmittag kurz vor Sonnenuntergang hinauf, dann schlagt ihr zwei Fliegen mit einer Klappe und seht Tokyo auch bei Nacht. Die letzte Auffahrt ist um 20 Uhr.

4 MORI ART MUSEUM & TOKYO CITY VIEW

森美術館

S Roppongi
W mori.art.museum/en;
tcv.roppongihills.com/en
A Mori Tower, 6-10-1 Roppongi, Minato-ku, 106-6150
T +81-3-5777-8600

ATTRAKTION/MUSEUM/ AUSSICHT | Bei dem Besuch des Mori Art Museum und des Tokyo City View verbinden sich auf spannende Weise anregendes Kunsterlebnis und urbane Architektur. Hier bekommt man einen guten Eindruck, wie unfassbar groß diese Stadt ist. Noch heute denke ich mir beim Blick über die endlosen Gebäude, wie unglaublich es ist, dass ich in dieser riesigen Metropole lebe!

Beide Attraktionen befinden sich im 52. und 53. Stock des Wolkenkratzers Roppongi Hills Mori Tower. Der Turm ist nur drei Gehminuten vom Ausgang 1C der Station Roppongi der Metro-Linie Hibuya entfernt.

Im Mori Museum erwarten euch diverse, wirklich sehenswerte Ausstellungen zeitgenössischer Kunst. Auf der Website sieht man, was gerade geboten wird. Der Eintritt kostet 2000 Yen, der Ticketschalter befindet sich im dritten Stock des Mori Tower. Eintrittskarten kann man aber auch online kaufen. Nehmt auf jeden Fall den Eingang »Museum Cone«.

Über dem Museum liegt der Tokyo City View mit einem Aussichtsdeck auf 250 und dem außen liegenden Sky Deck auf 270 Meter Höhe. Der Eintritt von 1800 Yen lohnt sich allemal, denn von hier hat man einen der schönsten Blicke auf die Stadt. Bei Sonnenuntergang kann man dort oben mitten in einer der größten Städte der Welt die ersten Sterne am Nachthimmel sehen!

In Roppongi Hills könnt ihr gut einen ganzen Tag verbringen, das Museum und die Aussichtsplattformen besuchen sowie die vielen Restaurants und Cafés in der Gegend entdecken.

3

4

5 SPIRAL
スパイラル

S Omotesando
W spiral.co.jp/en
A 5-6-23 Minami-Aoyama, Minato-ku, 107-0062
T +81-3-3498-1171

ATTRAKTION/KREATIVER RAUM/ GALERIE/SHOP | Die »Spirale« ist ein Kunstbau, der 1985 mit dem Ziel errichtet wurde, Kultur, Lifestyle und Kunst miteinander zu verbinden. Sie beherbergt Ausstellungsräume und Läden für Kunstinteressierte und liegt superpraktisch genau vor dem Ausgang B1 des Bahnhofs Omotesando. Neben fantastischen Galerien, Restaurants, einem Café, einem Mehrzwecksaal und einer Bar findet ihr in der »Spirale« auch eine Pop-up-Galerie, Läden und Haushaltswaren.

Die Läden bieten viele lokale Produkte – von Bürobedarf über Keramik, Geschirr, Karten und Gläser bis zu Kleidung. Auch heimische und internationale Stylisten gehen hier gern ein und aus.

Es ist unglaublich, welche Einblicke in Kunst und Kunsthandwerk man hier bekommt. Im Lauf der Jahre habe ich dort eine Papierausstellung von einem von Japans berühmtesten Papierherstellern, eine herrliche Fliesenausstellung sowie verschiedene spannende Modenschauen gesehen. Früher fanden dort auch Schauen im Rahmen der Tokyo Designers Week statt.

Die Ausstellungen – oft sind mehrere gleichzeitig zu sehen – kosten in der Regel keinen Eintritt. Im Erdgeschoss könnt ihr in der Pop-up-Galerie und dem Laden kleinere Sammlungen bewundern, ehe ihr entweder mit dem Lift oder zu Fuß über die Rampe an den Galerien vorbei zum Spiral-Markt im zweiten Stock geht.

Der Name des Baus, in dem man ganz wunderbar einen Nachmittag verbringen kann, beruht auf seiner Bauweise in Form einer aufsteigenden Spirale, die der Architekt Fumihiko Maki entworfen hat.

6 YAYOI KUSAMA MUSEUM
草間彌生美術館

S Waseda
W yayoikusamamuseum.jp/en
A 107 Bentencho Shinjuku-ku, 162-0851

ATTRAKTION/MUSEUM | Das Yayoi Kusama Museum wurde von der bekannten japanischen Künstlerin Yayoi Kusama gegründet und 2017 in Shinjuku eröffnet. Ein Stockwerk ist ausschließlich einer von Kusamas Kürbis-Installationen mit dem Titel *Pumpkins Screaming About Love Beyond Infinity* gewidmet. Jedes Jahr werden die Werke der Yayoi Kusama Foundation in zwei Ausstellungen präsentiert. Mittlerweile ist Kusama zwar auch international recht bekannt, und ihre Werke tauchen in größeren Museen, bei Biennalen und Triennalen auf, aber hier kombiniert man ihre neuen Werke gern mit früheren Arbeiten.

Das Museum erstreckt sich über fünf Stockwerke und wurde vom japanischen Architekturbüro Kume Sekkei entworfen. Es hat gerundete Ecken und wird abends von innen heraus durch große Fenster schön beleuchtet.

Der Eintritt kostet für Erwachsene 1100 Yen und für Kinder von sechs bis 18 Jahren 600 Yen. Die Tickets muss man vorab über das Online-Buchungssystem kaufen, dann bekommt man einen festen Besuchszeitpunkt mitgeteilt. Am besten fährt man mit der Metro-Linie Tozai zur Station Waseda. Über den Ausgang 1 seid ihr in zehn Minuten zu Fuß am Museum. Fans von Yayoi Kusama sollten es sich keinesfalls entgehen lassen.

7 GOTOKUJI-TEMPEL

豪徳寺

S Gotokuji
A 2-24-7 Gotokuji, Setagaya-ku, 154-0021
T +81-3-3426-1437

ATTRAKTION/TEMPEL | In einem hübschen kleinen Wohngebiet liegt der von der Odakyu-Linie aus leicht erreichbare Gotokuji-Tempel, ein absolutes Muss für Katzenfreunde. Schon wenn ihr an der Station Gotokuji durch das Drehkreuz geht, stoßt ihr auf die erste *maneki neko* (Katzenstatue) und wisst, dass ihr auf dem richtigen Weg seid.

Ihr erreicht den Tempel vom Bahnhof zu Fuß in 15 Minuten. Er ist an sich schon sehr schön, aber wenn ihr nach links um das Hauptgebäude herumgeht, findet ihr eine unüberschaubare Sammlung von Katzenfiguren. Ihr könnt auch selbst eine Katze kaufen und als Glücksbringer am Tempel abstellen. Man sagt, wenn der jeweilige Wunsch erfüllt wurde, kehren sie wieder ins Regal zurück.

Gotokuji ist das ganze Jahr über schön, vor allem aber im Herbst, wenn sich das Laub der Ahornbäume verfärbt und man durch raschelnde rotbraune Blätter schlendert. Solltet ihr zufällig an Neujahr in Japan sein, könnt ihr wie die Japaner den *hatsumode* (ersten Tempelbesuch des Jahres) machen, einen Wunsch aussprechen und *amazake* (süßen heißen Reiswein) trinken.

Passt gut auf, vielleicht entdeckt ihr auch eine Trambahn der Setagaya-Linie, deren Front – als Hommage an den Tempel – mit einem Katzengesicht bemalt ist.

8 ALMOST PERFECT

オールモスト パーフェクト

S Kurumae
W almostperfect.jp
A 2-3-2 Kojima, Taito-ku, 111-0056
T +81-80-4733-5299

ATTRAKTION/KREATIVER RAUM/ GALERIE | Das kreative Ehepaar Luis und Yuka betreibt das Almost Perfect als Galerie und Kunstraum in Kurumae. Früher kaufte Luis oft in der Gegend einen Skizzenblock im Kakimori, und eines Tages traf er dort zufällig einen Freund, der ihm erzählte, dass in der Nähe ein hübscher kleiner Reisladen frei geworden sei. Kurz entschlossen renovierte er ihn zusammen mit Yuka und schuf eine Galerie sowie Wohnräume, in denen Künstler leben, arbeiten und ihre Werke ausstellen können.

Im Almost Perfect logieren Kameraleute, Musiker, Bildhauer, Fotografen, Schriftsteller, Illustratoren, Designer oder Maler in einem gemütlichen alten, aber innen schön modernisierten Haus. Sie treffen dort stets auf Gleichgesinnte, können wichtige Kontakte knüpfen und lernen so Tokyo rasch kennen. Der Mindestaufenthalt sind zwei Wochen, maximal kann man eineinhalb Monate dort wohnen. Es lohnt sich, immer wieder mal vorbeizuschauen, da die Ausstellungen häufig wechseln. Ein idealer Anlaufpunkt für alle Kreativen!

Die Betreiber von Almost Perfect haben für Besucher auch eine schöne Karte des Viertels erstellt, auf der einige ihrer Lieblingsplätze in der Nachbarschaft eingezeichnet sind.

9 LOFT

ロフト

S Shibuya
W loft.co.jp
A 21-1 Udagawacho, Shibuya-ku, 150-0042
T +81-3-3462-3807

KAUFHAUS | Als ich die Tochter meiner Freundin aus Australien einmal fragte, was sie machen wolle, wenn sie groß ist, sagte sie wie aus der Pistole geschossen: »Im LoFT Shibuya arbeiten!« Das zeigt, wie berühmt dieses Kaufhaus – eines der besten in Japan – ist.

LoFT hat Filialen in ganz Tokyo, aber hier in Shibuya bekommt ihr alles von Haushaltswaren bis Möbel. Eine ganze Etage (B1F) ist nur Schreibwaren gewidmet, und ich glaube, das hat die Tochter meiner Freundin ganz besonders fasziniert. Hier wartet eine unüberschaubare Fülle an Aufklebern, Klebeband, Fotoalben und Zubehör, Federmäppchen, Post-its und vieles, vieles mehr.

Eine andere Etage (2F) ist Gesundheit und Kosmetik gewidmet. Das Angebot reicht von Massageprodukten für Kinn und Hals über Gesichtsmasken bis zu dekorativen Nagelaufklebern und bunten Zahnbürsten.

Viel Spaß macht auch die Etage für Küchen- und Haushaltsbedarf (3F): Hier bekommt man alle erdenklichen *Obento*-(Bento-)Boxen und Reiskugelförmchen oder auch kleine Pressen, die Sandwichs eine Herzform verpassen.

Die Chancen, auch Dinge zu bekommen, von denen man sich gar nicht vorstellen konnte, dass es sie gibt, stehen im LoFT also sehr gut!

プリンスビル
カラオケ
受付
3F
テング酒場
B1
水曜
ドンドンダウン!!
買取りコーナー
2階です
古書店
LoFt
24h
OPEN
THAI
タイ料理専門店

10 TOKYU HANDS

東急ハンズ

S Shibuya
W tokyu-hands.co.jp/en/list/shibuya
A 12-18 Udagawacho, Shibuya-ku, 150-0042

KAUFHAUS/CAFÉ | Tokyu Hands ist vielleicht Japans bestes und bekanntestes Kaufhaus, und ich kann einen Bummel dort nur wärmstens empfehlen. Unter dem Motto »kreativer Lifestyle« findet ihr wirklich alles, von der Camping-Ausstattung über Reisegepäck, Haushaltswaren, Bettwäsche, Möbel, Papierwaren, Künstlerbedarf, Küchengeräte, Reisebedarf, Verpackungsmaterial ... Einfach alles, was das tägliche Leben schöner machen kann.

In dem Laden in Shibuya befindet sich im Untergeschoss eine Abteilung für Heimwerker, wo ihr Holz und andere Baumaterialien kaufen und das Holz auch zuschneiden lassen könnt. Das werdet ihr zwar bei einem Besuch in Tokyo wahrscheinlich eher nicht brauchen, aber ich wollte euch einfach mal zeigen, dass es nichts gibt, was es dort nicht gibt.

Wenn ihr durch das riesige Kaufhaus geht (es ist so groß, dass an jeder Treppe steht, wie viele Kalorien ihr bis hierher bereits verbraucht habt, wenn ihr die Treppen nehmt – aber natürlich gibt es auch Aufzüge), stoßt ihr immer wieder auf Produkte, von denen ihr gar nicht wusstet, dass ihr sie einmal brauchen könntet, etwa ein Förmchen, das ein gekochtes Ei in Sternform bringt. Alles in diesem Kaufhaus ist faszinierend und verlockend!

Wenn ihr eine Pause braucht, stärkt euch am besten in dem Café im obersten Stockwerk. Dort bekommt ihr Snacks wie Sandwiches mit Pulled Pork und feine Getränke – perfekt für eine Verschnaufpause. Wie oft habe ich mich in der Vorweihnachtszeit hier inmitten von Einkaufstaschen schon ausgeruht ...

11 KAPPABASHI

合羽橋 かっぱ橋道具街

S Tawaramachi
W kappabashi.or.jp/en
A 3-18-2 Matsugaya, Taito-ku, 110-0036

SHOPS/KÜCHENBEDARF | Mögt ihr Küchenbedarf? Japanische Keramik? Japanische Messer? Essstäbchen? Besondere Sake-Gläser? Bambuskörbe? Plastikschalen für Speisen? Ja? Gut, denn das alles und noch viel mehr gibt es in dieser Straße in Tokyo, und noch dazu zu günstigen Preisen. Großartig, nicht wahr?

Kappabashi ist eine Straße für Küchenfans. Das alles fing 1912 ganz langsam an, heute findet ihr dort 170 Läden, in denen nicht nur Urlauber gut verstaubare Erinnerungsstücke kaufen. Auch Restaurantbesitzer decken sich dort mit Backzutaten, aber auch Herden, Tischen, Stühlen und Lampen ein. Und auch wenn eure Küche schon gut ausgestattet ist, macht es doch Spaß, durch die Läden zu bummeln und einen interessanten Einblick in die japanischen Küchentraditionen zu bekommen.

Vielleicht kauft ihr euch eine Bento-Box aus Holz oder Edelstahl für zu Hause? Dann erinnert ihr euch bei jeder Brotzeit an euren Urlaub in Japan. Oder eines der legendären japanischen Messer, die man sogar gravieren lassen kann.

Die Straße Kappabashi erreicht man mit der U-Bahn-Linie Ginza, vom Bahnhof Tawaramachi ist es nur ein kurzer Fußweg. Bedenkt aber, dass sonntags viele Läden geschlossen sind, und fahrt deshalb besser unter der Woche dorthin.

Und vor allem vergesst nicht, eine große Tasche mitzunehmen für all die lustigen Dinge, die ihr dort kaufen könnt.

10

11

11

13

12

OPEN
VOGUE
VINTAGE & NEW CLOTHING

12

CHICAGO
古着屋
HARAJUKU
CHICAGO

12 HARAJUKU
原宿

S Harajuku & Omotesando
A 1 Jingumae, Shibuya-ku, 150-0001

SHOPS/CAFÉS | Harajuku ist eines der Zentren für Jugendmode. Ein Outlet folgt auf das andere, von Beams und Forever 21 bis zu H&M und unzähligen Läden mit Vintage-Mode. Wer was zum Anziehen sucht, muss nach Harajuku.

Hier befinden sich große Einkaufszentren wie Laforet und Tokyu Plaza, die einander gegenüber an der Kreuzung am Bahnhof Omotesando stehen. Der verspiegelte Eingang des vor einigen Jahren eröffneten Tokyu Plaza ist auf unzähligen Fotos auf Instagram zu sehen. Neben der Gartenterrasse auf dem Dach findet ihr dort Coffeeshops und ein Tokyu Hands, wo ihr einzigartiges Kunsthandwerk kaufen könnt.

In den Nebenstraßen hinter dem Tokyu Plaza verbergen sich interessante kleinere Shops, zum Beispiel mein Lieblingsladen Punk Cake. Mit seiner bunt gestreiften Fassade ist er nicht zu übersehen. Ihr findet dort Vintage-Modelle von Chanel, besondere T-Shirts und jede Menge Accessoires und Kleider aus den 1980ern. Punk Cake ist gut und liebevoll sortiert, was sich aber auch im Preis bemerkbar macht. Wenn ihr also lieber etwas Günstigeres und Einfacheres sucht, dann geht ins Kinji (im Untergeschoss gleich neben dem Tokyu Plaza).

Die Straße Takeshita (direkt an der Haltestelle Harajuku) gilt als Touristenmagnet. Seht sie euch an, wenn ihr unbedingt meint, für mich ist sie einfach nur eine überlaufene, wenig attraktive Straße voller Billigläden. Wenn ihr aber unbedingt die vor allem dank Instagram bekannte Zuckerwatte in Regenbogenfarben haben wollt, dann macht einen kurzen Abstecher zu Totti Totti und verlasst die Straße dann so schnell wie möglich wieder. An dem von der Station Harajuka am weitesten entfernten Ende der Takeshita findet ihr dann noch Santa Monica Crepes.

Ich empfehle einen Bummel durch die Cat Street, eine hübsche kleine Straße nach Shibuya voller Bekleidungsläden und Cafés. Nach einem Koffeinkick im Chop Coffee (gleich an der Cat Street) könnt ihr dann gestärkt weiterbummeln.

13 UTRECHT
ユトレヒト

S Omotesando
W utrecht.jp
A 5-36-6 Jingumae, Shibuya-ku, 150-0001

BUCHLADEN/KUNST | Das Utrecht ist definitiv Tokyos coolster Buchladen. Das riesige, gut sortierte Angebot reicht von Kunstbüchern bis zu Magazinen von japanischen und internationalen Künstlern wie etwa Cy Twombly. Wie viele tolle Sachen in Tokyo ist der Laden nur sehr schwer zu finden – er liegt verborgen in einer Nebenstraße hinter einem Parkplatz –, aber es lohnt sich, Google Maps zu bemühen, glaubt mir! Im zweiten Stock eines warenhausähnlichen Gebäudes findet ihr dann den gemütlichen, hellen Laden.

Haltet nach Werken von HIMAA und Ken Kagami Ausschau, zwei von Tokyos ulkigsten Künstlern und Zeitungsmachern. Ihr findet sie auch auf Instagram, seht dort nach, wenn ihr wissen wollt, was euch erwartet.

Bei meinem letzten Besuch im Utrecht fand ich das Magazin eines Künstlers, der in verschiedenen Cafés und Restaurants gegessen und dort jeweils einen Kellner gebeten hat, ein Foto von ihm zu machen. Die Sammlung dieser ganz unterschiedlichen Porträts zeigt einen faszinierenden, anderen Blickwinkel auf Tokyo. Und genau solche Dinge findet ihr im Utrecht.

Auch der Blick auf die Website lohnt sich, denn im Utrecht finden viele interessante Events und Ausstellungen statt.

14 DAIKANYAMA TSUTAYA T-SITE

代官山 T-SITE

S Daikanyama
W store.tsite.jp/daikanyama/english/
A 17-5 Sarugakucho, Shibuya-ku, 150-0033
T +81-3-3770-2525

BUCHLADEN/MUSIK/CAFÉ | Daikanyama Tsutaya T-Site ist so unglaublich, da ist fast schneller aufgezählt, was es dort nicht gibt! Ihr findet Bücher, Zeitschriften, Schreibwaren, DVDs, einen DVD- und CD-Verleih, ein gemütliches Café, Starbucks, einen FamilyMart, einen hübschen Fotoladen und ein Geschäft mit E-Bikes – und das alles in einem ruhigen und coolen Rahmen. Hier einen Nachmittag zu verbringen, macht richtig Spaß.

Die Stars des Hauses sind eindeutig die Bücher und Zeitschriften, aber dass man im CD-Verleih jede CD vorher anhören und dabei den mitgebrachten Kaffee von Starbucks und die großartige Aussicht genießen kann, ist wirklich super.

Im zweiten Stock befindet sich eine schicke Lounge (der Kaffee kostet 900 Yen!), wo man bei einem Sandwich und einem Glas Wein gemütlich lesen kann. Sonntags bildet sich hier immer eine lange Warteschlange. Aber immerhin kann man während der Wartezeit auf den angebotenen iPads schon mal die Speisekarte studieren.

Auch im DVD-Verleih sind die iPads, die in den Regalen liegen und gleich anzeigen, wo die gesuchte DVD zu finden ist, hilfreich. Sehr praktisch und sehr japanisch.

Die Freifläche, die die zwei Hauptgebäude mit den Buchläden verbindet, ist ein friedlicher, ruhiger Ort zum Entspannen, wo man die neuen Bücher durchblättern oder einfach kurz ausruhen kann. Im selben Komplex findet ihr auch das beliebte Restaurant Ivy. Dort bekommt ihr ein europäisches Frühstück (in Japan eher ungewöhnlich), wenn ihr euch für einen langen Tag in Tokyo stärken wollt.

15 NIPPORI FABRIC TOWN

日暮里繊維街

S Nippori
W nippori-senigai.com/en
A Saito Shoten, 4-33-3 Higashi-Nippori, Arakawa-ku, 116-0014

SHOPS/STOFFE/KUNSTHANDWERK | In der berühmten Nippori Fabric Town findet ihr mehr als 60 Stoffläden – ein Traum für Näh- und Handarbeitsfans. Von der Taisho- (1912–1926) bis zum Ende der Shōwa-Ära (1926–1989) richtete sich das Angebot überwiegend an Großhändler, doch nach und nach siedelten sich hier auch Einzelhändler an.

Schon im Erdgeschoss oder 1F, wie wir in Japan sagen, befinden sich sehr, sehr viele Läden, seht euch aber unbedingt noch 2F und die weiteren Etagen an, ihr werdet dort noch viele weitere Schätze entdecken.

Neben Stoffen bekommt ihr auch Zubehör zum Nähen und Handarbeiten, etwa Knöpfe, Fäden, Schnittmuster, Wolle, Baumwollstoffe und Seide, Bänder, Spitze, Nähmaschinen, modisches Zubehör, Anzüge und sogar Kimonos.

Der vielleicht größte und bekannteste Laden in Nippori ist Tomato mit ein paar Filialen in derselben Straße. Im Hauptladen (6-44-6 Higashi-Nippori) bekommt ihr Stoffe ab 100 Yen pro Meter! Stoffe können allerdings auch ganz schön schwer sein, wenn ihr also viel kauft, könnt ihr (zu einem sehr guten Preis) den Einkauf per Kurier auch in eure Unterkunft liefern lassen.

Der Yamanote-Zug braucht von Shibuya nach Nippori zwölf Minuten. Die Einkaufszone erstreckt sich von der Station Nippori bis zur Nippori Chuo-dōri (Nippori Chuo Street).

15

¥150/1m
合織
¥150/1m
特価につき

にっぽり繊維街
布の街
Fabric Town
布の道
Fabric Street

15

14

蔦屋書店
TSUTAYA BOOKS

16 NAKANO BROADWAY
中野ブロードウェイ

S Nakano
A 5-52 Nakano, Nakano-ku, 164-0001

EINKAUFSZENTRUM/RESTAURANTS/IZAKAYA | Anime- und Gaming-Freunde aufgepasst! Nakano Broadway ist ein Einkaufszentrum voller Konsolen, Spiele und Spielarkaden für *otaku* (Computerfreaks). Es wurde 1966 eröffnet, als Japan ein hohes Exportwachstum erreicht hatte und sich rasch amerikanisierte.

Im zweiten und dritten Stock gibt es Läden rund um Animes und Figuren, Spielekonsolen, Videospiele, Schlüsselanhänger, Mangas und jede Menge Sammlerstücke. Das Einkaufszentrum mit Retro-Charme ist zwar in erster Linie bekannt für das breite Angebot rund um Animes, aber ihr findet dort auch Modeläden, Secondhandshops und sogar ein Lebensmittelgeschäft – perfekt also sowohl für Gamer als auch für Kunden, die hier bei schlechtem Wetter oder großer Hitze eine gute Zeit verbringen können.

Wenn ihr nach eurer vergnüglichen Einkaufstour Hunger oder Durst bekommen habt, geht am besten auf dem Rückweg zum Bahnhof durch die Seitenstraßen an der Nakano Sunmall. Dort findet ihr viele *izakaya* (kleine Bars), wo ihr ein eiskaltes Bier und ein *otsukaresama* (grob übersetzt »gut gemacht«) bekommt und euch für die lange Einkaufstour belohnen könnt.

Nakano Broadway erreicht ihr am besten mit der JR-Chuo-Linie ab Shinjuku. Nach der fünfminütigen Fahrt ist es nur ein kurzer Fußmarsch von der Station Nakano. Von dort könnt ihr an der Nakano Sunmall entlang zum Nakano Broadway gehen. Die Sunmall ist eine nette *shotengai* (überdachte Ladenstraße) voller Läden für den täglichen Bedarf sowie Cafés, Apotheken und Buchläden.

17 SHIBUYA PUBLISHING & BOOKSELLERS

S Shibuya
W shibuyabooks.co.jp
A Kamiyama Terrace, 1F, 17-3 Kamiyama-cho, Shibuya-ku, 150-0047
T +81-3-5465-0588

BUCHLADEN/GALERIE | Shibuya Publishing & Booksellers ist einer meiner Lieblingsbuchläden in Tokyo. Hier erwarten euch ein breites Angebot an Magazinen und kreativen Büchern zu den Themen Architektur, Fotografie, Lifestyle und Design sowie ausgewählte Zeitschriften. Das Angebot ist eines der beeindruckendsten in ganz Tokyo. Überdies findet ihr im Laden noch eine kleine Ausstellungsfläche, wo Arbeiten japanischer Künstler präsentiert werden.

Nach der Umgestaltung von Shibuya eröffnete auch ein kleiner Laden im Wolkenkratzer Shibuya Scramble Square. Neben Büchern und Magazinen gibt es in dieser Filiale auch Geschenkartikel: Mehr als 1000 Dinge aus der Kategorie »macht Spaß beim Aussuchen und jeder freut sich darüber«, etwa Papierwaren, Accessoires, Düfte und Dekoartikel, erwarten euch – ein Traum.

Auch in Toranomon gibt es eine Filiale, aber ich liebe einfach den Originalladen in Oku-Shibuya. Er liegt nicht mitten im Trubel von Shibuya, nur ein Stück Richtung Yoyogi-Hachiman in einer ruhigeren Gegend mit vielen meiner Lieblingscafés. Auch der Monocle Store ist nicht weit, was den Ausflug dorthin noch abrundet.

SHIBUYA PUBLISHING & BOOKSELLERS
本 文具 雑貨
TRANSIT

17

16

NAKANO BROADWAY
NAKANO BROADWAY
BROADWAY
BROADWAY
JUNK WORLD

19

19

18 TOWER RECORDS

タワーレコード

S Shibuya
W tower.jp
A 1-22-14 Jinnan, Shibuya-ku, 150-0041
T +81-3-3496-3661

SHOP/MUSIK/BUCHLADEN | Tower Records ist einer der größten Plattenläden in Shibuya. Hier bekommt ihr japanische Musik, die außerhalb des Landes nirgends erhältlich ist. Tower Records hat Niederlassungen in ganz Japan, aber nur in Shibuya findet ihr im siebten Stock zusätzlich noch einen fantastischen Buchladen, wo ihr viele Bücher und Magazine über Japan in Englisch bekommt und euch ausgiebig über Land und Leute informieren könnt.

Tower Records in Shibuya ist ein Muss für jeden, der japanische Musik sucht. Das Angebot an Neuerscheinungen und Empfehlungen ist groß, und man kann vor Ort auch gleich reinhören. Wo, wenn nicht hier, könnt ihr coolen J-Pop hören! Ich liebe auch den gläsernen Lift, aus dem man bei der Fahrt bis 7F einen tollen Blick auf Shibuya hat.

Tower Records Shibuya erreicht man ganz einfach. Nehmt an der Station JR Shibuya den Ausgang Hachiko, überquert die Kreuzung und lauft zum Marui JAM. Dessen gelbe und rote Leuchtschilder sind nicht zu übersehen. Nach fünf Minuten Fußmarsch ab der Station Shibuya erwartet euch coole japanische Musik!

19 MUJI & MUJI-CAFÉ

無印良品

S Shibuya & Ginza
A 21-1 Udagawacho, Shibuya-ku, 150-0042 (Filiale in Shibuya)
3-3-5 Ginza, Cho-ku, 104-0061 (Filiale in Ginza)
T +81-3-3770-1637

SHOP/CAFÉ | Muji-Läden gibt es ja mittlerweile auf der ganzen Welt. Das kürzlich renovierte Geschäft in Shibuya ist bei Touristen und Japanern gleichermaßen beliebt.

Hier findet ihr alles von Bürobedarf über Gepäck bis zu Bekleidung und Kosmetikartikeln, sogar Möbel und Küchenutensilien. An einer Muji-Stempelstation im Laden könnt ihr eure neu erworbenen einfachen Stofftragetaschen dann sogar ganz individuell verzieren. Vielleicht kauft ihr auch ein paar der Muji-Duftöle, die euer Heim sehr angenehm duften lassen.

Im zweiten Stock liegt das Muji-Café, wo ihr euch bei einem Tee und Kuchen oder sogar einem kleinen Menü von den Strapazen des Stadt- und Einkaufsbummels erholen könnt. Wie in einer Cafeteria bestellt ihr erst an der Theke, esst und trinkt in Ruhe und bezahlt eure Rechnung dann an dem Schalter beim Aufzug nach unten. Wer allein kommt, kann an dem langen Tisch am Fenster beim Essen den Blick über Shibuya genießen.

Der Laden in Shibuya ist in nur drei Minuten zu Fuß vom Ausgang Hachiko an der Station Shibuya zu erreichen. Für eingefleischte Muji-Fans wartet im Flagship-Store in Ginza sogar ein Muji-Hotel – das sollte man gesehen haben.

20 AVRIL

アヴリル

S Kichijoji
A 2-34-10 Kichijoji Honcho, Musashino-ku, 180-0004
T +81-4-2222-7752

SHOP/GARNE | Das ursprünglich aus Kyoto stammende Avril ist Japans schönster Garnladen mit Filialen ausschließlich in Japan, den USA, Korea und Malaysia. Die dort erhältlichen außergewöhnlichen Garne sind wirklich einzigartig.

Die Tokyoter Filiale befindet sich in Kichijoji. Der Laden ist nicht groß, aber die Garne, die auf Spulen gewickelt in den Regalen stehen, sind so unfassbar schön, dass sie einem schon beim Betreten des Ladens ein Lächeln ins Gesicht zaubern und man sofort mit irgendeiner Handarbeit beginnen möchte. Unter all den verschiedenen Garntypen mag ich am liebsten die mit eingewebtem Glitzerfaden. Ihr findet dort Garne nicht nur zum Häkeln und Stricken, sondern auch für viele andere Arbeiten, zum Einpacken oder Knüpfen.

Auch Zubehör und Anleitungen (manche in Englisch) sind erhältlich. Für den Einstieg in die Avril-Garnwelt empfehlen sich kleine Karten mit gemischten Garnen verschiedenster Art. Schon die sind unheimlich inspirierend. Oder ihr kauft gleich Garne von der Spule. Die werden dann nach Gewicht abgerechnet. Je nachdem, was ihr wählt, kann ein kleines Knäuel auf etwa 500 Yen kommen. Ich wünsche euch viel Spaß beim Aussuchen und Verarbeiten!

21 MORERU MIGNON

モレルミニョン

S Urayasu (Chiba)
W ikspiari.com/shop/shops/1746
A 1-4 Maihama, Urayasu-ku, Chiba, 279-8529
T +81-4-7305-5802

SHOP/PURIKURA | Das ist mit Abstand Tokyos niedlichster *Purikura*-(Fotoautomaten-)Laden! Er liegt zwar etwas außerhalb von Tokyo in der Nähe von Disneyland in Urayasu in Chiba, ist aber ein Muss für alle, die *kawaii* (süße) und/oder pinkfarbene Dinge lieben.

Der Laden ist von oben bis unten in Pink gehalten mit Retro-Elementen und einer pinkfarbenen Telefonzelle, pinken Neonlichtern und sogar einem *Alice in Wonderland*-Raum ganz in Pink mit einem riesigen Buch, das Freunde von mir entworfen haben!

Wollt ihr vor dem obligatorischen Foto (500 Yen) an einem der Stände noch euer Make-up oder die Frisur aufhübschen, so steht euch ein ganzer Schminkraum mit Stühlen und Spiegeln zur Verfügung. Ihr habt kein Make-up dabei? Auch kein Problem. Bei der Nachbearbeitung der Fotosticker könnt ihr das ausbessern. Sogar Lockenstab oder Glätteisen kann man ausleihen. Oh Japan, du denkst wirklich an alles!

Wer auf *kawaii* steht, muss einfach dort gewesen sein. Und die Fotosticker sind eine so tolle Erinnerung an Tokyo.

STAND UP FOR LOVE
PINK GENIC
BOOK STORE
BIG BOOK OF GIRLS
LIMITED ISSUE
THE PIN BOO

PINK
PINK GENIC
BOOK
STORE

IC BOOK STORE
STAND
FOR LOVE
PINK GENIC
BOOK STORE
BIG
BOOK
OF
GIRLS
PINK GENIC
BOOK
STORE

22 NEWPORT

ニユウポート

S Yoyogi-Hachiman
W nwpt.jp
A 1-6-8 Tomigaya, Shibuya-ku, 151-0063
T +81-3-5738-5564

CAFÉ/BAR/MUSIK | Tagsüber ein Café, abends eine Weinbar und dazu noch viele, viele Schallplatten! Das Newport ist der perfekte Ort, sich zu entspannen.

Geht ins Newport auf einen Drink oder um eines der gesunden, vielfarbigen Gerichte zu genießen. Ihr bekommt Gemüse der Saison und ein ausgewähltes Angebot an Naturweinen. Ich mag die Falafel-Platte und die feinen Salate sehr gern. Der Inhaber ist unglaublich freundlich und spricht auch Englisch, sodass er euch bei der Auswahl des passenden Weins gut beraten kann. Aber ihr bekommt hier natürlich auch einfach einen Kaffee, Tee oder Kuchen.

Der Plattenspieler steht gleich am Eingang des Cafés, oft sind abends musikalische Events geboten. Checkt am besten auf Instagram oder der Website, was auf dem Programm steht.

Ihr erreicht das Newport von der Station Yoyogi-Hachiman auf der Odakyu-Linie in ein paar Minuten. Auch die Umgebung mit ein paar witzigen Läden ist sehr hübsch.

23 SIDEWALK STAND

サイドウォーク スタンド

S Nakameguro
W sidewalk.jp
A 1-23-14 Aobadai, Meguro-ku, 153-0042
T +81-3-6712-2590

CAFÉ/SANDWICHES | Sidewalk Stand ist einer der hippsten Kaffee- und Sandwich-Läden in Nakameguro. Geht vom Bahnhof Nakameguro etwa zehn Minuten am Kanal entlang, bis ihr an einer sonnigen Ecke das beliebte Café, die Hauptniederlassung der Kette, erreicht.

Sidewalk Stand röstet seinen Kaffee täglich frisch vor Ort, und der Kaffee wird sehr sorgfältig Tasse für Tasse zubereitet. Dazu gibt es Brot und Bagels aus Kleinbetrieben und Craftbeer, das direkt von der Brauerei geliefert wird. Legendär sind die warmen Sandwiches, ich empfehle das Ruben-Sandwich mit einer großen Portion Pastrami. Besonders fein ist auch das DTC mit getrockneten Tomaten und Hühnchen. Vegetarier mögen das Sandwich mit Räucherkäse und Pilzen. Wer etwas Ausgefallenes sucht, der kann das »Cava«-Sandwich mit marinierter Makrele, Gouda, selbst gemachter Chilisauce und frischem Koriander probieren.

In der ruhigen Straße in Nakameguro, die am Kanal entlangführt, stehen viele Bänke. Ihr könnt dort ganz gemütlich mit Blick aufs Wasser eure Sandwiches und den Kaffee verzehren. Besonders eindrucksvoll ist die Gegend zu *hanami* (Kirschblüte), wenn die *sakura* (Kirschbäume) in voller Blüte stehen. Ich bin sicher, diese ruhige und elegante Ecke Tokyos wird euch sehr gut gefallen.

Filialen der Kette Sidewalk Stand findet ihr auch am Inokashira-Park *(siehe S. 12)* und im einladenden Yutenji.

23

22

元祖
のりトースト
珈琲との相性抜群
¥170
新発売
ローストビーフサンドイッチ
¥540
¥500

24

24

珈琲専門店 エース
珈琲専門
世界のコーヒー40種類
珈琲専門店 エース
のりトースト
コーヒーのお持ち帰りできます
TAKE OUT

24 COFFEE SHOP ACE

珈琲専門店エース

S Kanda
A 3-10-6 Uchikanda, Chiyoda-ku, 101-0047

CAFÉ/KISSATEN | Ich liebe das Einfache und Einzigartige des Coffee Shop Ace in Kanda. Der in den frühen 1970ern eröffnete *kissaten* (altes Kaffeehaus) bietet mehr als 40 verschiedene Kaffees und diverse Sandwiches. Die rot-weiß gestreifte Markise, der winzige Garten und die umfangreiche, auf einer Holztafel vor dem Laden aufgehängte Speisekarte lassen bereits vor dem Betreten erahnen, wie retro der Coffee Shop Ace ist.

Meine Empfehlung: Probiert den *Nori*-(Algen-)Toast, das wahrscheinlich bekannteste Gericht im Coffee Shop Ace, der nur unglaubliche 140 Yen kostet! Das leicht süßliche japanische Weißbrot wird mit Butter und etwas Sojasauce bestrichen, und obendrauf kommt ein auf dem Gasofen leicht angegrilltes *Nori*-Blatt. Am besten schmeckt dazu ein Filterkaffee.

Setzt euch an die rot verkleidete Theke im 1960er-Jahre-Stil auf die roten Lederstühle mit den kleinen schwarzen Füßen. Die übrigen Sitzgelegenheiten aus orangefarbenem Leder, ein Markenzeichen der *kissaten* aus der Shōwa-Ära (1926–1989), sind mit geschwungenen Trennwänden zwischen den einzelnen Tischen ausgestattet.

Ich habe diesen *kissaten* einmal für eine Geschichte in einem japanischen Magazin fotografiert. Die Brüder, die den Laden führen, waren so herzlich und hilfsbereit, ich durfte sogar selbst einen *Nori*-Toast zubereiten. Ihr aufmunterndes Lächeln bleibt mir unvergesslich.

Der Coffeeshop ist zwar ein bisschen außerhalb, aber wenn ihr auf Nostalgie steht und *Kissaten*-Fans seid, solltet ihr ihn euch nicht entgehen lassen! Ihr werdet es nicht bereuen. Die Fahrt von Shibuya nach Kanda dauert mit dem Zug etwa 25 Minuten.

25

26

25 FUGLEN

フグレン

S Yoyogi-kōen
W fuglen.no
A 1-16-11 Tomigaya, Shibuya-ku, 151-0063
(Filiale in Shibuya)
2-6-15 Asakusa, Taito-ku 111-0032
(Filiale in Asakusa)

CAFÉ/KAFFEE/BAR | Das ursprünglich aus Oslo stammende Fuglen ist tagsüber ein Paradies für Kaffeefreunde und wird abends zu einer Bar, in der ihr norwegisches und japanisches Craftbeer sowie eine große Auswahl von Cocktails bekommt. Die gemütliche Vintage-Einrichtung drinnen und die Sitzplätze im Freien sind sehr einladend – sowohl für einen morgendlichen Koffeinkick als auch für einen köstlichen Cocktail am Abend!

Nicht nur Touristen, auch Einheimische mögen diesen Laden. Da Cafés in Tokyo meist erst im Lauf des Vormittags öffnen, bietet sich das Fuglen natürlich an, hier bekommt ihr nämlich unter der Woche ab 8 Uhr frischen Kaffee, den ihr drinnen oder draußen auf den Bänken genießen könnt.

Fuglen Tokyo hat eine Rösterei in Nobolito, die täglich von 9 bis 18 Uhr geöffnet ist. Zur Rösterei gehört auch ein Café, in dem euch bei Kaffee und Gebäck der Duft frisch gerösteten Kaffees in die Nase steigt.

Die Fuglen-Filiale in Asakusa ist sogar ab 7 Uhr geöffnet! Ihr seht, egal, wo ihr in Tokyo unterwegs seid, Fuglen ist nie weit entfernt.

26 ALASKA ZWEI

アラスカ ツヴァイ

S Nakameguro
W alaskazwei.theshop.jp
A 2-5-7 Higashiyama, Meguro-ku, 153-0043

CAFÉ/VEGAN/SHOP | Alaska Zwei ist ein kleines, komplett veganes Café. Innen mischen sich warme Holztöne und Industriestil mit Zement und großen Türen. Die niedrig hängenden, grauen Leuchten und die an eine Grundschule erinnernde Bestuhlung verleihen dem Ganzen eine entspannte Atmosphäre. Auch vor dem Café stehen kleine Bänke, dazu viele Pflanzen.

Ihr bekommt hier Curry- oder Tofu-*katsudon* (Reisgericht), aber ich rate euch zum frittierten »Sojafleisch« mit grünem Salat, Algenbeilage und Reis oder zum hervorragenden Taco-Reis. Auch das Brot ist köstlich, also unbedingt einen Bagel probieren – vielleicht einen mit Misosahne?! Wenn ihr dann noch was Süßes wollt, nehmt euch doch einen Muffin oder Kekse für später mit.

Dem Alaska Zwei ist ein kleiner Laden angeschlossen, in dem ihr Keramik, Olivenöl, Gewürze, Kaffeebohnen und sogar eine Mischung im Glas bekommt, aus der ihr mit wenigen weiteren Zutaten Cupcakes backen könnt, die euch an Tokyo erinnern!

Ihr erreicht das Café zu Fuß vom Bahnhof Nakameguro in etwa zehn Minuten.

NIEDLICHES & SCHRÄGES JA

PAN

Denkt man an Japan, dann fällt einem vielleicht die trubelige Shibuya-Kreuzung *(siehe S. 12)* ein, traditionelle Teezeremonien oder das kunstvolle Ikebana (Arrangieren von Blumen). Aber Japan ist auch ganz besessen von *kawaii* (niedlicher) Kultur und schrägen, an Cartoons erinnernden Grafiken.

Ihr sitzt zum Beispiel in einem Zug und stellt plötzlich fest, dass das Warnschild, die Hände nicht in die sich öffnende Tür zu stecken, einen süßen, lächelnden Bären zeigt. Oder ihr geht an einer Baustelle vorbei, und die Absperrgitter sehen aus wie Hello Kitty. Und weil wir gerade bei Baustellen sind: Oft steht dort auch eine cartoonähnliche Figur, die sich unablässig verbeugt und für die Unannehmlichkeiten entschuldigt. Häufig sind auf den Bauzäunen bekannte Landschaften abgebildet, aber neulich sah ich doch tatsächlich eine Baustelle, die von Topfpflanzen eingerahmt war. Bei näherem Hinsehen waren das aber keine echten Pflanzen, sondern in den Töpfen steckten laminierte Fotos von Pflanzen. Diese Detailversessenheit und Kundenfreundlichkeit in Japan überwältigt mich immer wieder aufs Neue, auch wenn ich nun schon seit über zehn Jahren hier lebe.

Ein gutes Beispiel sind auch die Busse und Straßenbahnen, die mit Tiermotiven wie Katzen, Pokémon, Doraemon und sogar Snoopy gestaltet sind. Fahrt in Tokyo zum Gotokuji-Tempel *(siehe S. 18)* – dem Tempel der Katzenfreunde – und nehmt die Setagaya-Trambahn, die als Hommage an den Tempel mit Katzengesichtern bemalt ist. Wenn ihr in Shibuya und Harajuku unterwegs seid, seht ihr bestimmt den Gemeinschaftsbus in Hundeform, der zwei Vorstädte verbindet. Eine Fahrt kostet nur 100 Yen (werft die 100-Yen-Münze einfach in den Schlitz an der Vordertür des Busses).

Allergrößtes Vergnügen in Japan bereiten mir jedoch die Bushäuschen in Obstform in Nagasaki in Kyushu. Im verschlafenen Konagi findet ihr 16 solcher Wartehäuschen (es gibt fünf Varianten: Melone, Erdbeere, Mikan – eine Art kleinerer Mandarine –, Tomate und Wassermelone). Sie waren ursprünglich für die Expo 1990 in Osaka entworfen und gebaut worden, fanden dann aber eine neue Bestimmung als Bushaltestellen in Konagi. Ich bin extra die zweieinhalb Stunden mit dem Zug von Fukuoka nach Konagi gefahren, nur um diese Häuschen zu sehen, und kann diesen Ausflug nur wärmstens empfehlen, wenn ihr *kawaii* so liebt wie ich!

27 HATTIFNATT

ハティフナット

S Koenji
W hattifnatt.jp
A 2-18-10 North Koenji, Suginami-ku, 166-0002
T +81-3-6762-8122

CAFÉ | Vergesst nicht, den Kopf einzuziehen, wenn ihr durch die eher für Kinder gemachte Tür in das an ein Baumhaus erinnernde Café in Koenji tretet. Hattifnatt weckt das Kind in euch, das ist mal sicher: Die Wände sind mit Bäumen bemalt, im Essbereich im Loft-Stil fühlt man sich wie mitten in der Natur. Super sind auch die gehäkelten Stuhlüberzüge, die die Familie der Eigentümer selbst gestaltet hat, und die bestickten Hüllen für die Speisekarten. Hier wurde auf jedes Detail geachtet.

Das süße Café ist in nur drei Minuten zu Fuß vom Nordausgang der Station Koenji zu erreichen und verspricht mit seinem Konzept der »kindlichen Verspieltheit« einen angenehmen Aufenthalt.

Auf der Karte findet ihr Dinge wie eine niedliche Matcha Latte mit einem echt süßen Motiv im Milchschaum. Ich will ja jetzt nicht zu viel verraten, aber die Kuchen sind auch wirklich hübsch. Natürlich bekommt ihr auch Herzhaftes wie Taco-Reis oder *omuraisu* (Omelett mit Reisfüllung).

Besucht auch unbedingt den Laden nebenan. Die hübschen, selbst gemachten Dinge in winzigen Holzschächtelchen sind äußerst verlockend.

In diesem süßen Café in Hattifnatt oder der Filiale in Kichijoji werdet ihr in die Kindheit zurückversetzt.

28 SUEZEN

末ぜん

S Daikanyama
A 20-8 Sarugakucho, Shibuya-ku, 150-0033
T +81-3-3461-8234

RESTAURANT/TEISHOKU | Im Suezen in der eleganten und hippen Region Daikanyama bekommt ihr gute *teishoku* (Menüs). Und ein Restaurant wie dieses, das so gemütlich und dabei so günstig ist, findet man in einer *oshare* (schicken) Gegend tatsächlich nicht allzu oft.

Man betritt das Suezen durch den *noren* (traditioneller Stoffvorhang) in der Tür. Drinnen könnt ihr wählen zwischen normalen oder den traditionell niedrigen Tischen im *Tatami*-Bereich. Dieser ist in hellen, neutralen Tönen gehalten, die Stoffe verleihen ihm eine wohnliche Atmosphäre, was noch dadurch unterstrichen wird, dass jeder beim Betreten seine Schuhe ausziehen muss. Mit dem Ausziehen der Schuhe setzt sofort ein Gefühl der Entspannung ein! Und übrigens: Es ist höflich, Socken zu tragen. Packt euch also welche ein, falls ihr keine anhabt, und zieht sie vor dem Betreten des *Tatami*-Bereichs an.

Die Menüs kosten zwischen 1000 und 2000 Yen. Gekocht wird, was gerade Saison hat, es gibt immer ein Hauptgericht wie gegrillten Fisch oder Schweinekotelett, dazu eine Misosuppe, Reis, Salat und sauer eingelegtes Gemüse. Ihr könnt die japanische Karte nicht lesen? Kein Problem! Die freundliche Bedienung bringt euch laminierte Bilder der Speisen mit englischer Erklärung.

Das Suezen ist eher klein und gemütlich und nur drei Minuten zu Fuß von der Station Daikanyama entfernt, also unbedingt mal vorbeischauen!

28

28

27

29 COMMUNE

S Shibuya
A Shibuya PARCO 10F, 15-1 Udagawacho, Shibuya-ku, 150-0042
T +81-3-3503-048

BAR | Wenn ihr in Shibuya seid, dann solltet ihr auf jeden Fall im Commune vorbeischauen, das sich im kürzlich renovierten Kaufhaus PARCO befindet. Nehmt einfach den Fahrstuhl zum obersten Stockwerk und genießt dann den atemberaubenden Ausblick über Shibuya von dieser Rooftop-Bar aus.

Im Commune könnt ihr euch mit Tacos, Toasties und Nachos stärken und dazu Tee, Wein, Bier oder einen Cocktail trinken – der perfekte Stop für einen trubeligen Tag in Shibuya also.

Mittwochs spielt eine Jazzband (kein Eintritt), an anderen Tagen könnt ihr eine ruhige Unterhaltung in diesem Lokal genießen, das sowohl Innen- als auch Außenbereiche zur Verfügung stellt. Es gibt sogar eine Tischtennisplatte für alle, die sich nach etwas zusätzlichem Spaß sehnen.

Ich liebe es, zum Sonnenuntergang hierher zu kommen und mit einem Drink in der Hand und einem Snack den wunderschönen Himmel über Shibuya zu betrachten. Das Commune ist selbst eine Sehenswürdigkeit mit seinen tollen Ausblicken über Shibuya, aber es eignet sich auch bestens als kurzer Stopp bei einem Streifzug durch Shibuya.

Das Speiseangebot ist saisonal, aber die Gerichte sind immer außergewöhnlich lecker. Die Bedienungen sind überaus freundlich und zuvorkommend. Hier werdet ihr eine wundervolle Zeit haben!

30 GOLDEN BROWN

ゴールデンブラウン

S Nakameguro & Omotesando
W goldenbrown.info
A 2-3-1 Higashiyama Meguro-ku, 153-0043 Shoppingkomplex Omotesando Hills, 4-12-10 Jingumae, Shibuya-ku, 150-0001
T +81-3-6661-8560

RESTAURANT/BURGER | Golden Brown ist meiner Ansicht nach einer der besten Burger-Läden in Tokyo und ein weiteres Beispiel dafür, dass Japaner nicht nur unglaublich gut japanisch kochen können, sondern auch alle anderen Gerichte – eben auch Burger! Probiert unbedingt den Avocado-Cheeseburger.

Vor drei Jahren gründete Nobuya Hisatomi das Golden Brown in einem kleinen Eckladen unweit des Bahnhofs Nakameguro. Das Interieur ist rustikal mit Holztischen und goldenen Accessoires, fast wie in einer Blockhütte. Die niedliche Beschilderung wurde von einem Künstler handgemalt, der unter dem Namen NUTS bekannt ist, das Personal ist immer superfreundlich.

Im Einkaufszentrum Omotesando Hills gibt es eine weitere Filiale, die ebenso gemütlich ist, auch wenn sie in einem völlig anderen Gebäude untergebracht ist.

Angeblich brät Golden Brown in den beiden Läden mehr als 2500 Burger pro Woche! Daran sieht man, wie beliebt es ist, seid also früh genug da, wenn ihr nicht Schlange stehen wollt. Die Burger kommen in einer dreieckigen Papiertasche, sodass man sie prima essen kann. Ach Japan, du denkst wirklich an alles!

HAMBURGER
GOLDEN BROWN
COFFEE
HAMBURGER AND BREAD
COFFEE, BEER AND WINE

30

29

32

31

31 D47 SHOKUDO

d47食堂

S Shibuya
W hikarie8.com/d47shokudo
A 8F, 2-21-1 Shibuya, Shibuya-ku, 150-8510
T +81-3-6427-2303

RESTAURANT/TEISHOKU/SAKE | Das d47 Shokudo im achten Stock des Shoppingkomplexes Hikarie in Shibuya ist ein umwerfendes japanisches Restaurant. Ihr sitzt am Fenster und habt einen grandiosen Blick auf den Trubel auf der Shibuya-Kreuzung *(siehe S. 12)*. Und trotz der ganzen Hektik rundherum ist das d47 Shudoku ein Hort der Stille, und man fühlt sich ganz und gar nicht wie in einem großen Einkaufszentrum. Es werden regionale japanische *teishoku* (Menüs) angeboten – also selbst wenn ihr nicht durch ganz Japan reist, könnt ihr hier die verschiedensten lokalen Gerichte kennenlernen.

Beim Miyazaki-Menü bekommt ihr zum Beispiel Hühnchen Nanban: Das Huhn ist frittiert und wird mit einer feinen Tatarsauce serviert, die typisch ist für die Region Miyazaki. Oder ihr nehmt die frittierte Makrele Nagasaki oder das Menü aus der Region Tokushima mit Miso-*somen*-Nudeln mit *sudachi* (kleine, grüne Zitrusfrucht). Manche Speisen gibt es nur saisonal, andere sind nur an den Wochenenden erhältlich. In jedem Fall werden die *teishoku* auf hübschen runden Holztabletts und in einzigartigen Schalen serviert.

Im d47 Shokudo gibt es auch ein großes Angebot an japanischem Sake und heimischen Bieren. Ich würde euch zu einer Sake-Verkostung raten. Zum Nachtisch locken etwa Eis aus Sojamilch, Obst und selbst gemachter Joghurt.

Das Restaurant ist bei Einheimischen und Touristen gleichermaßen beliebt, rechnet also mit großem Andrang. Telefonisch reservieren kann man nur fürs Abendessen.

32 IZAKAYA SHIRUBE

汁べゑ 下北沢店

S Shimokitazawa
A 2-18-2 Kitazawa, Setagaya-ku, 155-0031
T +81-3-3413-3785

RESTAURANT/IZAKAYA | Izakaya Shirube ist eine der bekanntesten *izakaya* (kleinen Bars) in Shimokitazawa. Die angenehm-fröhliche Atmosphäre, die offene Küche, das Mehr-Gänge-Menü und köstliches Essen machen den Besuch zu einem Erlebnis, das man am liebsten bald wiederholen möchte.

Das Lokal liegt in einer Nebenstraße in der Nähe von Mister Donuts. Auf dem *noren* (traditioneller Stoffvorhang) in der Tür steht zwar »izakaya ism«, lasst euch davon aber nicht verwirren, es ist schon das Izakaya Shirube. Beim Betreten des Restaurants werdet ihr freundlich empfangen und gebeten, die Schuhe auszuziehen und in ein Regal zu stellen.

Man sitzt ganz traditionell am Boden, aber dank einer Vertiefung im Boden sehr bequem. Das köstliche Speisenangebot umfasst Sashimi, *karaage* (frittiertes Hühnchen), pikante Edamame, *oden* (Eintopf) und Inside-Out-Sushi. Ihr bekommt eine englische Speisekarte und könnt auch einzelne Gerichte bestellen. Wenn ihr hungrig seid, vertraut der Empfehlung der Bedienungen und bestellt ein Mehr-Gänge-Menü, zu dem ihr trinken könnt, so viel ihr wollt. Das kostet etwa 4000 Yen pro Person.

Mit am besten schmeckt hier die Makrele, die am Tisch leicht übergrillt wird. Ihr dürft dann eine Zitronenscheibe darüber ausdrücken. Oft bekommt ihr dafür ein Lob vom gesamten Personal, weil ihr so fleißig mitgekocht habt.

33 CITY COUNTRY CITY

シティー カントリー シティ

S Shimokitazawa
A Hosawa Building, 4F, 2-12-13 Kitazawa, Setagaya-ku, 155-0031
T +81-3-3410-6080

RESTAURANT/BAR/MUSIK | Das City Country City solltet ihr euch nicht entgehen lassen, wenn ihr in Shimokitazawa seid. Egal ob Schallplatten, Musik, Pasta, Kaffee oder Cocktail – in dem Lokal, das nur eine Minute vom Bahnhof Shimokitazawa entfernt ist, bekommt ihr das alles. Von der Straße seht ihr schon das Sandwich-Schild, nehmt die Treppe am Eingang oder den Aufzug im rückwärtigen Bereich hinauf in den vierten Stock. Hier herrscht eine angenehm relaxte Stimmung – Holzboden, Holzkästen für die Schallplatten, bunt zusammengewürfelte Holztische und -stühle, nackte Glühbirnen an roten Kabeln und viele Fenster.

Setzt euch zu einem Plausch mit dem freundlichen Personal an die Theke oder an einen der Tische, bestellt Essen oder Trinken und stöbert durch das Plattenangebot. Die könnt ihr vor dem Kauf auf dem zur Verfügung stehenden Plattenspieler anhören und entscheiden, ob sie euch gefallen.

Die Spezialität des City Country City sind Nudelgerichte. Es gibt Menüs aus Pasta, Getränk und Salat, oder ihr bestellt einfach nur ein Nudelgericht, vielleicht eines der typisch japanischen mit Frischkäse- und Tomaten-Rogen-Sauce. Aber natürlich bekommt ihr auch Klassiker wie Spaghetti Napoli, Carbonara oder mit Gemüse der Saison. Und dazu internationales oder japanisches Flaschenbier oder das Heartland (mein Lieblingsbier) vom Fass.

Die Kuchen hier sind hausgemacht, etwa der luftige Bananenkuchen, Schokokuchen mit Vanilleeis oder Apfel-Käse-Kuchen. Ein Stück Kuchen mit Getränk – Kaffee, Chai oder heiße Milch mit einem Schuss Rum – kostet 800 Yen, ohne Getränk 500 Yen.

34 BROWN RICE CANTEEN

ブラウンライス

S Omotesando
W brownrice.jp/
A 5-1-8 Jingumae, Shibuya-ku, 150-0001
T +81-3-5778-5416

RESTAURANT/TEISHOKU/VEGAN | Das Motto der Brown Rice Canteen ist »köstlich vegan« – und ich als Nichtveganerin kann das nur bestätigen. Bei meinem letzten Besuch wurde ich sogar gefragt, ob es in Ordnung sei, wenn meine Bestellung im selben Raum zubereitet wird wie andere Gerichte – daran seht ihr, wie viel Wert auf sorgfältige Zubereitung gelegt und wie viel Rücksicht auf Allergiker genommen wird.

Das Café liegt in einer winzigen Nebenstraße, man blickt auf kleine Bäume und vergisst dabei, dass man sich mitten in Aoyama befindet. Die Einrichtung ist modern und dank der Holztische gemütlich. Alle Gerichte werden auf Tellern serviert, die heimische Töpfer und Künstler geschaffen haben.

Das Angebot wechselt je nach Saison, aber ich empfehle euch das vegetarische, im Bambuskorb zubereitete *teishoku* (Menü), das mehr als 20 bunte Gemüsesorten enthält, etwa *renkon* (Lotuswurzel) und Shiitake, braunen Reis, Misosuppe, selbst gemachte Dips und japanisches, sauer eingelegtes Gemüse.

Alles hier sieht wunderschön aus und enthält keine Zusatzstoffe, Konservierungsmittel oder Gewürze aus Massenproduktion. In der Brown Rice Canteen benutzen sie stattdessen Gewürze von kleinen Lieferanten aus der Umgebung.

34

33

33

35 SPRING VALLEY BREWERY

スプリングバレーブルワリー

S Daikanyama
A 13-1 Daikanyamacho, Shibuya-ku, 150-0034
T +81-3-6416-4960

BAR/BRAUEREI | Craftbeer-Freunde werden die vor Ort gebrauten Biere lieben. Im Spring Valley sitzt man entweder draußen auf einer Terrasse – herrlich an einem kühlen Nachmittag – oder drinnen in einem großen, modernen Raum. Die besondere Atmosphäre verdankt die Brauerei sicher nicht zuletzt der Lage an der kürzlich eröffneten Log Road, die ein bisschen an New Yorks High Line erinnert.

Ihr bekommt hier natürlich Bier, aber auch viele Gerichte, für deren Zubereitung frische, direkt von den Produzenten gelieferte Produkte verwendet werden – ganz nach dem Motto »vom Hof frisch auf den Tisch«. Bei jedem Gericht – von der Vorspeise bis zum Dessert – achtet man genau darauf, dass ein Spring-Valley-Bier dazupasst. Das 496 unterstreicht etwa das *umami* des T-Bone-Steaks (das Markenzeichen des Hauses), und der Grünkohlsalat harmoniert ideal mit dem Jazzberry Beer. Wenn ihr verschiedene Biere und dazu ein paar Snacks probieren wollt, dann wählt doch die Craftbeer-Verkostung.

Wer kein Craftbeer mag, kann aus einem reichhaltigen Angebot an Cocktails und alkoholfreien Getränken wählen. Hier lässt sich am Wochenende richtig angenehm ein entspannter Nachmittag verbringen.

Die Bar erreicht ihr vom Bahnhof Daikanyama in drei Minuten zu Fuß.

36 HARMONICA YOKOCHO

ハモニカ横丁

S Kichijoji
A 1-2 Kichijoji Honcho, Musashino-ku, 180-0004

BARS/NACHTLEBEN | Fahrt mit dem Inokashira-Zug von Shibuya nach Kichijoji und nehmt den Nordausgang, dann seid ihr in nur einer Minute im Harmonica Yokocho. Hier spielt sich in einem Gewirr von *shotengai* (überdachten Ladenstraßen) und hübschen Gassen mit vielen *izakaya* (kleinen Bars) und Restaurants Kichijojis großartiges Nachtleben ab. Ihr bekommt dort alle erdenklichen Varianten von *yakitori* (Grillspieße) über Sushi bis zu Klößchen, und es gibt sogar ein Lokal, das Käse und Oliven anbietet.

Wenn ich hier nur schnell mittags für einen Imbiss herkomme, gehe ich oft ins Minmin, ein günstiges *Gyoza*-Restaurant, das auch bei Einheimischen sehr beliebt ist. Ich empfehle das Minimin-*gyoza*-Reis-Menü mit Reis, fünf *gyoza* (Teigtaschen), saurem Gemüse und einer Suppe.

Wenn ihr abends dort seid und Lust auf einen Drink und ein paar Snacks in einer Bar habt, bummelt doch von einer zur anderen und lasst euch inspirieren. Das macht Spaß, denn jede *izakaya* hat ihre Besonderheiten! Viele Bars sind in winzigen Räumen, man kommt schnell mit den anderen Gästen ins Gespräch und kann so einen lustigen, unvergesslichen Abend verbringen!

Übrigens fanden in dieser Gegend nach dem Zweiten Weltkrieg zuerst Flohmärkte statt, ehe sich nach und nach Bars ansiedelten.

36

35

35

37 GREEN CABIN (MY HOME IN TOKYO)

S Shibuya/Ebisu/Daikanyama
W myhomeintokyo.com/services
A Adresse erfährt man bei Buchung

UNTERKUNFT | My Home in Tokyo umfasst eine ganze Reihe von Unterkünften, aber ich empfehle vor allem unter Designaspekten den neuesten Zugang, die Green Cabin.

Das Gebäude liegt äußerst günstig zwischen Shibuya, Ebisu und Daikanyama, ihr habt es also schon mal nicht weit zu drei unglaublichen Orten. Verbringt einen Nachmittag im Tokyo Photographic Art Museum in Ebisu, geht danach in eine der vielen *izakaya* in der Gegend, wo ihr gut essen und trinken könnt und schnell zurück in der Green Cabin seid. Auch Daikanyama ist zu Fuß erreichbar, also auf ins T-Site *(siehe S. 26)*. Selbst der Fußweg nach Shibuya ist nicht weit, und dort ist das Angebot riesig.

Ich liebe das Design der Green Cabin mit den traditionellen hohen Holzdecken, die perfekt zur modernen, schlichten Einrichtung passen: schnörkellose Tische, einfache Küchenbänke, Papierlaternen und Wände mit Holzelementen. In der Green Cabin stehen und hängen auch Grünpflanzen, die das Gefühl, in Tokyo zu Hause zu sein, noch unterstreichen.

Es erwarten euch ein großes, bequemes Doppelbett und ein japanisches Bad, das heißt, Toilette und Dusche sind im selben Raum. Duschgel, Shampoo und Conditioner stehen bereit. Super ist auch die niedliche kleine Küche mit allem Notwendigen – fast als würde man hier auf Dauer wohnen.

Die Übernachtung kostet ab 12 000 Yen pro Nacht.

38 GRAND HYATT TOKYO

グランドハイアット東京

S Roppongi
W hyatt.com/en-US/hotel/japan/grand-hyatt-tokyo/tyogh
A 6-10-3 Roppongi, Minato-ku, 106-0032
T +81-3-4333-1234

HOTEL/RESTAURANT | Das Grand Hyatt Tokyo ist ein fantastisches Hotel für Familien, Paare und Einzelreisende. Die luxuriösen Zimmer sind geräumig und bieten alles, was man von einem Hyatt-Hotel erwartet: himmlisch weiche Bettdecken und Kissen, elektrisch betriebene Jalousien, Bluetooth-Lautsprecher, Verbindung zu Apple TV, Roomservice und herrliche Ausblicke. Fragt am besten nach einem Zimmer mit Blick auf den Tokyo Tower. Kaum etwas ist typischer für Tokyo, als morgens die Jalousien hochzufahren und sofort einen Blick auf den Turm zu werfen, ehe man zum Frühstücksbüfett hinunterfährt.

Ein weiterer Pluspunkt ist die Lage in Roppongi Hills – viele Galerien, das Mori Art Museum *(siehe S. 14)*, Läden und Restaurants liegen direkt vor der Haustür.

Im Hotel könnt ihr zwischen zehn einzigartigen Restaurants wählen, ich empfehle euch das Mittagessen im Shunbou. Bitte probiert die Shinsai Lunchbox. Die kostet zwar 5600 Yen, aber in den drei Etagen der Box erwarten euch Sashimi und Häppchen, Speisen vom Holzkohlengrill sowie ein gedämpftes Gericht und frittierter Fisch. Dazu bekommt ihr natürlich Reis, Misosuppe, saures Gemüse und eine Nachspeise. Alles ein großer Genuss und eine der besten *Obento*-(Bento-)Boxen, die ich in meinem Leben jemals gegessen habe.

38

38

RESTAURANTS

THEMATISCHE

CINNAMOROLL CAFE

W cinnamorollcafe.com/food
A 3-1-26 Marui Annex, Shinjuku, Shinjuku-ku, Tokyo, 160-0022

HEDGEHOG CAFE

W harinezumi-cafe.com
A Harajuku Building, No. 2 4F, 1-13-21 Jingumae, Shibuya-ku, Tokyo, Champsère, 150-0001

FIRST AIRLINES

W firstairlines.jp
A Park Heim West Building, 802, 3-31-5 Nishiikebukuro, Toshima-ku, Tokyo, 171-0021

Dass man in Japan sehr gut essen kann, ist ja bekannt. Aber daneben gibt es in diesem wunderbaren Land auch viele ulkige und ganz spezielle Restaurants und Cafés – mit Tieren, Robotern oder Monstern –, in denen der Fokus mehr auf der Ausstattung und Atmosphäre liegt als auf dem Essen. Ich spreche hier in erster Linie von Cafés in Tokyo, aber skurrile Restaurants kann man im ganzen Land finden.

Wer seinen Kaffee oder Tee gern in Begleitung eines vierbeinigen Freunds trinkt, der sollte unbedingt eines der Katzen-, Hunde- oder Igel-Cafés besuchen. Im Hedgehog Cafe im Harajuku Building bekommt jeder Gast einen Igel und Handschuhe – und dann erklärt das Personal, wie man Igel richtig füttert! In den meisten Hunde- und Katzen-Cafés sitzt man auf niedrigen Stühlen und darf die frei herumlaufenden Tiere streicheln.

Das First Airlines ist weltweit das erste Restaurant in einem virtuellen Flugzeug. Es steuert auf der zweistündigen »Reise« New York, Rom, Paris und Hawaii an, und jeder Gast bekommt in seinem Sitz ein First-Class-Menü serviert. Nach dem »Boarding« wird man zu seinem Sitz geführt, an der Wand laufen Bilder vorbei, wie man sie beim Blick aus dem Flugzeug sehen könnte, auf Bildschirmen wird das Ziel angezeigt – man fühlt sich wie auf einem Langstreckenflug, nur ohne Jetlag. Das ist wirklich verrückt!

TOKYO TAGES–TRIPS

1 HAKONE
箱根

S Shinjuku
W odakyu.jp/english/romancecar (Romance Car)
hakone-retreat.com/hotel/en (Hakone Retreat)
hakone-oam.or.jp/en (Open-Air-Museum)
https://www.hakonenavi.jp/international/en/transportation/hakone-ropeway (Hakone-Seilbahn)

Hakone ist ideal für eine Tagestour oder einen zweitägigen Ausflug von Tokyo aus. Nach nur eineinhalb Stunden seid ihr inmitten herrlichster Natur. Schon die Zugfahrt mit dem Romance Car auf der Odakyu-Linie vom Bahnhof Shinjuku ist ein Vergnügen. Vielleicht mietet ihr euch aber auch ein Auto, dann seid ihr in Hakone flexibel.

Ganz besonders malerisch und romantisch ist Hakone im Herbst. Viele Leute fahren in dieser Jahreszeit dorthin, um die bunte Laubfärbung zu bewundern.

Wenn ihr die Zeit habt, dann bleibt doch eine Nacht. Ich kann das Hakone Retreat empfehlen. Es ist einfach himmlisch, wenn man dort morgens schon die Vögel zwitschern hört. Hakone ist berühmt für seine *onsen* (heiße Quellen), und der offene *onsen* im Hakone Retreat ist besonders schön.

Seht euch danach im Open-Air-Museum von Hakone den Skulpturengarten und die Picasso-Galerie an, eine tolle Verbindung von Natur und Kunst. Und dazu die frische Bergluft, herrlich!

Auf jeden Fall solltet ihr auch zum Ashi-See fahren, die Schwanenboote bewundern (oder damit fahren) und zum Hakone-en laufen, dem berühmten roten *torii* (Tor) im See. Mit etwas Glück seht ihr vom Ashi-See bei schönem Wetter auch den Fujiyama.

Spektakulär ist die Hakone-Seilbahn, die Sounzan und Togendai am Ashi-See verbindet und bis auf 1044 Meter hinauffährt. Von hier ist der Fujiyama nicht weit und die Chance, dass der Wolkenvorhang aufreißt, groß. Die Berg-und-Tal-Fahrt kostet 2600 Yen.

1

1

1

2 TAKAO

高尾山

s Shinjuku
w takao599museum.jp (Takao 599 Museum)
takaosan-onsen.jp (Keio Takaosan Onsen Gokurakuyu)

Einen schönen Abstecher in die Natur verspricht der Ausflug zum Berg Takao. Man erreicht ihn von Tokyo nach einer knappen Stunde Zugfahrt. Die fantastische Umgebung ist das ganze Jahr über sehenswert, aber besonders schön im Herbst, wenn sich die Blätter verfärben, oder im Frühling, wenn die Kirschbäume blühen. Die Kirschblüte ist hier ein bisschen später dran als in Tokyo, falls ihr also *hanami* (Kirschblüte) in der Stadt verpasst habt, bietet sich euch hier noch eine Chance. Vom Gipfel des Takao kann man bei klarem Wetter auch gut den Fujiyama sehen.

Ihr erreicht den Berg mit dem Keio-Zug in 50 Minuten. Er fährt in Tokyo am Bahnhof Shinjuku ab, die einfache Fahrt kostet nur 390 Yen (takaotozan.co.jp). Vom Bahnhof Takaosanguchi könnt ihr den Berg entweder zu Fuß auf einem der vielen, unterschiedlich schwierigen Wanderwege besteigen oder ihr nehmt den Sessellift (490 Yen pro Fahrt; er fährt von 9 bis 16.30 Uhr, im Winter bis 16 Uhr). Ich empfehle euch den Wanderweg Nr. 1, eine gepflasterte Trasse, die sehr beliebt ist. Bei dem 90-minütigen Aufstieg kommt ihr zwar ganz schön ins Schwitzen, aber die wunderbare Natur lässt die Mühen rasch vergessen. Auf dieser Route entdeckt ihr zunächst einen Affenpark und weiter oben dann den Yakuoin-Tempel. Mit seiner leuchtend roten Fassade und den blauen, grünen und goldenen Verzierungen ist er einzigartig.

Wenn ihr mit dem Sessellift wieder hinunterfahrt, macht doch einen Abstecher ins sehenswerte Museum Takao 599, in dem ihr viel über die Natur am Takao erfahrt. Und danach lockt der schöne *onsen* Keio Takaosan Onsen Gokurakuyu: Nach der Wanderung freuen sich die müden Beine über die herrliche Entspannung.

3 ENOSHIMA

江ノ島

s Shinjuku
w odakyu.jp/english/romancecar (Romance Car)

Enoshima ist einer der Tokyo am nächsten gelegenen Strände und bietet sich daher im Sommer für einen Strandausflug an. Der Strand ist ganz einzigartig. Überall stehen kleine Hütten, die als Restaurants dienen und sogar mit *tatami* (Matten aus Reisstroh) ausgelegt sind. Auch gibt es überall Haartrockner!

In Enoshima wird ein eigenes Bier mit einem süßen Schildkröten-Logo produziert, das ihr unbedingt probieren solltet, wenn ihr es irgendwo seht. Vielleicht nehmt ihr ja sogar die Flasche als Andenken mit nach Hause und nutzt sie als Vase. Der perfekte Sommergenuss ist definitiv *kakigori* (geschabtes Eis mit Sirup). Lasst euch das bloß nicht entgehen. Als ich das letzte Mal dort war, hatten sie am Strand sogar eine Tanzfläche für abendliche Partys aufgestellt!

An einem Ende des Enoshima-Strands führt eine Brücke auf die Enoshima-Insel. Dort liegt eine kleine Stadt, die ein bisschen an Kyoto erinnert. Es ist herrlich, im Schatten der riesigen Bäume durch die historischen Straßen zum Schrein zu bummeln und dort in Ruhe zu verweilen. Falls ihr nicht so weit laufen wollt, könnt ihr auch die riesige Rolltreppe nehmen. Ich kann euch nur raten, euren Besuch am Enoshima-Strand mit einem Ausflug zu der hübschen Insel abzuschließen.

Ab Tokyo fahren zahlreiche Züge nach Enoshima, etwa der Odakyu und der JR Shonan. Etwas gemütlicher ist es mit dem Romance Car auf der Odakyu-Linie zwischen Shinjuku und Katase Enoshima, und es kostet nur unwesentlich mehr.

Falls es euch am Enoshima-Strand ein bisschen zu voll ist, nehmt den Bus Nr. 12 nach Zushi. Am dortigen Strand ist meist viel weniger los.

2

3

JAPAN

ATAMI

PERFEKT
FÜR EINE
ÜBERNACHTUNG
AM MEER

35.095°N
139.073°E

02

熱海

Die hübsche Küstenstadt Atami in den vulkanischen Hügeln, nicht weit von Fujiyama und Hakone *(siehe S. 58)* entfernt, ist ideal für einen Ausflug mit Übernachtung. In der bergigen Landschaft findet ihr viele *onsen* (heiße Quellen) und sogar einen kleinen Strand an der Sagami-Bucht.

Ich empfehle das Hotel New Akao *(siehe S. 68)* im Stil der 1980er Jahre, das eigentlich ein *ryokan* (traditionelles japanisches Hotel) ist, wo die meisten Zimmer Futons und *tatami* haben. Oder das Hatoya Hotel *(siehe S. 67)*, das mit seinem Retro-Dekor, traditioneller Einrichtung mit *tatami* und Futons und seinem *sento* (öffentliches Bad) besticht. Da möchte man zwar fast nicht wieder raus, doch das Fruchtparfait im Pine Tree *(siehe S. 67)*, einem *kissaten* (altes Kaffeehaus), oder den Eiscreme-Float und das *omuraisu* (Omelett mit Reisfüllung) im Restaurant Furuya *(siehe S. 64)* solltet ihr unbedingt probiert haben.

Nach Atami fährt man von Tokyo mit dem Auto nur zwei Stunden. Mit dem Shinkansen (Hochgeschwindigkeitszug) dauert es sogar nur eine Stunde.

1 RESTAURANT FURUYA

レストランフルヤ

A 8-9 Tawarahon-cho, Atami, Shizuoka, 413-0011
T +81-557-82-4048

CAFÉ/KISSATEN | Wenn ihr mit dem Zug nach Atami fahrt, sollte dieser *kissaten* (altes Kaffeehaus) unbedingt euer erster Anlaufpunkt sein. Er ist nur eine Minute vom Bahnhof entfernt und im Stil der Shōwa-Zeit (1926–1989) eingerichtet. Wenn ihr ganz rechts hinten sitzt, entdeckt ihr über euch an der Wand eine skurrile Spieldose, die das ganze Jahr über Weihnachts- und Geburtstagslieder ertönen lässt, die sich nach geraumer Zeit wiederholen. Wegen solcher Schrulligkeiten mag ich den *kissaten* sehr. Über eine Wendeltreppe erreicht man Plätze im Obergeschoss.

Ich habe das gemischte Sandwich bestellt, das einfach großartig war, aber als ich später auf Instagram die Bilder vom *omuraisu* (Omelett mit Reisfüllung) sah, bekam ich richtiggehend Angst, etwas verpasst zu haben (FOMO = Fear of missing out). An eurer Stelle würde ich deshalb einen Eiscreme-Float und *omuraisu* bestellen, einen Klassiker in Japan. Das ist Reis, oft mit Hühnchen und Ketchup, in einem herrlich luftigen Omelett. Seht euch doch zur Inspiration die Drama-Miniserie *Lunch no Joō (The Queen of Lunch)* an, wo die Hauptdarstellerin in einem *Omuraisu*-Laden arbeitet. Ich habe die Serie oft geguckt, bevor ich nach Tokyo gezogen bin, und hatte dann richtig Sehnsucht nach diesem einfachen und doch so köstlichen Gericht.

Und hier mein Geheimtipp: Taucht, wenn ihr einen Eiscreme-Float bestellt, das Eis *nicht* unter, ehe ihr ein paar Schlucke getrunken habt. Ich hab da so meine Erfahrungen gemacht und bald verstanden, warum das Toilettenpapier am Tisch Sinn macht! Ja wirklich, auf jedem Tisch liegen statt Servietten pinkfarbene Rollen Toilettenpapier in einer Stoffhülle. Für solche Dinge liebe ich *kissaten*.

2 BONNET

ボンネット

A 8-14 Ginza-cho, Atami, Shizuoka, 413-0013
T +81-557-81-4960

CAFÉ/KISSATEN | Das Bonnet ist ein unglaublicher süßer *kissaten* mitten in Atami. Wer den Retro-Charme der Shōwa-Zeit liebt, muss unbedingt dorthin. Ich mag die Vitrinen aus orangefarbenem Plexiglas und Glas, die in der Mitte des Cafés als Raumteiler dienen, die verblichenen cremefarbenen Sitzgarnituren, die Retro-Leuchten und die geschwungene Theke.

Spezialität des Hauses sind Cheeseburger. (Die sind so gut, dass wir am liebsten noch einen zweiten bestellt hätten!) Serviert werden die Burger in kleinen Körbchen, mit Zwiebelscheiben daneben, und das Personal weist ganz höflich darauf hin, dass der Burger mit Zwiebel noch besser schmeckt. Der Burger dort war einer der besten in meinem ganzen Leben! Unfassbar lecker! Ich empfehle dazu einen Soda-Float (Getränk mit Kohlensäure, in dem eine Kugel Eis schwimmt), das rundet das japanische Retro-Erlebnis so richtig ab. Und wer dann noch weiter zurück in alte Zeiten möchte (und ich verrate nicht mehr), der sollte die Toiletten hinten rechts aufsuchen.

Die Schrift auf der Speisekarte und das Logo des *kissaten* gefallen mir ebenfalls sehr gut. Das Design und die Schriftgröße sind genial!

1

1

2

3

3

4

3 PINE TREE

パインツリー

A 7-7 Ginza-cho, Atami, Shizuoka, 413-0013
T +81-557-81-6032

CAFÉ/KISSATEN | Dieser *kissaten* ist mit vielen laubgrünen Ledersitzen und einigen Arcade-Spieltischen ausgestattet. Wenn ihr Glück habt und einer frei ist, nehmt sofort dort Platz! Wirklich alle Details im Pine Tree sind zum Niederknien: das Logo auf den Originalgläsern, die getupften Papierhüllen der Strohhalme, ganz zu schweigen von den Buntglas-Lampenschirmen und den alten Zeitungsständern.

Hier solltet ihr unbedingt ein Fruchtparfait bestellen und euch an dessen Farbenpracht erfreuen. Empfehlenswert ist auch der Eiscreme-Kaffee-Float in einem hohen Glas mit einem extralangen Löffel – Koffeinkick und Erfrischung in einem.

Als wir dort waren, fand in der Straße gerade eine Sommerparade statt, was das nette Personal sogleich allen Gästen mitteilte, sodass wir rausgehen und zuschauen konnten. Typisch japanisch ließen wir alle unsere Taschen und Jacken am Tisch liegen – in Japan wird nur sehr selten etwas gestohlen. Die einzige Ausnahme sind, glaube ich, Schirme und Fahrräder. Da solltet ihr vorsichtig sein. Laptop, Geldbeutel oder Handy sind dagegen offenbar kein Problem!

4 HATOYA HOTEL

ハトヤホテル

W hatoyagroup.jp
A 1391 Oka, Ito, Shizuoka, 414-0055
T +81-557-37-4126

HOTEL | Das Hatoya ist ein bezauberndes Retro-Hotel auf einem Hügel mit Blick auf die Sagami-Bucht, Ito und die Gipfel der Amagi-Berge. Doch das ist nicht der einzige Grund, weswegen ich eine Übernachtung dort empfehle. Ganz abgesehen von den schönen Schildern und der Retro-Einrichtung im Stil der Shōwa-Zeit verfügt es über einen schwebenden Verbindungsgang zwischen den beiden Gebäuden, der mit seinem gestreiften Teppich und den runden Fenstern stark an *Austin Powers* erinnert.

Im Hotel gibt es ein großes öffentliches Bad, wo man ganz wunderbar entspannen kann, die meisten Räume haben die typisch japanischen *tatami* (Matten aus Reisstroh) und Futons. Und die riesige Eingangshalle mit *tatami* sieht einfach fantastisch aus! Die Hotelführung will auch Zimmer im westlichen Stil einrichten, und ihr könnt mit oder ohne Frühstück buchen, ihr habt also die Wahl.

Das Hatoya Hotel gehört zu einer Hotelgruppe, achtet also bei der Reservierung darauf, dass ihr nicht das Schwesterhotel, das Hatoya Sun Hotel, auswählt. Das ist bestimmt ebenso großartig, bietet aber vielleicht nicht den Retro-Stil, den ihr erwartet. Passt deshalb auch auf, dass ihr im Navi des Mietwagens oder bei der Anfahrt mit dem Taxi die korrekte Adresse angebt.

5 HOTEL NEW AKAO

ホテルニューアカオ

W i-akao.com/en/newakao
A 1993-250 Atami, Shizuoka, 413-8555
T +81-557-82-5151

HOTEL | Dieses Hotel im Stil der 1980er Jahre mit fantastischem Abendessen und Frühstück ist ein Muss für jeden, der einen Ausflug mit Übernachtung von Tokyo aus plant.

Bei unserer Ankunft wurden wir zunächst auf einen Willkommensdrink im großen Ballsaal – komplett mit riesigen Lüstern und Bühne – eingeladen. Wir saßen auf cremefarben bezogenen Stühlen und ließen uns Tee, Kaffee und Grapefruitsaft schmecken, während wir zusahen, wie sich die Wellen an den Felsen am Strand brachen.

Alle Zimmer haben Meerblick, ihr schlaft also mit dem Geräusch der Wellen ein. Da braucht man weder Musik noch Fernseher! Ihr habt die Wahl zwischen Räumen im japanischen *Tatami-* oder eher im westlichen Stil. Im Hotel könnte man problemlos den ganzen Tag verbringen, ohne jemals rauszugehen. Es gibt hier einen Geschenkeladen, Fotoautomaten und sogar Karaoke!

Mit der Zimmerbuchung könnt ihr auch für 1000 Yen ein Abendessen und eine Show in dem überwältigenden Speisesaal buchen. Ich will nicht zu viel verraten, aber die Show ist absolut sehenswert. Während ich dort beim Essen saß und mir die Gäste in ihren hoteleigenen *yukata* (eine Art leichter Kimono) ansah, wurde mir wieder einmal bewusst, in was für einem großartigen und besonderen Land ich doch lebe. Stellt euch einmal vor, ihr esst in einem Hotel, und alle Leute tragen Pyjamas! Das Abendessen im Hotel New Akao ist ein japanisches Menü mit vielen Gängen. Es beginnt mit sauer eingelegtem Gemüse, Sashimi und Sushi, gefolgt von Roastbeef, einem *nabe* (Eintopf) mit Reis, und dann kommen auch noch die Desserts! Und wenn ihr dann zurück im Zimmer seid, ist der Futon schon hübsch vorbereitet.

Wenn möglich, sucht euch fürs Frühstück einen Tisch mit Meerblick. Ihr bekommt verschiedene japanische Gerichte wie Misosuppe, Fisch, Reis und saures Gemüse, aber auch diverse Salate, Brote, Fleisch und Früchte. Haltet nach dem tollen Gelee in schreiendem Pink Ausschau. Die Farbe ist so künstlich, dass ich es unbedingt probieren musste, aber der Geschmack war, nun ja, eher gewöhnungsbedürftig. Ganz Tapfere versuchen auch *natto* (fermentierte Sojabohnen), die ein bisschen schleimig aussehen und wie Blauschimmelkäse riechen.

Der Schwimmbadbereich ist in leuchtenden Primärfarben gestrichen, was vor den Felsen am Strand fantastisch aussieht. Wir waren am Ende des Sommers dort, als die Klippen üppig grün überzogen waren, aber bestimmt sind die Farben zu anderen Jahreszeiten auch toll. Das Hotel New Akao ist definitiv eines meiner absoluten Lieblingshotels.

JAPAN

KYOTO

GÖTTLICHE
STADT VOLL
MAGISCHER
TRADITIONEN

34.998°N
135.745°E

03

京都

Kyoto, die einstige Hauptstadt Japans, ist eine Wunderwelt der Traditionen, vom goldenen Tempel Kinkakuji *(siehe S. 79)* über die unzähligen roten *torii* (Tore) am Fushimi-Inari-Schrein *(siehe S. 79)* bis zu den vergnüglichen *kaiseki ryori* (Restaurants mit traditioneller japanischer Haute Cuisine) und den *maiko* (Geishas in Ausbildung) in Gion *(siehe S. 74)* in farbenprächtigen Kimonos. Hier könnt ihr einen Nachmittag mit einer Matcha-Teezeremonie bei Ippodo Tea zubringen *(siehe S. 91)* oder im Kokinse (Kinse Inn Ikebana, *siehe S. 74*) einen sehr empfehlenswerten Ikebana-Kurs besuchen. Egal, wofür ihr euch entscheidet, es wird euch herrlich entschleunigen.

Im botanischen Garten in Kyoto *(siehe S. 76)* findet ihr nicht nur einen Zen-Garten und eine Bonsai-Sammlung, sondern auch Kinderbücher in putzigen Fliegenpilzen. So was gibt es nur in Japan! Falls ihr Zeit habt, macht einen Tagesausflug in den Bambuswald von Arashiyama *(siehe S. 82)* oder setzt euch in Kyoto an den Fluss Kamogawa *(siehe S. 80)* und blickt ganz ruhig in die Berge ringsum.

Da das Gelände in Kyoto relativ flach ist, könnt ihr die Stadt auch gut per Rad erkunden. Im Gegensatz zum Labyrinth von Tokyo findet man sich hier leicht zurecht, da die Straßen gitterartig angelegt sind.

1 Gion | **ATTRAKTION/STADTVIERTEL**
2 Kinse Inn Ikebana | **ATTRAKTION/WORKSHOP**
3 Botanischer Garten Kyoto | **ATTRAKTION/GARTEN**
4 Kinderbibliothek im botanischen Garten | **ATTRAKTION/GARTEN**
5 Kinkakuji | **ATTRAKTION/TEMPEL**
6 Fushimi-Inari-Schrein | **ATTRAKTION/SCHREIN**
7 Kiyomizu-dera | **ATTRAKTION/TEMPEL**
8 Kamogawa | **ATTRAKTION/NATUR**
9 Arashiyama & Sagano Romantic Train | **ATTRAKTION/TAGESTOUR/NATUR**
10 Daigi Bookstore | **BUCHLADEN**
11 Keibunsha | **BUCHLADEN/SCHREIBWAREN/HAUSHALTSWAREN/**
12 Work & Shop by Box and Needle | **SHOP/SCHREIBWAREN/WORKSHOP**
13 &Papers | | **SHOP/PAPIERWAREN**
14 Creative Studio & Space OOO | **SHOP/GALERIE/WORKSHOP**
15 Nishiki Ichiba | **MARKT**
16 D&Department | **SHOP/CAFÉ**
17 Ippodo Tea | **TEELADEN/CAFÉ**
18 Uchu Wagashi | **SHOP/CAFÉ**
19 Traveling Coffee | **CAFÉ/KAFFEE**
20 Wife & Husband | **CAFÉ/PICKNICK**
21 Soiree | **CAFÉ/KISSATEN**
22 Hygge | **CAFÉ**
23 Kissa Ishibe | **CAFÉ/KISSATEN**
24 Cafe Marble Bukkoji | **CAFÉ**
25 Watanabe | **RESTAURANT/OKONOMIYAKI**
26 Hasegawa | **RESTAURANT**
27 Awomb | **RESTAURANT/SUSHI/GALERIE**
28 Coffee & Wine Violin | **BAR/CAFÉ**
29 Kinse Inn | **BAR/CAFÉ**
30 Shimaya Stays | **UNTERKUNFT/MACHIYA**
31 Hotel She | **HOTEL**
32 Anteroom Hotel | **HOTEL**
33 Kokinse (Kinse Inn) | **UNTERKUNFT/MACHIYA**

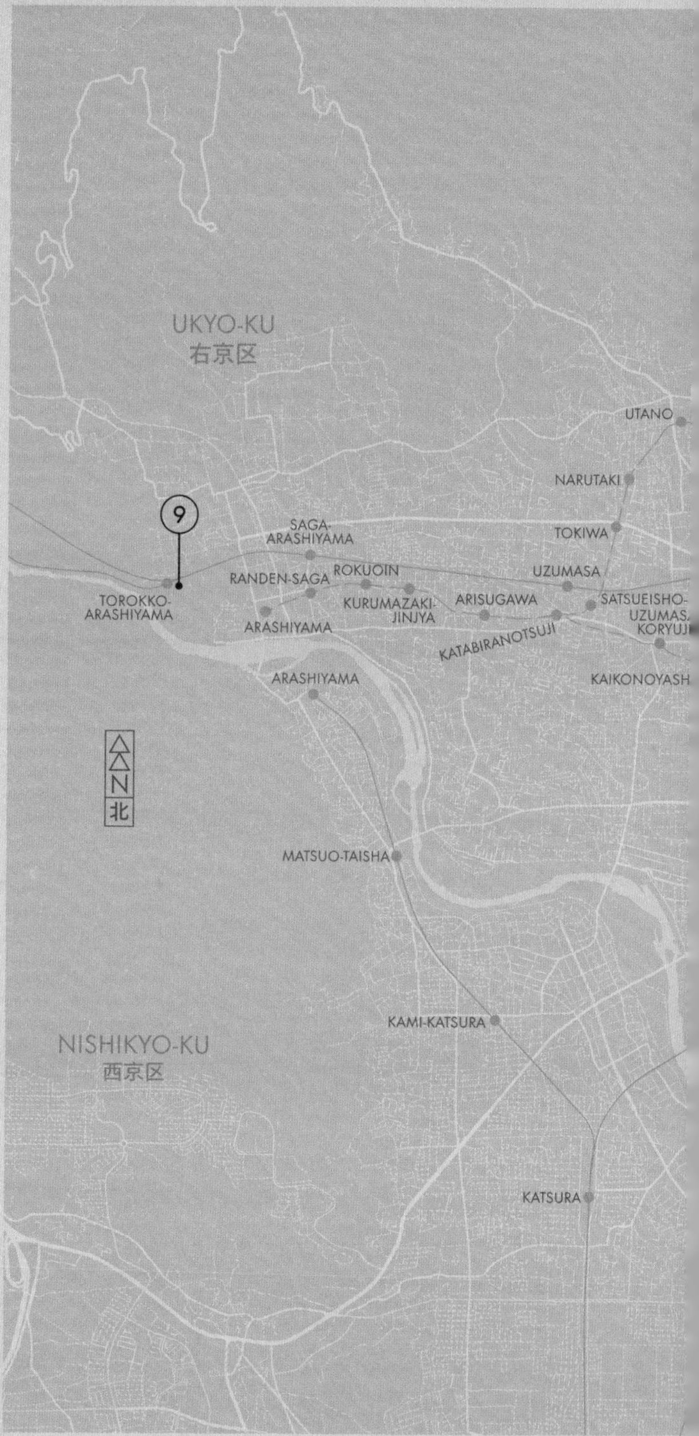

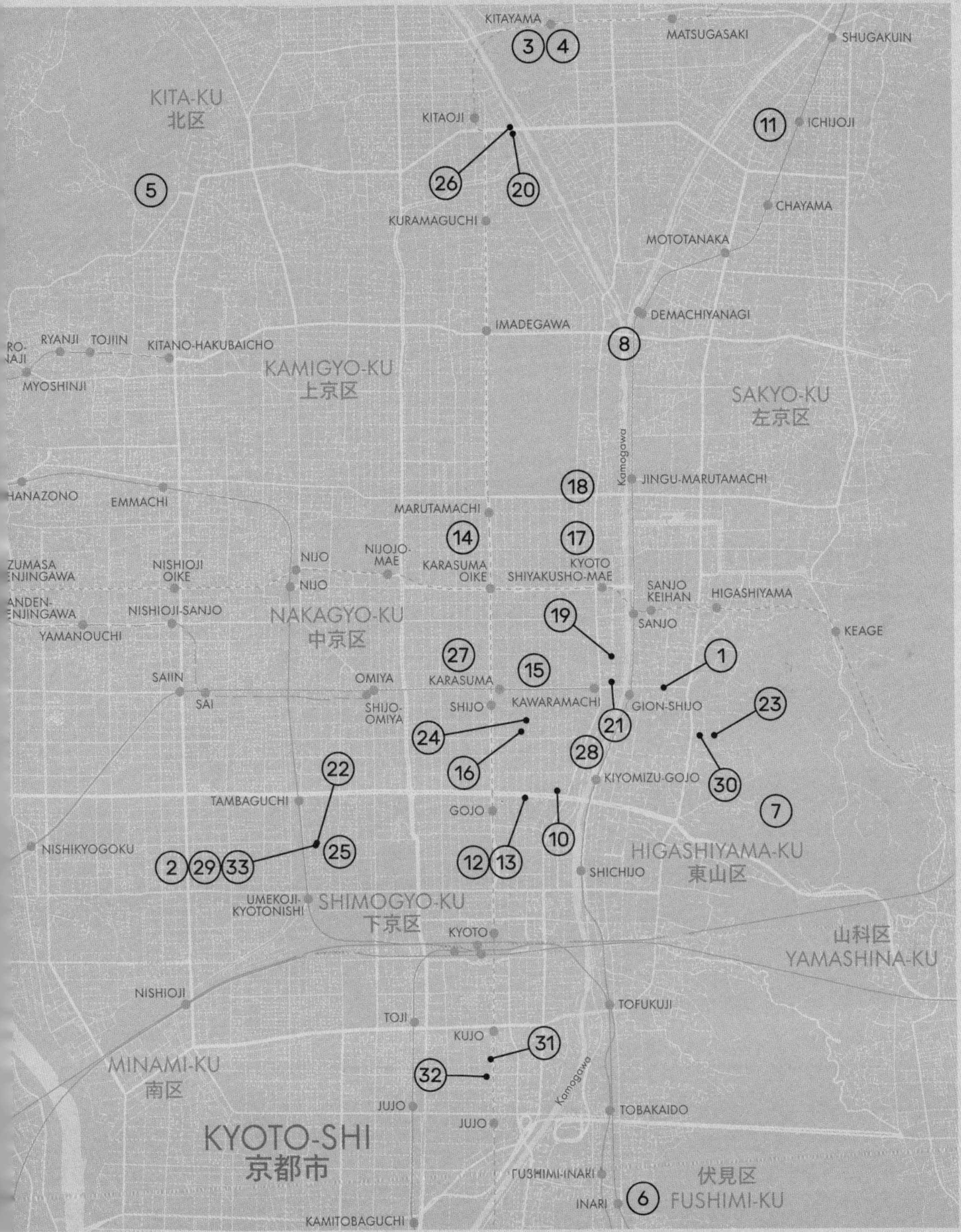

KITAYAMA
MATSUGASAKI
SHUGAKUIN
KITA-KU
北区
KITAOJI
ICHIJOJI
CHAYAMA
KURAMAGUCHI
MOTOTANAKA
DEMACHIYANAGI
IMADEGAWA
RYANJI
TOJIIN
KITANO-HAKUBAICHO
MYOSHINJI
KAMIGYO-KU
上京区
SAKYO-KU
左京区
Kamogawa
JINGU-MARUTAMACHI
HANAZONO
EMMACHI
MARUTAMACHI
NISHIOJI OIKE
NIJO
NIJOJO-MAE
KARASUMA OIKE
KYOTO SHIYAKUSHO-MAE
SANJO KEIHAN
HIGASHIYAMA
NISHIOJI-SANJO
NAKAGYO-KU
中京区
SANJO
KEAGE
YAMANOUCHI
SAIIN
SAI
OMIYA
KARASUMA
SHIJO-OMIYA
SHIJO
KAWARAMACHI
GION-SHIJO
KIYOMIZU-GOJO
TAMBAGUCHI
GOJO
NISHIKYOGOKU
HIGASHIYAMA-KU
東山区
SHICHIJO
UMEKOJI-KYOTONISHI
SHIMOGYO-KU
下京区
KYOTO
山科区
YAMASHINA-KU
NISHIOJI
TOFUKUJI
TOJI
KUJO
MINAMI-KU
南区
JUJO
TOBAKAIDO
KYOTO-SHI
京都市
FUSHIMI-INARI
伏見区
FUSHIMI-KU
INARI
KAMITOBAGUCHI
1 2 3 4 5 6 7 8 10 11 12 13 14 15 16 17 18 19 20 21 22 23 24 25 26 27 28 29 30 31 32 33

1 GION

祇園

ATTRAKTION/STADTVIERTEL | Das schöne historische Gion ist Kyotos bekanntestes Geisha-Viertel. In der Gegend zwischen der Shijō-dōri (Shijo Street) und dem Yasaka-Schrein findet ihr winzige Bars, Restaurants, Teehäuser und einige kleine Läden. Vielleicht seht ihr ein paar Geishas oder *maiko* (Geishas in Ausbildung) in ihren farbenfrohen, traditionellen Kimonos. Gion ist auf jeden Fall einen Besuch wert, mittlerweile aber sehr touristisch. Ihr erreicht das Viertel zu Fuß von der Bushaltestelle Gion oder dem Bahnhof Gion-Shijo.

Als Gion erbaut wurde, richtete sich die Grundsteuer nach der Größe der Hausfront, daher werdet ihr beim Bummel durch die Straßen *machiya* (traditionelle Holzhäuser) mit winzigen Fronten sehen, die jedoch bis zu 20 Meter lang sind!

Geht unbedingt in die Straße Hanamikoji. Dort befinden sich viele *kaiseki ryori* (Restaurants mit traditioneller japanischer Haute Cuisine). Die sind zwar weder billig noch fröhlich, aber ein Erlebnis, das man nicht vergisst. Gion ist vor allem in der Abenddämmerung sehr schön, wenn nach und nach die Laternen und die Lichter der *izakaya* (kleinen Bars) angehen und sich die Stimmung allmählich ändert. Vielleicht hört ihr sogar das Klappern von hölzernen *geta* (japanische Holzschuhe, die zusammen mit traditioneller Kleidung getragen werden). Überquert die Tatsumi-Brücke und entdeckt das pulsierende Nachtleben und die Atmosphäre am Shirakawa-Kanal, wo die Sake-Bars und *izakaya* allmählich zum Leben erwachen. Und esst, wenn es euer Budget erlaubt, ganz traditionell in einem der Stadthäuser in Gion zu Abend.

2 KINSE INN IKEBANA

きんせ生花

W kinseinn.com/ikebana
A 80 Tayucho, Nishishinyashiki, Shimogyo-ku, 600-8827
T +81-75-351-4781

ATTRAKTION/WORKSHOP | Ich hatte mich schon lange für die Kunst des Blumenarrangierens interessiert und nach einem Ikebana-Kurs gesucht, der nicht allzu touristisch ist. Nichts, wo ein Kursleiter im Kimono japanische Stereotype wiederholt. Dann entdeckte ich Kokinse (Kinse Inn, *siehe S. 110*). Die Leiterin Seanacey hat mehr als zehn Jahre Erfahrung in der Sogetsu-Ikebana-Schule, die eine lockere Form von Ikebana vermittelt.

Die Kurse im Kinse Inn finden in der Halle des 200 Jahre alten *ryokan* (traditionelles japanisches Hotel) der Familie Seanacey statt. Die ist so unglaublich, dass man schon beim Betreten sofort Lust auf Ikebana bekommt. Doch mit ihrer hippen Bar und der *oshare* (schicken) Kundschaft fühlt sich die Halle auch ganz modern an. Im Kurs erarbeiten die Teilnehmer zwei Arrangements in Vasen ihrer Wahl: ein traditionelles und ein eher modernes. Bei meinem Kurs wurden wir in einen kleinen Wintergarten geführt, auf dessen Tischen unzählige Vasen, Erbstücke von Seanaceys Tante, standen. Am Ende darf man die Arrangements mit nach Hause nehmen, oder man lässt sie als Dekoration in der herrlichen Halle des *ryokan*.

Der Kurs eignet sich wirklich für jeden. Wer lieber freier arbeiten möchte, profitiert von Seanaceys intuitiver Arbeitsweise ebenso wie jemand, der von ihr eine genaue Anleitung Schritt für Schritt braucht.

Material und Werkzeug werden zur Verfügung gestellt, der Kurs kostet 6000 Yen und dauert 90 bis 120 Minuten.

Im Haus ist auch ein hübsches Café *(siehe S. 105)*, wo ihr euch nach dem Workshop gut erholen könnt.

2

2

1

3 BOTANISCHER GARTEN KYOTO

京都府立植物園

W pref.kyoto.jp/plant
A Shimogamo Hangicho, Sakyo-ku, 606-0823
T +81-75-701-0141

ATTRAKTION/GARTEN | Der Besuch des botanischen Gartens Kyoto ist nicht nur ein Traum für Pflanzenfreunde, sondern auch für alle, die mitten in der Stadt einen ruhigen Nachmittag in der Natur verbringen wollen. Ich war bisher eigentlich kein Fan botanischer Gärten, aber nach meinem letzten Ausflug nach Kyoto hat sich das geändert. Jetzt stehen sie auf meiner Liste der zu besuchenden Highlights ganz oben.

In diesem einzigartigen Garten stehen beeindruckende 12 000 Pflanzenarten. Er wurde 1924 gegründet und ist damit der älteste öffentliche botanische Garten in Japan. Seht euch den Zen-Garten und die Bonsai-Sammlung an. Je nach Jahreszeit entdeckt ihr fantastische Kamelien, Hortensien oder *sakura* (Kirschbäume). Bei meinem letzten Besuch begeisterte mich vor allem das Sonnenlicht im Lotusgarten.

Der Eintritt kostet 200 Yen, Tickets bekommt man am Automaten links vom Eingang. Sie gelten den ganzen Tag, das heißt, wenn ihr zwischendrin außerhalb des Gartens etwas essen, einen Kaffee trinken oder vielleicht noch eine Speicherkarte kaufen wollt, weil die erste schon voll ist, dann macht das und geht danach wieder rein. Mein Tipp: Holt euch einen Pokari Sweat (Energydrink) vom Automaten (oder in der kühleren Jahreszeit einen Kaffee oder Tee), hört dazu Debussy über die Kopfhörer (ich liebe *Clair de Lune*) und lasst auf einer der vielen gemütlichen Bänke im Park Japans florale Schönheit auf euch wirken.

Der Garten liegt am Fluss Kamogawa *(siehe S. 80)*, der ebenfalls sehr schön ist und das Naturerlebnis abrundet. Für die Anfahrt nehmt ihr die Kyoto City Subway bis zur Station Kitayama (Ausgang 3). Ein Besuch des botanischen Gartens ist wirklich eine wunderbare Möglichkeit, bei eurem Aufenthalt in Kyoto tiefe Entspannung zu finden. Und ganz wichtig: Vergesst nicht, euch die putzige Kinderbibliothek anzusehen.

4 KINDERBIBLIOTHEK IM BOTANISCHEN GARTEN

きのこ文庫

ATTRAKTION/GARTEN | Ich wette, das ist die süßeste Kinderbibliothek, die ihr jemals gesehen habt! In Kyotos botanischem Garten steht eine ganze Reihe dieser kleinen Fliegenpilze mit Regalen voller Kinderbücher, die man ausleihen kann. Geht durch den Haupteingang und dann nach links an den Automaten vorbei (vielleicht nehmt ihr ja gleich noch ein Getränk mit) und setzt euch dort auf eine Bank, dann entdeckt ihr die bezaubernden Bibliotheken, die es so nur in Japan gibt.

Um Bücher auszuleihen, müsst ihr in Kyoto wohnen und Mitglied sein, aber es macht schon großen Spaß, die Gesichter der Kinder zu beobachten, wenn sie strahlend die Pilztüren aufmachen und sich ein Buch aussuchen. So werden sie spielerisch an das Vergnügen des Lesens herangeführt. Ich habe ja mehr als zehn Jahre in der Zeitschriftenbranche gearbeitet und finde es großartig, wie Kinder hier an die frische Luft und zum Lesen gebracht werden.

Leider habe ich diese Pilze nur im Sommer gesehen, aber bestimmt sind sie auch im Winter sehr hübsch!

6

6

5

5 KINKAKUJI

金閣寺

W shokoku-ji.jp/kinkakuji
A 1 Kinkakujicho, Kita-ku, 603-8361
T +81-75-461-0013

ATTRAKTION/TEMPEL | Normalerweise halte ich mich auf meinen Reisen nicht an den Touri-Hotspots auf, aber Kinkakuji ist eine Ausnahme. Dieser schöne Zen-Tempel ist mein absoluter Lieblingstempel in Kyoto, weil ich, wie meine Freunde wissen, alles metallisch Glänzende liebe – und dieser goldene Pavillon ist einfach atemberaubend! Rund um den Tempel sind schöne japanische Gärten, ein großer Teich und ein kleiner Steingarten angelegt.

Der Weg von der Hauptstraße ist relativ lang, gibt euch aber die Möglichkeit, runterzukommen und euch auf die meditative Stimmung vorzubereiten, die euch erwartet. Bedenkt aber auch, dass zusammen mit euch eine große Menschenmenge auf dem Weg zu diesem Tempel ist.

Der Tempel ist mit Blattgold überzogen und steht an einem schönen großen Teich. Achtet, bevor ihr näher rangeht, mal darauf, wie wunderbar sich der Bau im Wasser spiegelt. Erbaut wurde er als Alterssitz für den Shogun Ashikaga Yoshimitsu, nach seinem Tod 1408 wurde er – auf seine Bitte hin – zu einem Zen-Tempel. Jede der drei Etagen ist in einem anderen Stil erbaut. Die erste im Shinden-Stil aus der Heian-Zeit, die zweite im Bukke-Stil der Samurai-Häuser, und die dritte ähnelt einer chinesischen Zen-Halle und ist innen wie außen mit Gold überzogen. Leider wurde der Pavillon im Lauf der Zeit in zahlreichen Kriegen immer wieder durch Feuer oder Brandstiftung zerstört, das jetzige Gebäude wurde 1955 errichtet und blieb seither unbeschädigt.

Der Eintritt kostet für Erwachsene nur 400 Yen. Das Gelände liegt im nördlichen Teil von Kyoto, ihr erreicht es vom Bahnhof Kyoto mit dem Bus 101 oder 205 (Fahrtzeit etwa 40 Minuten). Auch die Kombination von Zug und Taxi ist nicht schlecht, vor allem, weil die Busse oft ganz schön voll sind. Stellt sicher, dass eure Akkus für viele Fotos geladen sind, der Tempel ist absolut herrlich und ein ganz besonderer Ort!

6 FUSHIMI-INARI-SCHREIN

伏見稲荷大社

W inari.jp
A 68 Fukakusa Yabunouchi-cho, Fushimi-ku, 612-0882
T +81-75-641-7331

ATTRAKTION/SCHREIN | Der Fushimi-Inari-Schrein ist einer der bekanntesten Orte in Kyoto. Das liegt nicht zuletzt an den Tausenden roten *torii* (Tore), die zum Hauptschrein führen. Erbaut wurde er 711 in der Nara-Zeit, er ist also schon über 1300 Jahre alt! Wer auch im Urlaub seinen Schrittzähler im Auge hat, freut sich über die 233 Höhenmeter, die bis zur Spitze zu bewältigen sind. Die *torii* sind Spenden von Unternehmen und Einzelpersonen, deren Name auf der Rückseite des jeweiligen Tors zu lesen ist.

Der Schrein steht auf dem Inari und ist bekannt für seine Fuchsstatuen, die als Wächter des heiligen Bergs gelten. Eine Tour bis zur Spitze des Hügels und zurück dauert etwa zwei bis drei Stunden – ohne Fotopausen! Und Motive gibt es unterwegs mehr als genug, unter anderem schöne Ausblicke auf Kyoto.

Den Fushimi-Inari-Schrein erreicht ihr von der Station JR Inari, das sind nur fünf Minuten Fahrt vom Bahnhof Kyoto. Der Schrein ist Tag und Nacht geöffnet und kostet keinen Eintritt!

7 KIYOMIZU-DERA

清水寺

W kiyomizudera.or.jp/en
A 294 Kiyomizu, Higashiyama-ku, 650-0862

ATTRAKTION/TEMPEL | Auf halber Höhe am Otowa liegt Kiyomizu-dera. Dieser schöne buddhistische Tempel aus dem Jahr 777 ist Teil des UNESCO-Weltkulturerbes »Historisches Kyoto« und einer der großartigsten Tempel der Stadt.

Er ist vom Stadtzentrum aus leicht zu erreichen und ebenso sehenswert wie seine Umgebung, in der man sich in alte Zeiten zurückversetzt fühlt. Die Straße zum Tempel ist gesäumt von abwechslungsreichen Souvenirläden und Cafés. Zieht unbedingt flache Schuhe an – mit Absätzen bleibt ihr auf dem unebenen Pflaster bloß hängen. Seht euch beim Weg hinauf zum Tempel immer wieder mal um, der Blick über die Stadt ist herrlich. Vielleicht erlebt ihr ja auch den atemberaubenden Sonnenuntergang über Kyoto.

Der Haupteingang zum Kiyomizu-dera brannte während eines Bürgerkriegs nieder, wurde aber im frühen 16. Jahrhundert als herrliches zweigeschossiges Tor wiederaufgebaut. Geht auf jeden Fall durch die Seiteneingänge am Tor – der Haupteingang ist für die Götter reserviert. Sehenswert sind die großartige dunkle Haupthalle mit ihren kunstvollen Laternen und die Okuno-in-Halle, von deren Balkon man einen sensationellen Blick auf Kyoto hat und ganz besondere Fotos machen kann. Geht auch zum Otowa-Wasserfall – sein Wasser soll »heilende« Kräfte besitzen.

Auf dem Tempelgelände stehen etwa 1500 *sakura* (Kirschbäume). Daher wird es besonders im Frühling sehr gern besucht. Aber auch im Herbst, wenn das Laub sich färbt, ist es hier herrlich. Am besten habt ihr eure Kamera stets griffbereit, man weiß ja nie, wann das Licht gerade perfekt ist.

8 KAMOGAWA

鴨川

A Kyoto, Kyoto-fu

ATTRAKTION/NATUR | Der Kamogawa, ein Wahrzeichen Kyotos, ist von seiner Quelle in den Sajikigatake-Bergen im Norden Kyotos bis zum Yodogawa 31 Kilometer lang. Die kühle Brise und die Stimmung am Fluss sind etwas ganz Besonderes in Kyoto. Der Weg am Fluss entlang ist perfekt zum Joggen, aber auch für ein Picknick (im 100-Yen-Shop gibt es günstige und schöne Matten). Vielleicht bekommt ihr auch Lust, die schöne Landschaft zu zeichnen oder eine Ansichtskarte zu schreiben. Lass euch nicht irritieren, der Fluss heißt auf Japanisch Kamogawa, da *kawa* (ausgesprochen *gawa*) aber »Fluss« bedeutet, wird er auch Kamo genannt.

Da der Fluss so lang ist, gehört er einfach zum Stadtbild und dient als gute Orientierungshilfe. Man überquert ihn immer wieder auf einer der vielen Brücken, sitzt beim Essen am Ufer oder schlendert am Ufer entlang. Morgens werden dort die süßen kleinen Hunde ausgeführt, abends spiegeln sich die Laternen und die Lichter aus den *izakaya* (kleinen Bars) malerisch in seinem Wasser.

In der Nähe der Kamogawa-Brücke in Kawaramashi liegen große Steine im Wasser, auf denen man den Fluss überqueren kann. (Einige dieser Steine kommen auch bei der traditionellen Raku-Keramik für die Glasur zur Anwendung.) Die Abstände sind allerdings ziemlich groß, seid also vorsichtig – vor allem, wenn ihr eine Kamera oder euer Smartphone in der Hand habt.

Einer der bekanntesten Aussichtspunkte am Fluss ist das Pontocho-Viertel. Pontocho erstreckt sich zwischen den Straßen Sanjo und Shijo. Ihr erreicht es vom Bahnhof Kyoto mit den Bussen 4, 5, 17 oder 205 zur Haltestelle Shijo Kawaramachi.

9 ARASHIYAMA & SAGANO ROMANTIC TRAIN

嵐山

A Ukyo-ku, 616-0007
W sagano-kanko.co.jp/en/

ATTRAKTION/TAGESTOUR/ NATUR | Die bekannteste Tagestour ab Kyoto ist zweifellos die in den »Bambuswald« in Arashiyama. Man fährt vom Bahnhof Kyoto in 20 Minuten mit dem JR-Zug auf der JR-Sagano/San-in-Linie bis zur Station Saga-Arashiyama. Ich liebe es, mich beim gleichmäßigen Rattern des Zugs auf den Weg in den Wald einzustimmen. Den erreicht ihr nach zehn Minuten Fußmarsch von der Hauptstraße in Arashiyama aus.

Einmal angekommen, folgt ihr dem einzigen Weg durch den Wald, der ganz allmählich mitten hinein ins Gehölz führt. Der Wald ist ein absoluter Touristenmagnet, rechnet also mit Massen, die durch den Wald laufen. Am schönsten und beschaulichsten ist es dort am Morgen, ehe die Touristen anrücken, aber das Rascheln der wunderbaren himmelhohen Bambusstangen und -blätter im Wind lässt einen den Trubel rasch vergessen – ein unvergleichliches Erlebnis. Vielleicht habt ihr am Ende der Tour noch Lust auf einen Abstecher in das beliebte Café %Arabica.

Wer danach noch mehr Abenteuer erleben möchte, nimmt den Sagano Romantic Train, der am Fluss Hozugawa entlangfährt. Die Luft am friedlich dahinfließenden Fluss ist so herrlich frisch – eine himmlische Abwechslung nach der Enge und Dichte im tunnelartigen Bambuswald. Aus der supersüßen altmodischen Bahn, deren Fenster man auch öffnen kann, hat man einen schönen Blick in die Natur. Am malerischsten ist diese Fahrt sicherlich im Herbst, wenn die Blätter der Bäume in Gelb- und Orangetönen leuchten. In den Wintermonaten fährt die Bahn nicht, erkundigt euch also im Vorfeld rechtzeitig bei den Info-Zentren. Die einfache Fahrt zwischen Torokko Saga und Torokko Kameoka kostet für Erwachsene 630 Yen, der Zug fährt täglich von 9 bis 16 Uhr.

10 DAIKI BOOKSTORE

大喜書店

W daikibookstore.com
A 563-3 Fuyacho-dōri, Shimogyo-ku, 600-8059
T +81-75-353-7169

BUCHLADEN | Schon beim ersten Blick auf das hippe Äußere erkennt man, dass die Betreiber des winzigen Buchladens ihr Geschäft verstehen. Öffnet ihr die Tür aus Holz und Glas, entdeckt ihr eine Fülle von Designbüchern. Der Laden hat mit seinem gedämpften Licht und der ruhigen Musik einen ganz eigenen Charme. Hier würde man bei schlechtem Wetter gern viele Stunden verbringen.

Die Stimmung ist sehr japanisch, an drei Wänden stehen Bücherregale, in der Mitte ein kleiner Tisch, und die Auswahl an Büchern rund um Design und Architektur ist erstaunlich. Wenn ihr euch für Ikebana, japanisches Gartendesign oder Kunst interessiert, seid ihr hier genau richtig. Ein Großteil der Bücher ist zwar japanisch, aber sie haben auch zweisprachige oder so schön gemachte Bücher, dass man sie einfach haben will – und sei es auch nur zum Anschauen.

Ich fand dort ein Buch, das ich davor nur ein Mal gesehen hatte, bei einem Freund in Gent: ein Buch über japanische Kleinraum-Architektur, sogenannte »Pet-Architektur«, das zeigt, wie außergewöhnlich kleine Orte in wunderschöne funktionale und minimalistische Wohnräume verwandelt werden können. Und das auf eine Art, wie es nur japanische Architekten können.

In diesem Laden findet ihr all das wunderbare Design, das ihr auf eurer Japan-Reise entdeckt habt, zwischen zwei Buchdeckeln wieder.

12

12

11 KEIBUNSHA
恵文社一乗寺店

W keibunsha-store.com
A 10 Haraidono-cho, Ichijoji, Sakyo-ku, 606-8184
T +81-75-711-5919

BUCHLADEN/SCHREIBWAREN/ HAUSHALTSWAREN | Keibunsha in Kyotos Ichijoji-Viertel ist mit Sicherheit einer der besten Buchläden der Stadt. Ich würde sogar sagen, einer der besten in ganz Japan. Und außerdem fand hier meine allererste Buchvorstellung und Autogrammstunde statt.

Die erfahrenen Buchhändler, die hier arbeiten, wählen die Bücher mit Bedacht und Sorgfalt aus. Seht euch nur mal die Website an, schon die spiegelt ihre Liebe zu Büchern wider, wenn sie sagen, man könne sich vor Ort »in aller Ruhe entspannt analog Bücher anschauen«. Geht doch am Anfang eures Aufenthalts in Kyoto dorthin, sie haben nämlich auch eine fantastische Reisebuch-Abteilung. Da bekommt ihr Bücher oder Magazine mit besonderen Tipps.

Wenn ihr an den hölzernen Regalen entlangschlendert, werdet ihr an jeder Ecke besondere Bücher entdecken. Daneben sind im Keibunsha auch verschiedene Haushalts- und Papierwaren erhältlich, etwa Essstäbchen, Vasen oder Accessoires. Künstlerische Magazine mit Fokus auf Illustration, Poesie oder Fotografie runden das Angebot ab. An den Laden ist eine Galerie angeschlossen, die an Studenten oder lokale Künstler vermietet wird.

Keibunsha ist zwar nicht direkt im Zentrum von Kyoto, aber der Weg dorthin lohnt sich dennoch. Ich fahre meist mit dem Rad, aber ihr kommt auch mit den Bussen 5 und 206 ab dem Bahnhof Kyoto und einem sieben- bzw. fünfminütigen Fußweg zu dem Laden.

12 WORK & SHOP BY BOX AND NEEDLE

W boxandneedle.com
A Jimukinoueda Building, 3F-303, 21 Takakura-dōri, Sakai-cho, Gojo-dōri, Shimogyo-ku, 600-8191
T +81-75-354-0351

SHOP/SCHREIBWAREN/ WORKSHOP | Wer Schreibwaren und Papier liebt, der sollte sich unbedingt den großartigen Laden im dritten Stock des Jimukinoueda Building ansehen. Hier gibt es Schachteln in allen Größen und Formen, hergestellt von einem alteingesessenen Papierhersteller in Kyoto, aber auch wunderschöne Papierwaren aus der ganzen Welt, zum Beispiel italienische, englische, französische oder finnische. Bei meinem letzten Besuch sind mir besonders die farbenprächtigen Papiere mit geometrischen Mustern aus Indien und Nepal ins Auge gestochen. Auf Nachfrage zeigt euch das Personal gern weitere Papiere in den vielen Schubladen.

Wenn ihr keine großen Papierbögen mit nach Hause nehmen wollt, wählt doch den ein oder anderen der wunderbaren, handgemachten Notizblöcke. Sie leisten gute Dienste als Reisetagebuch oder sind ein hübsches Mitbringsel.

In dem Laden werden auch Workshops angeboten, geht doch einfach mal rein.

13 &PAPERS
アンドペーパーズ

W boxandneedle.com
A Jimukinoueda Building, 1F, 21 Sakaicho, Takakura-dōri, Gojo-dōri, Shimogyo-ku, 600-8191
T +81-75-354-0351

SHOP/PAPIERWAREN | Im selben Gebäude wie das Box and Needle *(siehe S. 85)* befindet sich auch &Papers – zum Teil Laden, zum Teil Museum, aber auch Fabrik. Der fröhliche Laden im Erdgeschoss ist in Primärfarben gehalten und ein echter Blickfang. &Papers liegt etwas zurückgesetzt an einer größeren Straße.

Als ich das erste Mal hineinging, wurde ich nicht sofort mit dem üblichen *irasshaimase* (Willkommen) empfangen, sodass ich einen Moment unsicher war, ob ich nicht eine Werkstatt statt eines Ladens betreten habe. Aber keine Sorge, hier wird verkauft – und zwar fast alles aus Papier, was ihr euch nur vorstellen könnt.

Wunderschöne faltbare Schachteln und Behälter aus buntem Papier, aber auch Klassiker wie Postkarten und Notizbücher. Ihr wollt mal wieder einen Brief schreiben? Dann greift zu einem hier individuell gestalteten Umschlag und den passenden bedruckten Briefbögen. Ihr könnt auch euer eigenes Notizbuch entwerfen – alles vom Papier bis zur Bindung wird nach euren Vorstellungen gestaltet. Sucht euch einfach alles aus, was ihr haben wollt, das hilfsbereite Personal macht daraus euer ganz besonderes Kyoto-Notizbuch. Was für ein tolles Souvenir!

Meine Highlights sind die schönen Papiervasen in bunten Farben – ideal, um zu Hause hübsche Trockenblumen aufzustellen. Außerdem sind sie eine nette Erinnerung an eure Zeit in Japan.

14 CREATIVE STUDIO & SPACE OOO

W creativeooo.com
A 740-1 Tatedaionji-cho, Nakagyo-ku, 604-0012
T +81-75-203-9259

SHOP/GALERIE/WORKSHOP | Wenn ihr skurrile japanische Architektur mögt und nach einzigartigen Kunstwerken sucht, dann müsst ihr ins Creative Studio & Space OOO gehen. In einem eigentlich ganz normalen Wohngebiet in Kyoto erwartet euch dieses kuriose Gebäude mit einer Fassade, die aussieht wie ein Gesicht, und darin: ein Laden, eine Galerie und ein Werkraum.

Wenn ihr das Gebäude durch den »Mund« betreten habt, entdeckt ihr Handgemachtes von heimischen und internationalen Künstlern, unter anderem Schmuck, Papierwaren, Keramik, handbemaltes Glas, Taschen, Bilder und Beutel. Daneben erwartet euch eine Auswahl besonders süßer Zeitschriften. Das Angebot wechselt ständig, sodass ihr bei jedem Besuch neue Künstler und Arbeiten kennenlernt. Bei der Wahl zwischen Stofftaschen aus Thailand, zweiseitigen, in Kyoto hergestellten Kunststofftaschen, Armbändern aus Deutschland oder Magazinen aus Portland ist euch die charmante Besitzerin gern behilflich. Sie spricht Englisch und hat ein gutes Gespür, um das richtige japanische oder ausländische Stück für euch zu finden.

Wer das besondere Gebäude von außen fotografieren möchte, sollte das richtige Objektiv dabeihaben, denn die Straße ist sehr eng, man kann also nicht weit genug weggehen (und sollte die Nachbarn auch nicht stören). Mit dem Smartphone könnt ihr vielleicht einen besonderen Blickwinkel wählen – perfekt zur Erinnerung oder für das Reisetagebuch.

Ich verspreche euch, ihr verlasst den Laden nicht ohne ein paar handgefertigte Stücke. Und bitte richtet der Besitzerin herzliche Grüße von mir aus.

13

14

14

15 NISHIKI ICHIBA

錦市場

W kyoto-nishiki.or.jp; kyotofu.co.jp/shoplist/monjya
A 609 Nishidaimonji-cho, Nakagyo-ku, 604-8054
T +81-75-211-3882

MARKT | Nishiki Ichiba ist eine quirlige Fressmeile, die sich im Zentrum von Kyoto über fünf Straßenblocks erstreckt. Angefangen hat alles 1310 mit einem einzelnen Großhandelsgeschäft, im Lauf der Jahrhunderte kamen immer mehr kleine Läden dazu.

Ich liebe den Retro-*shotengai*-Stil (überdachte Ladenstraße) mit den grünen, gelben und roten Lichtern, die den ganzen Bereich beleuchten. Hier bekommt ihr neben *wagashi* (japanische Süßigkeiten), Essiggurken, Meeresfrüchten, Algen und vielem mehr auch verschiedenste *yakitori* (Grillspieße) – fast alles aus heimischer Produktion.

Die Straßen sind bei Touristen sehr beliebt, deshalb ist hier immer viel los. Wenn ihr einen kleineren regionalen Markt sucht, dann geht eher in die Wohngebiete. Nikishi ist aber attraktiv dank seiner lebhaften Atmosphäre und der fröhlichen Willkommensrufe der Ladenbesitzer und des riesigen Angebots typisch japanischer Lebensmittel.

Kyoto ist in ganz Japan für sein *Kyo-yasai* (Gemüse aus Kyoto) bekannt, ihr werdet schöne Beispiele dort finden. Wenn ihr lieber Süßes wollt, keine Sorge, es gibt auch die berühmten kleinen Tofu-Donuts von Konna Monjya.

Es ist nicht erlaubt, an den Ständen oder unterwegs zu essen, kauft euch also am besten, was euch gefällt, und geht damit zum Kamogawa *(siehe S. 80)*, wo ihr auf einer Bank am Fluss die Köstlichkeiten genießen könnt.

Von den Stationen Kyoto, Karasuma und Kawaramachi ist es nicht weit zum Markt, der parallel zur Shijō-dōri liegt.

錦
NISHIKI
錦市場商店街

16

16

17

16 D&DEPARTMENT

W d-department.com
A 397 Shinkaicho, Takakura-dōri Bukkoji, Shimogyo-ku, Kyoto-shi, 600-8084
T +81-75-343-3217; +81-75-343-3215 (Café)

SHOP/CAFÉ | D&Department ist einer meiner Lieblings-Designläden in Japan. Die Filiale in Kyoto liegt in einer wundervollen Tempelanlage, da ist schon der Eintritt durch die Tempeltore etwas ganz Einzigartiges (geht aber keinesfalls durch die mittleren Tore, die sind ausschließlich den Göttern vorbehalten).

Im Laden mit seiner ganz besonderen Atmosphäre ist man stolz darauf, die schönsten Stücke von Künstlern aus ganz Japan anbieten zu können – und das völlig zu Recht. Hauchdünne Gläser, kupferne Teesiebe oder ein Pfefferminzöl zur Insektenabwehr, das so rein ist, dass man es sogar trinken könnte. Ich mag am liebsten die Zinn-Kaffeekanne mit Löffel von Kaikado, einem Spezialisten für Teezylinder in Kyoto, der schon in der Meiji-Zeit (1868–1912) gegründet wurde. Es gibt auch viele wunderbare Dinge aus Holz von Takahashi, besonders schön finde ich die Takahashi-Tasse »Cara Cup«. Nehmt sie mal in die Hand, und dann wüsste ich gern, ob ihr den Laden ohne so eine Tasse verlassen könnt!

Das Unternehmen bringt auch ein teilweise zweisprachiges Magazin heraus, das in jeder Ausgabe eine der 47 Präfekturen in Japan vorstellt. Darin findet ihr viele Anregungen für die weitere Erkundung des Landes.

Im Haus nebenan ist ein traditionell eingerichtetes Café, wo ihr einen Tee, Sake oder ein regionales *teishoku* (Menü) bekommt. Ihr sitzt auf einer *tatami*, genießt euer Essen und den Blick auf die Tempelanlage – das ist einer dieser Momente, die so schön sind, dass es sich fast unwirklich anfühlt.

Die Japaner lieben ihre Briefmarken und eine gute Briefmarken-Rallye. Besucher können an vielen Bahnhöfen, in Läden und an Sehenswürdigkeiten Marken erwerben – oder auch hier im Laden. Kauft euch doch auch eine D&Department-Marke.

17 IPPODO TEA
一保堂茶舗

W global.ippodo-tea.co.jp
A 52 Tokiwagi-cho, Nakagyo-ku, 604-0915
T +81-75-211-4018

TEELADEN/CAFÉ | Ippodo ist einer der berühmtesten Läden für grünen Tee in Kyoto, weitere Filialen gibt es in Tokyos Marunouchi-Viertel und in New York. Die Philosophie hinter der Marke ist, nicht nur herrliche grüne Tees zu verkaufen, sondern auch Kurse anzubieten. Auch hier in Kyoto. Es gibt eine Teestube und verschiedene Events, um Kunden die Faszination und den Charme des grünen Tees nahezubringen. Das stimmungsvolle Interieur mit den dunklen Balken liefert die perfekte Umgebung dafür.

In den Kursen lernt man, wie der perfekte grüne Tee zubereitet wird – mit der richtigen Temperatur, der richtigen Art zu rühren und zu servieren, natürlich in einer Kyusu-Kanne. Das kostet 5400 Yen pro Person, aber man lernt dabei so viel, es lohnt sich.

Wenn ihr nur einen Tee trinken wollt, geht in den Kaboku Tearoom und wählt aus dem großen Angebot an Matcha-, Gyokuro-, Sencha- oder Bancha-Tees. Dazu bekommt ihr *wagashi* (japanische Süßigkeiten). Die Preise reichen hierfür von 660 bis 2090 Yen.

Einer der beliebtesten und besten Tees im Angebot ist der Matcha-Tee Ummon-no-mukashi. Er wird bei den kunstvollen Teezeremonien verwendet und ist auch deshalb so beliebt, weil er sehr gesund ist. Er wird aus Teeblättern bereitet, die in einem Steinmörser zu einem feinen Pulver zerrieben werden, das den vollen Geschmack und die Nährstoffe des Blatts bewahrt. Bei der Zubereitung werdet ihr staunen über das leuchtende Grün und das kräftige Aroma, bei jedem Schluck überrascht die vollmundige Süße des Tees. Er ist ein perfektes Andenken an Kyoto und wird noch dazu höchst kunstvoll verpackt.

18 UCHU WAGASHI

ウチュウワガシ

W uchu-wagashi.jp
A Ura Nobutomi-cho, Shintomicho, Teramachi-dōri, Kamigyo-ku, 602-0875 (Laden in Teramchi)
T +81-7-5744-6287

SHOP/CAFÉ | Uchu Wagashi ist einer der bekanntesten Hersteller niedlicher *wagashi* (japanische Süßigkeiten) in Kyoto. Ihr Aussehen und die bunte, verspielte Verpackung sind absolut bezaubernd – ganz zu schweigen vom Geschmack! Diese Süßigkeiten sind ein perfektes Mitbringsel, wenn man sie nach einem langen Tag in Kyoto nicht gleich selbst verspeist ...

Der Hauptladen ist in Teramachi, es gibt aber noch drei weitere in Kyoto, ihr müsst also nicht lang suchen. Ihr könnt Süßigkeiten und Tee im Laden probieren, das Angebot variiert je nach Saison. Als ich zum Beispiel im Frühjahr dort war, bekam ich einen Teller mit Gebäck in Form von Vögeln, dazu einen heißen Matcha. Der Laden ist schön und minimalistisch mit viel Holz eingerichtet mit einem friedvollen Zen-Garten, sodass nur wenig von den Süßigkeiten ablenkt, die von niedrig hängenden Lampen angestrahlt werden.

Die Süßigkeiten gibt es in den unglaublichsten Varianten, ich mag am liebsten die klassische »Zeichengarnitur«. Das ist eine Schachtel mit bunten Stücken, aus denen man die verschiedensten Bilder zusammenstellen kann. Sie enthält 20 Stücke in Blau, Pink, Lila, Weiß, Gelb und Grün, kostet 780 Yen – und ist eigentlich viel zu hübsch zum Aufessen.

Wenn ihr noch einen weiteren Grund braucht, um hier zuzuschlagen, lasst mich erwähnen, dass die Süßigkeiten drei Monate haltbar sind, ihr könnt sie also auch zu Hause noch genießen. Und schon beim Öffnen der Packung von Uchu Wagashi werdet ihr wieder an eure tolle Zeit in Kyoto denken.

19 TRAVELING COFFEE

トラベリング コーヒー

W facebook.com/kyototravelingcoffee
A 310-2 Bizenjima-cho, Nakagyo-ku, 604-8023
T +81-80-3853-2068

CAFÉ/KAFFEE | Für mich ist ein schön entworfenes Kaffee-Logo schon ein Hinweis dafür, dass mich Gutes erwartet. Traveling Coffee ist da keine Ausnahme. Das helle, luftige Café liegt an einem hübschen Fluss und lädt den Bummler förmlich zu einer Kaffeepause ein.

Man sitzt entweder draußen mit Blick auf den Fluss oder drinnen an einem der wenigen Tische. Auch aus den Fenstern ist der Fluss zu sehen, da macht es auch nichts, wenn das Wetter nicht ganz so schön ist. Ich empfehle den geeisten handgefilterten Kaffee aus der speziellen Originalmischung des Hauses. Aber natürlich bekommt ihr auch heißen Kaffee.

Das Café ist in einem alten Schulhaus untergebracht, in dem sich auch eine Bibliothek befindet. So ist auch das Interieur eine Mischung aus alter Grundschule und Bücherei, hinter der Theke hängen diverse Baseballschläger. Während ihr auf euren Kaffe wartet, könnt ihr durch die einzigartigen Reisebücher blättern oder euch ein paar Flyer mit Tipps für Kyoto aussuchen. Die witzige Atmosphäre hier verstärkt das Gefühl, ein verborgenes Juwel entdeckt zu haben.

Traveling Coffee liegt sehr günstig im Zentrum von Gion im Bereich Shijo und ist ein ganz wunderbarer Ort, um sich nach einem langen Stadtbummel zu erholen.

19

19

18

20 WIFE & HUSBAND

W wifeandhusband.jp/-shopinfo
A 106-6 Koyamashimouchikawara-cho, Kita-ku, 603-8132
T +81-75-201-7324

CAFÉ/PICKNICK | Das Wife & Husband bietet ein einzigartiges Picknick-Erlebnis. Die Stimmung in dem gemütlichen Café mit zehn Sitzplätzen erinnert an ein Familientreffen auf dem Land: neutrale Farben, viel Holz und viel Liebe zum Detail. Ihr könnt entweder drinnen essen, aber auch aus dem umfangreichen Angebot aussuchen, was ihr für euer Picknick braucht, und damit fünf Minuten zum Kamogawa *(siehe S. 80)* laufen und euch dort niederlassen.

Für ein Picknick bekommt ihr eine Thermoskanne mit heißem oder kaltem Kaffee, die ihr in den wunderhübsch zusammengestellten Picknickkorb mit Tassen, Servietten und Tischdecke packt. Ihr sucht euch eure Sitzgelegenheiten, Tische und alles Nötige – vielleicht einen putzigen Strohhut? – vor dem Café in den Regalen zusammen. Dann bekommt ihr eine Karte mit der Uhrzeit, zu der ihr zurück sein müsst, normalerweise nach 90 Minuten, und schon beginnt eine herrlich entspannende Zeit am kühlen Fluss.

Wenn ihr sehr hungrig seid, könnt ihr im Hasegawa *(siehe S. 102)* gleich gegenüber auch eine super Bento-Box mit Sandwiches holen. Ich empfehle das mit Schinken – das schmeckt fast so wie früher in der Kindheit. Wahrscheinlich bin ich deswegen so oft hier.

Sucht euch nach der Rückgabe des Picknickzubehörs noch einen der Kaffees von Wife & Husband aus. Entweder kocht ihr ihn mal unterwegs oder ihr nehmt die Bohnen als Andenken mit nach Hause. Es gibt mittlere und dunkle Röstungen. Oder ihr kommt ganz einfach noch mal hierher, vom Bahnhof Kitaoji sind es ja nur vier Minuten zu Fuß.

21 SOIREE

喫茶 ソワレ

W soiree-kyoto.com
A 95 Shin-cho, Nishikiyacho-dōri, Shimogyo-ku, 600-8001
T +81-75-221-0351

CAFÉ/KISSATEN | Das Soiree nahe dem Bahnhof Gion-Shijo ist ein hübscher kleiner *kissaten* (altes Kaffeehaus), in dem man nach einer langen Tour durch Kyoto ausruhen kann. Geht in den zweiten Stock, setzt euch ans Fenster und bestellt das bunte Jelly-Soda. Als Erstes wird euch das blaue Licht auffallen, das den Raum erfüllt. Die Besitzer wählten es auf Anraten eines Freundes, der sagte, blaues Licht schmeichle dem Aussehen. Ob das nun stimmt oder nicht, der *kissaten* ist auf jeden Fall schön und ruhig. Bei meinem Besuch war auch keinerlei Musik zu hören, die Stimmung war fast meditativ.

Auch wenn hier ein paar Kuchen und die dicksten Toasts angeboten werden, die ich jemals gesehen habe, kommen die meisten Menschen doch wegen der Getränke ins Soiree. Der wahre Blickfang sind hier die Gelees. In bunten Würfeln werden sie seit 1978 angeboten, das Rezept ist bis heute unverändert! Ich liebe die Jelly-Bowle, aber auch die Jelly-Milch sieht mit den bunten Würfeln einfach großartig aus. Wenn ihr weniger experimentierfreudig seid, probiert einfach den Jelly-Coffee-Float.

Die Lage im zweiten Stock ist genial, um das Treiben unten auf der Straße zu beobachten oder auch in aller Ruhe ein Buch zu lesen. Nehmt euch aus dem Soiree unbedingt ein Becher-Set mit dem süßen Dekor als Erinnerung mit.

20

21

Lofts

22 HYGGE

ヒユッゲ

A 74 Nishishinyashiki Chudoji-cho, Shimogyo-ku, 600-8816
T +81-75-708-7956

CAFÉ | Das Café Hygge ist ein Familienbetrieb in einem so hübschen Wohngebiet, dass man am liebsten sofort nach Kyoto umziehen möchte. Die Betreiber, ein herzliches Ehepaar, stammen ursprünglich aus Tokyo, und das Café ist so gemütlich, wie man es bei dem dänischen Namen erwartet. Die Ausstattung ist eine Mischung aus Wohnzimmer und japanischem Industriestil mit tollen Einzelstücken wie etwa der mattschwarzen Lampe der japanischen Designermarke Idee. Besonders heimelig ist es hinten im *Tatami*-Raum, vergesst aber nicht, vorher die Schuhe auszuziehen.

Die Besitzer wohnen oberhalb des Cafés, offenbar ist das sehr typisch für Kyoto. Als ich das letzte Mal in der Stadt war, entdeckte ich auch tatsächlich ganz viele Schilder mit »renoviertes *machiya*« (traditionelles Holzhaus). Einmal war ich schon um 7.30 Uhr dort und die einzige Kundin. Die Besitzerin saß an einem Tisch und flocht ihrer Tochter Zöpfe, während die einen kleinen *onigiri* (Reisbällchen) aß. Anschließend fuhren sie auf ihrem *mamachari* (Fahrrad mit Kindersitz und Korb) davon. Wie lässig ist das denn?

Das Speisenangebot ist klein und einfach. Ich liebe den Pizza-Toast mit hausgemachter Tomatensauce. Der japanische Kaffee wird in einer schönen Keramiktasse mit einem Stoffuntersetzer gebracht und schmeckt am besten schwarz. Auch der Chai soll sehr gut sein.

Bei meinem letzten Besuch in Kyoto war ich zweimal dort. Beim zweiten Mal fragten sie mich schon, wie das Picknick war, von dem ich beim ersten Besuch gesprochen hatte. Ich liebe so etwas und wünschte, das Café wäre in Tokyo, dann wäre ich dort Stammgast.

23 KISSA ISHIBE

喫茶いし塀

A 463 Shimokawara-cho, Higashiyama-ku, 605-0825

CAFÉ/KISSATEN | Ich mag *kissaten* (alte Kaffeehäuser) ja generell sehr gern, aber dieser ist ganz besonders. Er befindet sich unweit des Tempels Kiyomizu-dera versteckt in einer Seitenstraße und ist nur sehr schwer zu finden. Der Abstecher weg von den Hauptstraßen durch die charmanten, gepflasterten Gassen lohnt sich aber, wenn man Kyoto mal weniger touristisch und kommerziell erleben möchte. Passt aber gut auf, ihr erkennt das Café nur an einem kleinen Schild und dem roten *noren* (traditioneller Stoffvorhang). Nach den Schildern »Fotografieren verboten« zu urteilen, ist das hier wirklich ein verborgenes Juwel.

Beim Eintritt fallen sofort die wunderschönen Ikebana-Arrangements auf fast allen Tischen auf. Setzt euch auf eine der Retro-Bänke aus der Shōwa-Zeit (1926–1989), dann könnt ihr durch große Fenster in den schönen japanischen Garten schauen und bei einem Kaffee die friedliche Stimmung genießen.

Als ich in dem *kissaten* war, bediente eine *obaachan* (Großmutter), die Kaffee und Sandwiches zubereitete und mit einer Ruhe servierte, die auf lange Erfahrung schließen lässt. Am besten bestellt ihr das Frühstück: Seine Zusammenstellung erinnert mit seiner nostalgischen Ausstrahlung an die eigene Kindheit, als hätte es eure japanische Großmutter oder Mutter für euch zubereitet. Ich bekam zum Beispiel eine kleine, geschälte Banane und dazu feinen Speck. Das Frühstück wird mit Essstäbchen serviert, was ich sehr liebe. Wenn ihr aber Messer und Gabel braucht, bekommt ihr die sicher auch.

Ach ja, seht euch unbedingt die Toiletten an und bewundert die Retro-Fliesen.

SENTO

Sento (öffentliche Bäder) gehören in Japan zum täglichen Leben. Viele planen sogar ihre Reisen rund um den Besuch bestimmter *sento* oder *onsen* (heiße Quellen). Der Hauptunterschied ist, dass die *onsen* von natürlichen heißen Quellen gespeist werden, während im *sento* das Wasser mithilfe von Holzfeuer erwärmt wird. In Japan sieht man oft hohe Türme, aus denen Rauch quillt. Der kommt vom Holzfeuer und schafft diesen einzigartigen *Sento*-Geruch, der so typisch für Japan ist. Einer dieser Türme steht in der Nähe meines Apartments in Shimokitazawa, und wenn der Wind in die richtige Richtung bläst, kann ich das Holzfeuer riechen.

Japan hat eine ausgeprägte Badekultur, viele nehmen abends ein Bad und duschen dafür morgens nicht. Üblicherweise wird das

SPA LAQUA

W laqua.jp
A LaQua Building 5-9F, 1-1-1 Kasuga, Bunkyo-ku, Tokyo, 112-0003
T +81-3-3817-4173

MIDORI-YU

W shinagawa1010.jp/list/midoriyu
A 1-7-26 Nishioi, Shinagawa-ku, Tokyo, 140-0015
T +81-3-3774-0744

MITAKE-YU

A 2-24-3 Buzo, Minami-ku, Saitama, 336-0025
T +81-48-861-6654

TAISEI-YU

W shinagawa1010.jp/list/oomoriyu
A 2-4-4 Futaba, Shinagawa-ku, Tokyo, 142-0043
T +81-3-3788-8477

SAKAE-YU

W sasazukasakaeyu.com
A 2-9-5 Sasazuka, Shibuya-ku, Tokyo, 151-0073
T +81-3-3377-3369

I LOVE YU

W benesse-artsite.jp/en/art/naoshimasento
A 2252-2, Kagawa, Naoshima, 761-3110
T +81-8-7892-2626

Badewasser von allen Familienmitgliedern genutzt. Sie beachten dabei die traditionellen Baderegeln, das heißt, man wäscht sich gründlich, bevor man in das Bad steigt, damit das Wasser sauber bleibt. Viele Bäder in Privathäusern haben eine automatische Temperaturregelung, sodass das Wasser bis zum Schluss nicht abkühlt. Das Leitungswasser in Japan ist meist auf eine bestimmte Temperatur eingestellt, mit der es dann immer aus dem Hahn kommt. Ach Japan, du denkst wirklich an alles!

Wenn ihr in ein *sento* oder einen *onsen* geht, zieht ihr am Eingang eure Schuhe aus, eure Kleidung sperrt ihr in einen Garderobenschrank. Dann müsst ihr Körper und Haare im Duschbereich waschen, ehe ihr das Bad nackt betretet. Nach dem Bad duscht man sich noch einmal. Es ist höflich, sich zum Duschen auf die kleinen Hocker zu setzen, statt zu stehen, und den Sitz und die Umgebung gründlich von Shampoo und Duschgel zu befreien, ehe man ins Bad weitergeht. Achtet hier darauf, dass euer Handtuch nicht das Wasser berührt, sondern tragt es ordentlich gefaltet auf dem Kopf, solange ihr im Wasser seid. Lange Haare werden am besten hochgebunden. Frauen und Männer baden in getrennten Bereichen. Früher waren Tätowierungen in *sento* und *onsen* nicht erlaubt, aber heute sieht man das oft lockerer. Fragt aber, wenn euch das betrifft, sicherheitshalber vor Betreten des Bads nach. *Super sento* und private *ryokan* (traditionelle japanische Hotels) haben noch mal andere Regeln. In einigen wie etwa dem Spa LaQua in Tokyo trägt man zum Beispiel einen Badeanzug.

Die *sento* in Japan sind ganz unterschiedlich gestaltet, manche mit Mosaiken oder Wandmalereien. Das Midori-yu in Tokyo hat wunderbare Mosaikfliesen, das Bad liegt mitten im Raum, und es gibt sogar ein Sprudelbad, eine Seltenheit in Japan. Die Pastelltöne im Baderaum sind herrlich. Das Mitake-yu in Urawa in der Präfektur Saitama ist ein helles und farbenprächtiges *sento* mit nostalgischem Flair. Der Maler Nakajima-san hat dort ein schönes Wandbild des Fujiyama gestaltet. Und im Taisei-yu in Tokyos Shinjuku-Viertel erinnern die Bilder im Frauenbereich fast an Renoir, den Männerbereich ziert eine Meereslandschaft. Wenn ihr es lieber moderner habt, geht ins Sakae-yu in Shinjuku, das 1940 erbaut und 2017 vom japanischen Architekten Imai Kentaro renoviert wurde. Wenn ihr auf der Insel Naoshima seid, müsst ihr ins I Love Yu *(siehe S. 221)* mit seinen schönen Fliesen und Kunstwerken gehen. Der Besuch eines *sento* gehört in Japan einfach dazu. Lasst euch dieses Erlebnis nicht entgehen.

24 CAFE MARBLE BUKKOJI

カフェマーブル

W cafe-marble.com
A 378 Nishi-maemachi, Shimogyo-ku, 600-8083
T +81-75-634-6033

CAFÉ | Wirklich jedes Mal, wenn ich in Kyoto bin, gehe ich in dieses Café, und ich bin sicher, es wird euch auch gefallen. In einem »renovierten *machiya*« (traditionelles Holzhaus) erwartet euch ein entspanntes und schönes Café mit *kawaii* (süßer) Bossa-nova-Musik aus Frankreich und einem traditionellen japanischen Garten. Man fühlt sich wie in einer Privatwohnung mit gemütlichen Accessoires wie Büchern, hübschen Kissen und Decken.

Spezialität sind hier die Quiches mit schönen Salaten. Daneben bekommt ihr Currys, Sandwich-Teller und Salate. Die Karte ist, glaube ich mich zu erinnern, nur in Japanisch, seht also auf der Website (mit englischer Karte) oder bei Instagram nach, was euch ansprechen würde. Hier gibt es auch eines meiner japanischen Lieblingsbiere, das Heartland. Im Sommer wird es in einem gekühlten Krug gebracht – sehr empfehlenswert für eine Verschnaufpause beim Bummel durch Kyoto!

Auf dem Weg zur Toilette könnt ihr gleich noch den herrlichen Garten bewundern. Das Geräusch der Schiebetüren, die in den Innenhof führen, ist typisch für Japan und vor allem für Kyoto. Das würde ich am liebsten auf Band aufnehmen!

Hier könnt ihr auf einer ganz süßen Karte Treuepunkte sammeln, das lohnt sich, wenn ihr öfter hierherkommt oder die Filiale in Chiekoin besucht. Ich will nicht zu viel verraten, aber wenn ihr oft genug kommt, zeigt sich auf eurer Karte ein kleines Bild!

Auf der Website bekommt ihr gute Tipps für die Umgebung. Für die Erkundung könnt ihr euch auch einen Imbiss und einen Chai mitnehmen.

25 WATANABE

わたなべ

A 6 Ninintsukasa-cho, Shimogyo-ku, 600-8824
T +81-75-361-1561

RESTAURANT/OKONOMIYAKI | Das kleine Teppanyaki- und *Okonomiyaki*-Restaurant ist gechillt, lässig und bietet absolut köstliches Essen. Eine perfekte Kombination, oder?

An einer ruhigen Ecke in einem Wohngebiet gelegen, wird das Watanabe sehr gern von Einheimischen besucht. In schlichter Einrichtung mit Sitzplätzen am Tresen und offenen Holztüren genießen sie hier Speisen aus der Region Kansai.

Die *okonomiyaki* werden meist auf Kohl-Basis zubereitet, aber im Watanabe werden auch *okonomiyaki* mit *negi* (japanische Frühlingszwiebeln) angeboten. Wenn ihr die anderen schon mal probiert habt, ist das eine interessante Abwechslung. Der Name *okonomiyaki* ist interessant: *yaki* bedeutet »braten« und *okonomi* so viel wie »wie es dir gefällt«, also zusammengefasst: alles, was man gern gebraten isst. Als Zutaten werden Käse, Garnelen, Meeresfrüchte, Tintenfisch oder Schweinefleisch verwendet. Wer unsicher ist, wählt die gemischte Variante.

In vielen *Okonomiyaki*-Restaurants bekommt ihr die Zutaten in einer Schüssel und bereitet das Essen dann selbst zu, aber im Watanabe übernehmen das die Köche für euch und ersparen euch so viel Stress, sodass ihr Zeit zum Unterhalten habt.

Im Watanabe bekommt ihr auch *yakisoba* (gebratene Nudeln), bei denen ihr die Zutaten selbst zusammenstellen könnt. Wenn ihr zu zweit dort seid, bestellt am besten *okonomiyaki* und *yakisoba*. Dann habt ihr gleich einen guten Einblick in die Küche der Region Kansai. Dazu schmeckt am besten ein Bier vom Fass.

24

24

25

26 HASEGAWA

A 68 Koyamashimouchikawara-cho, Kita-ku, 603-8132
T +81-75-492-9921

RESTAURANT | Das Hasegawa ist ein perfektes Beispiel für westliches Essen in Japan, etwa Hamburger mit Reis. Auch wenn euch das vielleicht wundert, aber diese Art Restaurant ist in ganz Japan äußerst beliebt. Das Lokal ist sehr gemütlich eingerichtet, fast im Stil eines *kissaten*. Dieser Retro-Stil hat für mich etwas ungeheuer Liebenswertes. Ledersitze, die altmodische Einrichtung, witzige Verzierungen ... das ist Nostalgie pur. In dem Lokal mit vielen Fenstern geht es sehr entspannt zu, und es bietet eine gute Zuflucht vor Hitze (oder auch Kälte im Winter).

Auf der Karte stehen Gerichte wie *tonkatsu* (kurz auch *katsu*, paniertes Schweineschnitzel), Kroketten, Hamburger und *omuraisu* – Reis mit Hühnchen in einem luftigen Omelett mit Ketchup obendrauf. Sich hier für irgendetwas zu entscheiden, ist echt schwer, alles sieht so lecker aus. Auch die frittierten *ebi* (Garnelen) sind großartig! Und es gibt japanische Nudelgerichte. Ich rate euch, ein Hamburger-Menü zu bestellen. Dazu gibt es Salat, Miso, Nudeln und entweder Reis oder Brot.

Das Hasegawa bietet auch eine große Auswahl an Sandwich-Bento-Boxen zum Mitnehmen, etwa mit gebackenen Garnelen oder Schweineschnitzel. Es gibt sogar ein Sandwich mit Schinken und Tomatensauce, das schon sehr westlich ist.

Vor dem Restaurant ist eine Vitrine mit Plastikmodellen der Gerichte, wenn also euer Japanisch zu wünschen übrig lässt, dann geht einfach raus und zeigt mit einem Lächeln auf das, was ihr wollt.

27 AWOMB
アウーム

W awomb.com
A 189 Ubaynagi-chou, Nakagyo-ku, 604-8213
T +81-50-3134-3003

RESTAURANT/SUSHI/GALERIE | Awomb ist ein Klassiker in Kyoto. Es existiert schon sehr lange, was immer ein gutes Zeichen ist – vor allem in Japan, wo sich alles so schnell ändert. Awomb ist Ausstellungsraum, Laden und ein unglaubliches Sushi-Restaurant in einem. Nach meinem Umzug nach Japan kam ich das erste Mal hierher, als ein Freund von mir hier eine Ausstellung hatte. In der Filiale in Karasuma könnt ihr bei Sushi das wunderhübsche Arrangement aus Moos und Bäumen betrachten. Das Motto im Awomb ist »Köstlichkeit, Spaß und Glück« – und zwar sowohl bei den Speisen als auch beim Service.

Awomb ist berühmt für seine Sushi-Platten. Sie sind in ihrer Vielfarbigkeit sehr sehenswert, kein Wunder, dass sich hier ab 11 Uhr schon lange Schlangen bilden, auch wenn erst um 12 Uhr geöffnet wird. Bestellt eines der schönen Sushi-Menüs zum Selbermachen. Ihr bekommt alle Zutaten und Gewürze auf einem Teller, dazu Reis und *suimono* (klare Suppe), und könnt eure eigenen Rollen zubereiten. Das macht großen Spaß, und das Personal zeigt euch gern, wie man *temaki* (handgerollte Sushi-Tüten) zusammenstellt. Die Zutaten wechseln je nach Jahreszeit, aber Aubergine, Hühnchen, Makrele, Kirschblüten, *renkon* (Lotuswurzel), Kürbis und Senfspinat sind fast immer dabei. Die Sushi-Sets kosten zwischen 1500 und 2500 Yen, es gibt die Speisekarte auch auf Englisch.

Bei den Getränken rate ich zum hausgemachten Ginger Ale oder Soda aus Kyoto. Oder ihr nehmt eines der Biere oder Sake aus Kyoto. Ich mag gern einen eher trockenen Sake – probiert doch mal den von Tamanohikari. Das Awomb hat ein paar Filialen, aber das Original in Karasuma kann ich nur wärmstens empfehlen.

26

27

dAb
COFFEE
STORE

28 COFFEE & WINE VIOLIN

ワインバー コーヒー専門店 喫茶店

A 297-1 Shimizu-cho, Shimogyo-ku, 600-8025

BAR/CAFÉ | Ein Café mit Weinbar und einem kitschigen Drink als Wahrzeichen – wer ist da nicht gespannt? In diesem Fall ist es ein unglaublich blauer Soda-Float in Form einer Rose! Die Rose besteht aus Vanilleeis und schwimmt auf blauem Soda.

Bei der Einrichtung trifft dunkles Holz auf blauen Samt, dazu Details aus Gold, man fühlt sich fast in eine Kirche versetzt. Und die plüschigen Samtsessel an der Theke laden förmlich ein, den blauen Soda-Float zu probieren.

Das Café bietet für japanische Verhältnisse auch eine große Auswahl an Weinen, vielleicht wollt ihr einen Margaux 2014 du Château Margaux oder den Mie Ikeno Chardonnay probieren? Und weil das Violin nicht nur Café, sondern auch Weinbar ist, sind auch die Öffnungszeiten angepasst: Sperrstunde ist um 1 Uhr nachts. Wer zwischendurch Hunger bekommt, kann das Angebot an herzhaften Snacks wie etwa Käse, Quiche, Pastete oder Pasta mit Fleischsauce testen, als Desserts locken Schokoladenkuchen oder Apfelsorbet.

Das Violin liegt ganz günstig am Kamogawa *(siehe S. 80)*, am schnellsten erreicht ihr es vom Bahnhof Kiyomizu Gojo. Die Getränke kosten zwischen 1000 und 2000 Yen. Was überrascht, ist die Tatsache, dass es sich hier um ein Nichtraucherlokal handelt – anders als viele andere Lokale im Retro-Stil.

29 KINSE INN

きんせ旅館

W kinseinn.com
A 80 Tayu-cho, Nishishinyashiki, Shimogyo-ku, 600-8827
T +81-75-351-4781

BAR/CAFÉ | Der 200 Jahre alte *ryokan* (traditionelles japanisches Hotel) in Kokinse (Kinse Inn, *siehe S. 110*) mit dem Kinse Inn Café ist einfach unglaublich. Gönnt euch hier doch einen feinen Kaffee oder am Abend einen japanischen Gin. In dem Café im zweiten Stock ist die Welt plötzlich ganz weit weg, wie schön, dass die Besitzer, Kojiro und Seanacey, es so gut erhalten und gepflegt haben.

Im ganzen Café liegen Bücher herum. Wunderschöne antike Tische und Stühle, die Buntglasfenster im Taisho-Stil und Taizan-Fliesen verleihen dem Raum einen besonderen Zauber. In der Halle des *ryokan* finden oftmals Musikveranstaltungen statt, meist mit japanischen Gruppen, aber auch internationalen Musikern, informiert euch am besten online. Das Angebot reicht von Elektro- über Jazz- oder Hip-Hop- bis zu Pianokonzerten. Meine Lieblingsband Yeye aus Japan ist hier auch schon mal aufgetreten.

Einmal bekam ich morgens meinen geeisten Kaffee in einem schönen geschliffenen Glas – in dem auch ein klassischer Cocktail gut ausgesehen hätte. Und das war einer der besten geeisten Kaffees, die ich jemals getrunken habe. Als ich sonntags mal hinging, um ein Gläschen zu trinken, traf ich, wie das in Kyoto so ist, einen Freund, der hier lebt. Schließlich gesellte sich noch ein Bekannter von ihm zu uns, und wir plauderten gemütlich bei japanischem Gin der Destillerie Tatsumi. Das war so gemütlich!

Mein bester Freund David, der damals gleich um die Ecke wohnte, stellte mich Seanacey vor und versprach, dass man hier immer willkommen sei. Wie recht er hat! Wenn ihr allein kommt, unterhaltet euch mit dem Personal an der Bar und grüßt ganz herzlich von mir!

30 SHIMAYA STAYS
シマ屋ステイズ

W shimayastays.com
A 431-3 Kamibentencho, Higashiyama-ku, 650-0822

UNTERKUNFT/MACHIYA | Das renovierte zweistöckige *machiya* (traditionelles Holzhaus) in Kamibentencho (Benten West) ist nach der ausgiebigen Erkundung von Kyoto der ideale Rückzugsort. Ich liebe vor allem den großen *genkan* (Eingangsbereich), durch den man die Unterkunft betritt. Diese Oase der Ruhe findet ihr mitten in Higashiyama, unweit des Tempels Kiyomizu-dera *(siehe S. 80)* und der historischen Stadt – ideal für Familien und Paare.

Im Shimaya Stays gibt es zwei Zimmer (beide oben), eines ist ein traditionelles *Tatami*-Zimmer, wo man auf Futons schlafen kann, und eines eher westlich mit zwei Einzelbetten. Espressomaschine, Waschmaschine, voll ausgestattete Küche, Aufenthalts- und Speiseraum tragen dazu bei, dass man sich fast wie zu Hause fühlt. So habe ich aus Spaß tatsächlich einmal einem Freund, der mich hier abholte, weisgemacht, das sei mein Haus.

Im Erdgeschoss, hinter dem Aufenthaltsraum, liegt eine kleine Gartenterrasse, die in einer harmonischen Balance aus Steinen und zierlichen Bäumchen gestaltet ist. Das vermittelt schon beim Frühstück Ruhe, abends werfen die Bäume interessante Schatten auf die dahinterliegende Wand. Auch vom Bad aus hat man einen Blick in diesen Garten, sehr entspannend! Ebenso wie der hübsche *Tatami*-Raum – ideal, um Tee zu trinken, zu meditieren oder sich zu sonnen. Vielleicht setzt ihr euch dort nachmittags mal in die Sonne und schreibt Tagebuch, einen Brief oder Postkarten aus Kyoto.

30

30

32

31

otel SHE, Kyoto
otel SHE, Kyoto
otel SHE, Kyoto
tel SHE, Kyoto
SHE, Kyot
otel SHE, Kyoto
tel SHE, Kyoto

31 HOTEL SHE

W hotelshekyoto.com
A 16 Higashikujo Minamikarasuma-cho, Minami-ku, 601-8041
T +81-75-634-8340

HOTEL | Das relativ neue Hotel She in Kyoto ist einfach großartig. Schon beim Betreten der Lobby ist man überwältigt, wie modern und gleichzeitig behaglich hier alles ist.

Sowohl die Zimmer als auch die Hotellobby sind mit viel Liebe zum Detail gestaltet: in den Aufenthaltsräumen Samt und flauschiges Pink, kupferfarbene Leuchten und eine schillernde Wand in der Gemeinschaftsküche. Neben der Rezeption findet ihr sogar eine kleine Eisdiele. Alle Zimmer sind mit Plattenspieler und Schallplatten ausgestattet, und das Personal ist bei der Wahl der richtigen LP gern behilflich. Ich fragte nach Musik im Shōwa-Stil und wurde nicht enttäuscht. An der Rezeption könnt ihr jederzeit weitere Platten gratis ausleihen.

Das Hotel liegt zehn Minuten zu Fuß vom Bahnhof Kyoto entfernt in einem Wohngebiet, da konnte ich in meinem Zimmer im dritten Stock sogar nachts das Fenster offen lassen, und kein Verkehrslärm störte mich. Oft ist es ja so, dass in netten, günstigen Hotels die Zimmer keine Aussicht haben oder das Fenster gar nicht erst geöffnet werden kann, das ist hier wirklich ganz was anderes, man fühlt sich richtig zu Hause.

Das Personal, vor allem Taku-san, sind unglaublich höflich und aufmerksam. Taku-san ist für mich hin- und hergesaust – hat Anrufe erledigt und Termine für mich organisiert und sich sogar um mich gesorgt, als ich einmal später als gedacht zurückkam, was für ein Schatz!

Das Hotel hat auf Spotify eine eigene Playlist zusammengestellt, die bei der Abreise gut über den Abschiedsschmerz hinweghilft. Und natürlich könnt ihr auch hauseigene Tragetaschen und süße T-Shirts kaufen.

32 ANTEROOM HOTEL
ホテルアンテルーム

W hotel-anteroom.com
A 7 Higashikujo Aketa-cho, Minami-ku, 601-8044
T +81-75-681-5656

HOTEL | Das Anteroom – ein Designerhotel mit erfreulich günstigen Preisen – wird von denselben Leuten betrieben wie das berühmte Hotel Claska in Tokyo. Einzelzimmer bekommt ihr oft schon für 4700 Yen. Das Hotel liegt 15 Minuten zu Fuß südlich des Bahnhofs Kyoto (bei viel Gepäck ist vielleicht ein Taxi ganz praktisch). Ich habe hier schon sehr häufig übernachtet.

Die klassisch eingerichteten Einzel- und Doppelzimmer sind klein, aber mit allem Nötigen ausgestattet. In der Schreibtischschublade findet ihr die hübsche Anteroom-Zeitung und Briefpapier, dazu jede Menge Haken, um Dinge wie etwa die Kamera aufzuhängen. Die Betten mit ihrem stoffbezogenen Kopfteil sind sehr gemütlich. In den Einzelzimmern bestimmt graues Leinen mit einem kanariengelben Streifen den Ton – ein Traum für Minimalisten.

Etwas luxuriöser ist das Terrassenzimmer, oder ihr wählt eines der künstlerisch gestalteten Themenzimmer. Vielleicht habt ihr auf Netflix die Serie *Followers* gesehen? Die Regisseurin war Mika Ninagawa, auch sie hat hier ein Zimmer ausgestattet.

Das Hotelfrühstück kostet 1000 Yen und wird in einem schönen offenen Café im Erdgeschoss serviert. An der Hotelbar könnt ihr später bei einem Craftbeer warten, bis die Waschmaschine fertig ist. Im Anteroom gibt es auch eine Galerie und einen kleinen Designerladen, außerdem könnt ihr Fahrräder ausleihen und damit die Gegend erkunden. Was will man als Reisender in Kyoto noch mehr?

33 KOKINSE (KINSE INN)
こきんせ

W airbnb.com
A 79 Nishishinyashiki Tayu-cho, Shimogyo-ku, 600-8827
T +81-75-351-4781

UNTERKUNFT/MACHIYA | Wenn ihr während eures Aufenthalts in Kyoto nur in einer einzigen Unterkunft bleiben könnt, dann sollte es das Kokinse sein. Das schön renovierte *machiya* (traditionelles Holzhaus) gehört dem liebenswerten Paar Seanacey und Kojiro und bietet alles, was man sich nur vorstellen kann – und noch viel mehr. Gäbe es in Kyoto nicht so viel anzusehen, könnte man hier problemlos den ganzen Tag verbringen und zuschauen, wie die Sonnenstrahlen durch die gemusterten Glasschiebetüren aus der Shōwa-Zeit (1926–1989) fallen und über die *tatami* wandern.

In einem ruhigen Viertel südwestlich des Bahnhofs Kyoto liegt das Kokinse unweit des Tempels Nishihonganji, eines UNESCO-Weltkulturerbes. Die Zugverbindungen in die restliche Stadt sind sehr gut. Die Gegend war früher ein Geisha-Viertel, einige der stimmungsvollen Häuser aus dieser Zeit sind erhalten geblieben. So etwa das Sumiya, das man besichtigen kann.

Das *machiya* wird durch einen herrlichen japanischen Garten in zwei Bereiche unterteilt. Wenn ihr also mit einer großen Familie oder einer Gruppe anreist, bietet es sich an, beide Bereiche zu mieten. Dann seid ihr zusammen, und trotzdem hat jeder ein bisschen Privatsphäre.

Das kleinere *machiya* verfügt über zwei Einzelbetten im westlichen Stil in einem offenen Raum zum Wohnen, Essen und Schlafen. Das größere *machiya* ist zweistöckig, der erste Stock mit Wohn- und Essbereich ist modern und westlich, der zweite Stock ist ganz im Stil der traditionellen *machiya* gehalten: drei Räume mit Futons, in denen sechs Leute entspannt schlafen können. Als ich einmal hier übernachtete, schlief ich auf einem Futon auf einer *tatami* und erwachte morgens vom Gesang mehrerer Mönche!

Egal, was ihr vorhabt, schon beim Aufwachen im Kokinse freut ihr euch an der Unterkunft. Genießt euren Kaffee, hört eure Lieblingssongs über die Tivoli-Bluetooth-Lautsprecher und macht es euch auf der herrlichen grünen Couch bequem. Wenn ihr kochen wollt, ist das hier auch ideal. Seanacey hat eine wunderbare Sammlung heimischer Keramik, da macht das Essen gleich noch mal so viel Spaß.

Es gibt nichts Besseres, um sich in Japan zu Hause zu fühlen. Im Kokinse werden auch Ikebana-Kurse angeboten *(siehe S. 74)*, und es gibt ein Café *(siehe S. 105)*. Tatsächlich will man hier eigentlich nie mehr weg.

33

33

JAPAN

OSAKA

CHILLIG UND RELAXT BEI FREUNDLICHEN MENSCHEN

34.672°N
135.502°E

04

大阪

Das pulsierende Osaka begeistert viele Besucher. Im Vergleich zu Tokyo ist die Stimmung hier weitaus relaxter, mit den freundlichen Einheimischen kommt man in einer Stehbar oder *izakaya* (kleine Bar) rasch ins Gespräch, und köstliche heimische Gerichte wie das berühmte *okonomiyaki* (herzhafte Pfannkuchen mit Kohl) und *takoyaki* (mit Oktopus gefüllte Teigbällchen) tragen das Ihre zum Rundum-Wohlgefühl bei. Osaka hat eine ganz eigene, lässige Stimmung. Da überrascht es auch nicht, dass viele bekannte japanische Komiker aus Osaka stammen.

Nicht nur Osakas *shotengai* (überdachte Ladenstraßen, *siehe S. 121*) haben einen ganz eigenen Retro-Charme, auch im Stadtviertel Horie *(siehe S. 121)* gehen die Uhren langsamer als in vielen anderen Stadtteilen. In Osaka befinden sich ein paar meiner Lieblingsläden für Schreibwaren, etwa Retro Jam Insatsu *(siehe S. 127)* und Tools *(siehe S. 124)*, aber auch der Buchladen Tsutaya *(siehe S. 124)*.

So entspannt wie die allgemeine Stimmung sind auch die Bewohner der Stadt. Ein Taxifahrer spielte mal die Beatles in voller Lautstärke, als er mich fuhr. Das war sehr lustig – Auto-Karaoke hatte ich in den zehn Jahren, die ich in Tokyo lebe, noch nie erlebt.

YODOGAWA-KU
淀川区
TSUKAMOTO
NISHIYODOGAWA-KU
西淀川区
Yodogawa
10
NAKATSU
NAKATSU
TENJIMBASHISUJI 6-CHOME
19
9
NAKAZAKICHO
13
14
17
OSAKA UMEDA
8
UMEDA
20
北区
KITA-KU
OGIMACHI
OSAKA
OSAKA-UMEDA
HIGASHI-UMEDA
NISHI-UMEDA
KITASHINCHI
MINAMI-MORIMACHI
FUKUSHIMA
16
21
OSAKATEMM
YODOGAWA
EBIE
NODAHANSHIN
NODA
SHIN FUKUSHIMA
OEBASHI
FUKUSHIMA-KU
福島区
WATANABEBASHI
NANIWABASHI
2
HIGOBASHI
YODOYABASHI
KITAHAMA
NAKANOSHIMA
TAMAGAWA
NODA
Dojimagawa
Tosaborigawa
中央区
CHUO-KU
Rokkenyagawa
HOMMACHI
HOMMACHI
SAKAISUJI-HOMMACHI
NISHIKUJO
AWAZA
AWAZA
Ajigawa
HOMMACHI
SAKAISUJI-HOMMACHI
NISHI-KU
西区
NISHI-NAGAHORI
NISHIOHASHI
SHINSAIBASHI
MATSUYAMACHI
KUJO
KUJO
NISHI-NAGAHORI
YOTSUBASHI
7
SHINSAIBASHI
NAGAHORIBASHI
18
Kizugawa
15
6
5
Higashiyokoborigawa
DOME-MAE CHIYOZAKI
11
12
DOME-MAE
BENTENCHO
BENTENCHO
Dotonborigawa
MINATO-KU
港区
SAKURAGAWA
1
KINTETSU-NIPPOMBASHI
3
SHIOMIBASHI
NAMBA
NIPPOMBASHI
JR NAMBA
OSAKA NAMBA
22
TAISHO
TAISHO
NAMBA
23
福島区
TAISHO-KU
Shinnashigawa
NANIWA-KU
大正区
NAMBA
5

1 Dotonbori | **ATTRAKTION**
2 National Museum of Art Osaka | **ATTRAKTION/MUSEUM**
3 Ichioka-Motomachi-Park | **ATTRAKTION/PARK**
5 Shotengai | **SHOPS/STADTVIERTEL**
6 Horie-Viertel | **SHOPS/CAFÉS**
7 Amemura-Viertel | **SHOPS/CAFÉS**
8 Tsutaya Books (Filiale in Umeda) | **BUCHLADEN/PAPIERWAREN**
9 Tools | **SHOP/PAPIERWAREN/KUNST**
10 Retro Jam Insatsu | **SHOP/PAPIERWAREN**
11 Super Tamade | **SUPERMARKT**
12 Biotop | **SHOP/CAFÉ/RESTAURANT**
13 The Rendez Vous | **SHOP/BAR**
14 Wired Cafe | **CAFÉ**
15 Hi! Sandwich | **CAFÉ**
16 Madura Kissaten | **CAFÉ/KISSATEN**
17 Mon Cheri | **CAFÉ/KISSATEN**
18 Kissa Koko | **CAFÉ/KISSATEN**
19 Chikara Mochi Shokudo | **RESTAURANT/SOBA**
20 Matsuba Sohonten | **RESTAURANT/STEHBAR**
21 King of Kings | **BAR**
22 Kamon Hotel Namba | **HOTEL**
23 Hotel She | **HOTEL**

NICHT AUF DER KARTE

4 Sonnenturm | **ATTRAKTION/MUSEUM** | 22,5 km nördl. des Bahnhofs Osaka

1 DOTONBORI

道頓堀

A 1-9 Dotonbori, Chuo-ku, 542-0071

ATTRAKTION | Denkt man an Osaka, kommt einem wahrscheinlich als Erstes Dotonbori, Osakas bekanntes Stadtviertel am Kanal, in den Sinn, das sich zwischen der Daikokubashi- und der Nipponbashi-Brücke erstreckt. Blickt man den Dotonbori-Kanal hinunter zur Ebisubashi-Brücke, stechen einem die legendären Leuchtreklamen, unter anderem der rennende Glico-Mann und die Werbung für Asahi-Bier, ins Auge. Wenn sie abends leuchten, spiegeln sie sich glitzernd im Wasser – ein Motiv, das kaum ein Tourist auslässt. Und natürlich fahren auch Boote auf dem Kanal.

In dieser geschäftigen Gegend findet ihr jede Menge Restaurants und Läden. Probiert mal *okonomiyaki*, eine Art würziger Pfannkuchen mit Kohl und Belägen eurer Wahl. Ich mag am liebsten Garnelen, Käse und Schweinefleisch drauf, aber die Auswahl ist riesig. Eines der bekanntesten Restaurants in dieser Gegend von Osaka ist das Kani Doraku, ein extrem beliebtes Garnelenrestaurant. Dank des Schilds mit einer riesigen beweglichen Garnele könnt ihr es kaum verfehlen.

Ihr erreicht das Vergnügungsviertel Dotonbori mit der U-Bahn zur Station Namba. Von dort sind es dann noch fünf Minuten zu Fuß.

2 NATIONAL MUSEUM OF ART OSAKA

国立国際美術館

A 4-2-55 Nakanoshima, Kita-ku, 530-0005
T +81-6-6447-4680

ATTRAKTION/MUSEUM | Das National Museum of Art Osaka ist eine der besten Kunstsammlungen der Stadt. Es zeigt Ausstellungen und Werke internationaler und japanischer zeitgenössischer Künstler. Schon der vom Architekten César Pelli entworfene Bau mit seiner Interpretation eines japanischen Bambuswalds aus Edelstahl und Glas ist ein Kunstwerk an sich.

Die Dauerausstellung umfasst mehr als 6000 Werke, unter anderem von Paul Cézanne, Pablo Picasso, Andy Warhol, Max Ernst, Yayoi Kusama, Yasuo Kuniyoshi und Tsuguharu-Léonard Foujita.

Das Museum liegt auf der Insel Nakanoshima in Zentral-Osaka. Ihr erreicht es mit der U-Bahn-Linie Yotsubashi (Station Higobashi). Von dort sind es nur zehn Minuten zu Fuß. Der Eintritt in die Dauerausstellung kostet 430 Yen, Sonderausstellungen extra. Vielleicht wollt ihr euch aber auch nur das Auditorium oder das Restaurant und den Museumsladen anschauen, da kann man gratis reingehen.

Das National Museum of Art ist im selben Gebäude untergebracht wie das Osaka Science Museum. Dort dreht sich alles um den Weltraum und Energie, das Planetarium wurde 2019 renoviert. Ein Besuch dieser beiden Museen ist ein Riesenspaß für die ganze Familie, vor allem Kinder werden begeistert sein.

glico
本場の味
かに道楽
白木屋
大阪王将
えびす橋

3 ICHIOKA-MOTOMACHI-PARK

市岡元町公園

A 12 Ichioka Motomachi, Minato-ku, 552-0002

ATTRAKTION/PARK | Wenn ich auf Reisen bin, halte ich gern Ausschau nach besonderen, auffälligen Bauwerken. Und ich kann mich nur wiederholen, in den Nebenstraßen warten immer wieder Highlights. So geriet ich auf meinem Weg vom Hotel She *(siehe S. 141)* zur Bahnstation Bentencho unversehens in den Ichioka-Motomachi-Park.

Dieser Park ist absolut großartig – eine Mischung aus Kunstinstallation und Stadtpark, die man gesehen haben sollte. Im Zentrum des Parks steht eine große Installation in zartem Pink, ein Spielplatz, wie er auch im Memphis der 1980er Jahre stehen hätte können. Die Wände der Spielgeräte, die Kinder mit viel Spaß erklettern können, haben verschiedene Formen, sie sind geschwungen, gerade und treppenförmig. Auch haben sie kleine Fenster in verschiedenen Formen und Größen – Quadrate, Kreise und L-Formen –, wobei jedes in einer leuchtenden Farbe gestrichen ist, etwa in Kanariengelb, Rot, Marineblau und Puderblau. Außerdem gibt es runde Trittsteine, die in Pastell- und Primärfarben bemalt sind.

Neben den bunten Spielgeräten stehen im Park auch einige *sakura* (Kirschbäume). Ein Bummel während *hanami* muss ganz wundervoll sein – vielleicht könnt ihr ja in dieser Zeit dort sein.

4 SONNENTURM

太陽の塔

A 1-1 Senribanpakukōen, Suita, 565-0826
T +81-6-6877-7387

ATTRAKTION/MUSEUM | Der Sonnenturm von dem bekannten japanischen Künstler Tarō Okamoto wurde ursprünglich als Teil des Themenpavillons zur Expo 1970 in Osaka entworfen. Er zeigt vier Gesichter: ein goldenes Gesicht, das Gesicht der Sonne, die schwarze Sonne und die Sonne im Untergrund. Der Turm selbst ist stolze 70 Meter hoch, die Arme messen etwa 25 Meter.

Im Ausstellungsraum im Inneren des Turms könnt ihr den Baum des Lebens besichtigen, eine witzige und bunte Skulpturensammlung mit knapp 300 Modellen von der Qualle bis zum Dinosaurier. Kinder lieben das!

Der Eintritt kostet für Erwachsene 720, für Kinder 310 Yen (Kinder, die noch nicht zur Schule gehen, müssen nichts zahlen). Tickets können online gekauft werden. Führungen durch das Museum gibt es für Gruppen von zehn bis etwa 16 Personen.

Ihr könnt im Turm fünf Etagen nach oben gehen und euch währenddessen einen guten Überblick über die Ausstellung verschaffen, aber keine Sorge, es gibt auch einen Aufzug, der in den dritten Stock fährt.

4

3

小山お好み焼店
好み焼
お好み焼
やきそば
小山
小山お好み焼店
MARUTOKU

5

6

ACME FURNITURE
AMERICAN VINTAGE
est. 1983
DECADES GRADE
Home Supply
Collectibles

5 SHOTENGAI

商店街

W shinsaibashi.or.jp

A 14-5 Nanbasennichimae, Chuo-ku, 542-0075 (Sennichimae Doguyasuji Shotengai)
2-22 Shinsaibashisuji, Chuo-ku, 542-0085 (Shinsaibashi-suji Shotengai)

SHOPS/STADTVIERTEL | Die Unmengen *shotengai* (überdachte Ladenstraßen) in Osaka sind dank ihres altertümlichen Charmes echt faszinierend, darüber hinaus aber auch ideal, weil man bei jedem Wetter gut geschützt ist. In der Innenstadt findet ihr dort nicht nur Restaurants und Läden, sondern in einigen *shotengai* auch internationale Luxuslabels Tür an Tür neben Billigläden mit Massenware. Was für eine himmlische Mischung! Für die Erkundung von Osakas *shotengai* könnt ihr locker einen ganzen Tag einplanen.

Die *shotengai* kann man nach Themen unterscheiden. So findet ihr im Sennichimae Doguyasuji Läden mit Haushaltswaren, Keramik und Kochgeräten. Einer der bekanntesten *shotengai* ist der Shinsaibashi-suji nicht weit von Dotonbori. Dort haben sich zollfreie Läden mit Luxusgütern angesiedelt, die die Waren sogar an den Flughafen liefern. Packt also euren Ausweis ein und geht zu Gucci, Daimaru, United Arrows, Onitsuka Tiger, Uniqlo oder GAP. Zur Erholung gibt es natürlich auch Cafés wie etwa das Hoshino Coffee.

6 HORIE-VIERTEL

堀江

A 1-13 Minami-Horie, Nishi-ku

SHOPS/CAFÉS | Das Stadtviertel Horie im Westen von Shinsaibashi ist ein friedliches und hippes Gebiet mit Vintage-, Mode- und Haushaltswarenläden, hübschen Boutiquen und Cafés. In Horie ticken die Uhren irgendwie anders, langsamer, es geht weniger hektisch zu als in anderen Teilen der Stadt. Das kann richtig erholsam sein, wenn man die Touristen-Hotspots abgeklappert hat.

Am besten fahrt ihr mit der U-Bahn-Linie Midosuji zur Station Shinsaibashi, nehmt den Ausgang 8 und lauft dann ein kurzes Stück. Schlendert durch die Tachibana-dōri (Orange Street) und geht von dort auch in die Nebenstraßen, da findet ihr einige interessante Läden.

Haltet bei eurer Erkundungstour Ausschau nach Acme, wo amerikanische Vintage-Sammlerstücke im Angebot sind, nach Jam, einem dreistöckigen Laden für gebrauchte und neue Kleidung, oder nach Kind, einem hübschen Laden für den An- und Verkauf von Vintage-Kleidung. Zur Stärkung erwarten euch das Café Biotop *(siehe S.130)* oder Westwood Bakers. Craftbeer-Fans hingegen werden das Craft Beer Works Kamikaze lieben.

Vielleicht habt ihr auch Lust, im Flagship-Store von The Flavor Design für etwa 4500 Yen euer eigenes Parfüm zu kreieren? Ihr wählt aus 20 Einzeldüften aus, was euch anspricht, das freundliche Personal hilft euch gern bei der Komposition. Am Schluss bekommt euer selbst zusammengemischtes Parfüm dann ein süßes personalisiertes Etikett – ein wunderbares Andenken an Osaka.

7 AMEMURA-VIERTEL

アメ村

W vancy.co.jp
A 2F 1-7-2, Nishishinsaibashi, Chuo-ku, 542-0086 (Vancy)
T +81-6-7493-8098 (Vancy)

SHOPS/CAFÉS | Amemura könnte man vielleicht als das Viertel Osakas bezeichnen, in dem alle coolen Kids abhängen. Die angeregte Stimmung und die vielen Cafés und Läden sind einen Abstecher wert, selbst wenn ihr hier nur mal durchbummelt und die fröhliche Atmosphäre auf euch wirken lassen wollt.

In den Straßen gibt es jede Menge Läden mit junger frischer Mode für Mann und Frau. Daneben Shops, die sich nur auf lokale oder internationale Vintage-Kleidung spezialisiert haben. Sehr viel davon kommt aus den USA, hier entdeckt man also auch oft ganz schöne Teile von amerikanischen Labels.

Mitten in Amemura ist einer meiner Lieblingsläden für Vintage, das Vancy. Das quietschbunte Schild ist nicht zu übersehen. Schon auf den Treppen zum Laden werden euch die vielen bedruckten T-Shirts auffallen. Vancy lässt aber von Zeit zu Zeit auch selbst eine limitierte Zahl Unisex-Shirts bedrucken. Seht auf Instagram oder der Website des Ladens nach, ob gerade welche erhältlich sind. Die T-Shirts sind eine nette und fröhliche Erinnerung an Osaka.

車両

8 TSUTAYA BOOKS (FILIALE IN UMEDA)

梅田 蔦屋書店

A Kaufhaus Lucua Osaka, 9F, 3-1-3 Umeda, Kita-ku, 530-0001
T +81-6-4799-1800

BUCHLADEN/PAPIERWAREN | Die Gestaltung von Büchern ist einer meiner Lieblingsaspekte in Sachen japanisches Design. Wenn es euch genauso geht, dann werdet ihr Tsutaya lieben.

Der Laden hat Filialen in ganz Japan, die in Umeda liegt im Kaufhaus Lucua Osaka. Wenn ihr im neunten Stock ankommt, bemerkt ihr sofort den herrlichen Geruch von japanischem Papier und Farben! Die meisten Bücher sind zwar auf Japanisch, trotzdem begeistert und inspiriert mich einfach die große Bandbreite an Büchern über Design, Kunst und Architektur. Und eine kleine Auswahl an Büchern in Englisch gibt es ja immerhin.

Neben den hübschen Papierwaren findet ihr dort Reisemagazine und »Mooks«, eine Mischung aus Magazin und Buch. Darin sind die neuesten Cafés und Shops aufgeführt, und selbst wenn ihr kein Japanisch versteht, könnt ihr euch anhand der Karten und Webadressen orientieren. Am besten geht ihr gleich am Anfang eures Aufenthalts in Osaka in diesen Laden und besorgt euch »Mooks«, damit ihr möglichst viel von der Stadt mitbekommt.

Und vor allem: Habt eine gute Zeit in diesem schönen Laden mit den toll gestalteten Büchern!

9 TOOLS

トゥールズ

A B1F/B2F, 1-1-3 Shibata, Kita-ku, 530-0012 Hankyu Sanbangai
T +81-6-6372-9272

SHOP/PAPIERWAREN/KUNST | Tools, einer der besten Läden Japans für Papierwaren und Künstlerbedarf, hat auch in Tokyo eine Filiale. Die Auswahl hier in Osaka ist bestechend: Papiere, Stifte, Farben, Zeichenblöcke, Malfarben und Pinsel. In welcher Form auch immer ihr kreativ sein wollt, bei Tools findet ihr, was dazu nötig ist.

Ich empfehle euch das kleine Wasserfarben-Set. Dazu gehört ein Pinsel, der Wasser im Schaft speichert, sodass ihr auch unterwegs losmalen könnt. Perfekt, wenn ihr einen schönen Ort gefunden habt oder auch im Hotel Erinnerungen festhalten wollt. Oder ihr kauft Postkarten, die für Wasserfarben geeignet sind, und gestaltet sie nach euren Vorstellungen. Hier bekommt ihr auch die COPIC-Marker mit feiner Spitze, mit denen man nicht nur sehr gut Kanji-Zeichen schreiben, sondern auch besonders feine Linien zeichnen kann. Im zweiten Untergeschoss gibt es weiteres Zubehör, Papierwaren findet ihr ein Stockwerk höher.

Diese Filiale liegt günstig gleich am Bahnhof Osaka Umeda. Nehmt die Ausgänge 1 oder 2 der Midosuji-Linie, dann seid ihr praktisch schon da.

8

9

そば
うどん
ヌードル
豆腐コーナー
スーパー
玉出
特別奉仕
スンドゥブ各種
各1パック 188 円
ドレミソングチョコ
Furuta
meiji

10 RETRO JAM INSATSU
レトロ印刷

A 6-6-23 Toyosaki, Kita-ku, 531-0072
T +81-6-6225-8186

SHOP/PAPIERWAREN | Bei meinen Besuchen in Osaka muss ich einfach jedes Mal zu Retro Jam Insatsu. Designer und Kreative werden diese vor allem für ihre Risografie bekannte Druckerei und den kleinen Laden mit Papierwaren lieben. Ich mag den Fabrikstil des Gebäudes und den Geruch der Druckerfarben, der durch die Gänge wabert, und fühle mich hier sofort zurückversetzt in die Zeit, als ich noch für verschiedene Magazine gearbeitet habe.

Bedenkt aber, dass Aufträge für Risodruck nur in Japanisch über die Website von Retro Jam erteilt werden können. Vielleicht kann euch ja ein japanischer Freund helfen.

Obwohl es sich um eine einfache Druckerei handelt, also im Grunde um eine Fabrikhalle, werden in dem kleinen Laden im Erdgeschoss hübsche Schreibwaren und andere handgemachte Papierwaren verkauft. Die Papeterie-Kollektion wird von Papierliebhabern ausgewählt, und da es sich schließlich um eine Druckerei handelt, könnt ihr euch vielleicht vorstellen, wie einzigartig und hübsch das Angebot hier ist.

Wenn ihr Glück habt, findet gerade der fantastische Papiermarkt statt, denn dann werden Überschuss und Anschnitte toller Papiere verkauft.

11 SUPER TAMADE
スーパー玉出

A 2-9-28 Minamihorie, Nishi-ku, 550-0015
T +81-6-6534-5700

SUPERMARKT | Der in Osaka gegründete Supermarkt ist nicht nur für seine unglaublich günstigen Preise bekannt, sondern auch wegen seiner ganz speziellen Neonschilder. Ich glaube, deswegen gehe ich in jeden Super Tamade, den ich finde! Google Maps zeigt sie mir alle, egal, wo ich gerade bin, nur für den Fall, dass ich dringend was brauche!

Vor allem bei *Obento*-(Bento-)Boxen und Snacks sind die Preise sehr günstig. Die *Obento* gibt es in Japan nirgends so billig wie hier. Natürlich auch mit allen Zutaten wie *onigiri* (Reisbällchen), *katsu* (paniertes Schweineschnitzel) und Edamame, aber ich rate euch zu der »die gibt es nur in Osaka«-Box mit *takoyaki* (mit Oktopus gefüllte Teigbällchen) und *okonomiyaki* (eine Art würziger japanischer Pfannkuchen mit Kohl). Neue Bento-Zusammenstellungen in anderen Regionen finde ich ja immer sehr spannend. Hier in Kansai wissen sie wirklich, wie man köstliches (wenn auch sehr kohlehydratreiches) Essen zubereitet. Geht mit euren Bento-Boxen dann in den nächsten Park und genießt eure typisch japanische und günstige Mahlzeit.

Aber was mich an Super Tamade am allermeisten begeistert, ist einfach die Leuchtreklame. Jeder Laden hat seine eigenen Bilder, darum macht es so viel Spaß, verschiedene Filialen zu besuchen. Fragt vorher beim Personal nach, ob ihr Fotos machen dürft. In einem Laden sind in der Bento-Abteilung ein lächelndes Reisbällchen und eine Alge zu sehen, die aus einer Box herausblinzelt. Man findet auch Neon-Tempura, -Sauergemüse, -Auberginen, -Regenbogen oder sogar Landschaften, über denen lächelnde Flugzeuge kreisen. Ach wie schön wäre es, wenn es Super Tamade auch in Tokyo gäbe!

FUN & GAMES

MOKO MOKO

W karaoke-mokomoko.com
A mehrere Filialen

KARAOKEKAN

W karaokekan.jp
A mehrere Filialen

MORERU MIGNON

W ikspiari.com/shop/shops/1746
A 1-4 Maihama, Urayasu-ku, Chiba, 279-8529

Einer der ganz typischen Aspekte der japanischen Popkultur sind die Spielhallen, meist leuchtend bunt und laut, wo ihr brandneue, aber auch schon ältere Arcade-Spiele ausprobieren könnt. Und dann natürlich Karaoke! In diesem Land gibt es wirklich jede Menge Möglichkeiten, Spaß zu haben!

Tagsüber erwarten euch Spielhallen (die im ganzen Land meist in Gegenden mit bewegterem Nachtleben oder Einkaufsmöglichkeiten zu finden sind), in denen ihr neben vielen anderen lustigen Automaten an Greifarm-Maschinen oder Taiko-Trommeln (denkt an Sofia Coppolas Film *Lost in Translation – Zwischen den Welten*) spielen und alles vom Plüschtier bis zu Smartphone-Zubehör gewinnen könnt. Die meisten Spielhallen verlangen keinen Eintritt, dafür zahlt ihr pro Spiel ein paar Hundert Yen. Sehr lustig sind auch die Spiele, wo Tanzkünste und Rhythmus verlangt werden – am lustigsten, wenn man anderen dabei zusieht.

Vielleicht geht ihr auch in einen *purikura* (Automaten, die selbstklebende Fotos herstellen) und verziert eure Fotos nach Lust und Laune. Das kostet pro Fotostreifen 400 Yen, solche Kabinen stehen oft auch in den Spielhallen. Ein ganz besonderes Erlebnis ist diesbezüglich in Tokyo das Moreru Mignon *(siehe S.32)* ganz in Pink.

Alle Japaner lieben Karaoke – und ich auch! Tagsüber, wenn weniger los ist, findet ihr ganz günstige Angebote. Im Moko Moko bekommt ihr einen Raum für 30 Minuten manchmal schon für zehn Yen! Getränke sind da natürlich extra zu zahlen. Abends wird es dann immer teurer, rechnet mit 2000 bis 5000 Yen für einen Karaoke-Abend inklusive Getränken und Songs! Fragt am besten nach einer Joysound-Maschine, die bietet eine Riesenauswahl englischer Songs, und auch die Bedienungsanleitung ist auf Englisch.

12 BIOTOP
ビオトープ

A Mebro 16th Building 1/2/4F,
1-16-1 Minamihorie, Nishi-ku, 550-0015
T +81-6-6531-8223

SHOP/CAFÉ/RESTAURANT | Biotop ist ein sehr netter Laden für Haushaltswaren, Bekleidung und Pflanzen, auch ein kleines Café gehört dazu, und auf dem Dach befindet sich ein Restaurant – ihr könnt also fast alles an einem Ort erledigen: Genießt ein Mittag- oder Abendessen, eine Tasse Kaffee oder einen kühlen Drink nach dem Shoppen. Legendär sind hier die Pizzas, ebenso wie der Kaffee.

Eine Dachterrasse ist in Japan nicht so oft zu finden. Mit den vielen Pflanzen herrscht hier eine ganz besondere Stimmung. Schade nur, dass man wegen der hohen Mauern ringsum keine schönen Fotos über die ganze Stadt machen kann. Das solltet ihr lieber von den Wolkenkratzern Abeno Harukas und Umeda Sky Building oder dem Aussichtsturm Tsūtenkaku aus erledigen.

Neben dem guten Essen im westlichen Stil findet ihr in dem Laden auch immer wieder großartige Mode von lokalen Designern. Bei meinem letzten Besuch wurde ich sogar von einem Pop-up-Store mit Parfüms überrascht. Dazu bekommt ihr im Erdgeschoss auch Accessoires, Handtaschen und Dinge für den Haushalt.

Biotop hat ein paar Filialen in der Stadt, aber die hier im schicken Horie-Viertel *(siehe S. 121)* ist einfach am schönsten, um mal kurz eine Pause einzulegen.

13 THE RENDEZ VOUS
レトロ古着ランデブー

A Azito Building 1F, 4-13 Kurosaki-cho,
Kita-ku, 530-0023
T +81-6-6136-8995

SHOP/BAR | The Rendez Vous ist ein Laden mit Vintage-Kleidung überwiegend aus den 1960er und 1970er Jahren. Angeschlossen ist eine winzige Bar mit vier Sitzplätzen. Das Besitzerehepaar teilt sich die Arbeit: Sie kümmert sich tagsüber um den Laden, er betreibt abends die Bar Yatchi Natoru.

Der Laden ist dank der vielen Kleiderständer voller bunt gemusterter Vintage-Kleider, -Jacken und -Hemden vor der Tür nicht zu übersehen. Er ist bis unter die Decke voll mit wunderbaren, einzigartigen Retro-Stücken: Schals hängen an den Regalen, Taschen und Perlenketten baumeln von der Decke, überall Schatzkästchen voller Schmuck. Die Preise sind sehr moderat. Kleider kosten um die 5000 Yen, T-Shirts etwa 3000 Yen. Ein Paradies für alle, die alte Dinge lieben!

Nachdem ihr euch durch Kleidung und Schmuck gewühlt habt, könnt ihr bei einem Gin an der hübschen Retro-Bar bei guter Retro-Musik auf eure Einkäufe anstoßen. In diesem Laden fühlt man sich schlagartig in die 1960er und 1970er Jahre zurückversetzt.

12

13

12

14 WIRED CAFE

ワイアードカフェ

A NU Chayamachi, 2F, 10-12 Chayamachi, Kita-ku, Yubinbango, 530-0013
T +81-6-6377-2399

CAFÉ | Das Wired Cafe findet ihr im zweiten Stock des Shoppincenters NU Chayamachi mit vielen modischen Bekleidungsläden.

Durch große Fenster fällt viel Licht herein, das Interieur ist lässig und bequem, man kann auf Sofas, an Tischen oder auf Bänken sitzen. Das ist praktisch, denn egal, was ihr plant – ein Date, ein Essen mit kleinen Kindern oder nur eine kurze Stärkung beim Einkaufen –, hier ist alles entspannt möglich.

Auf der umfangreichen Speisekarte finden sich Salate, Sandwiches, Pasta und viele japanische Speisen. Ich nehme hier immer gern die japanische Version von Taco-Reis – ein Gericht, für das Osaka bekannt ist. Sehr empfehlen kann ich auch den frischen Mojito oder geeisten Kaffee, je nach Stimmung.

Wenn eurem Smartphone der Saft auszugehen droht, setzt euch an die Theke, dort gibt es Ladestationen. Im Wired bekommt ihr eine englische Speisekarte und kostenloses WLAN, da kann man sich in aller Ruhe eine Auszeit nehmen, ehe es wieder in die Stadt geht.

15 HI! SANDWICH

ハイサンドウィッチ

A 4-19-6 Minamihorie, Nishi-ku, 550-0015

CAFÉ | Also diesen Laden muss ich unbedingt erwähnen: Das Ende 2018 eröffnete Hi! Sandwich, ein cooles, hippes Café im schicken Horie-Viertel *(siehe S. 121)*, macht nämlich unfassbar gute Sandwiches. Das geschwungene rote Schild über der Tür ist nicht zu verfehlen.

Die Sandwiches haben alle lustige Namen, etwa gegrilltes Mummy Cheese oder Nick Daddy. Das Nick Daddy kostet 1280 Yen, und die Mischung aus zartem Rindfleisch, gegrilltem rotem Cheddar und Naturkäse auf selbst gebackenem Roggenbrot muss man einfach lieben.

Die Einrichtung mit viel Holz und einer offenen Küche ist sehr einladend. Es gibt nur wenige Sitzplätze, aber ihr könnt euer Sandwich ja auch mitnehmen. Ihr solltet auf jeden Fall früh dran sein, denn das Hi! Sandwich ist sehr beliebt, und wenn das Brot aus ist, gibt es auch keine Sandwiches mehr!

Mit dem freundlichen Personal tausche ich mich gern auf Instagram aus, wenn ihr also hingeht, richtet bitte einen Gruß von mir aus.

15

16 MADURA KISSATEN

マヅラ喫茶店

A Osaka Ekimae First Building, B1F, 1-3-1 Kita-ku, Umeda, 530-0001
T +81-6-6345-3400

CAFÉ/KISSATEN | Madura ist einer der süßesten *kissaten* (altes Kaffeehaus) Osakas, den ich immer gern besuche, wenn ich in der Stadt bin.

Das Café befindet sich im Untergeschoss des Ekimae First Building. Mit den vielen Spiegeln und den Unterteilungen in Blau und Weiß fühlt man sich ein bisschen an die PanAm-Flugzeuge erinnert. Die hellen Sitze im Stil der 1960er Jahre sind absolut retro und wirken, als seien sie einmal weiß gewesen und im Lauf der Jahre durch viel Zigarettenrauch vergilbt. Das ist das Tolle an *kissaten*, hier geht man in seiner Pause auf einen Kaffee, ein Sandwich und eine Zigarette (oder fünf) – allerdings ist mittlerweile in vielen Lokalen in Tokyo das Rauchen verboten, und wie ich höre, will Osaka nachziehen. In diesem *kissaten* verkehren viele Büroangestellte, und auf jedem Tisch steht ein Aschenbecher. Wer also keinen Rauch mag, sollte nicht hierherkommen. Wem das nichts ausmacht und wer Retro liebt, der ist hier genau richtig.

Die Sandwiches sind so weich, wie man das nur in Japan kennt, erinnern an die Frühstücksbrote aus der Kindheit, und die Cream Sodas sind so perfekt wie in der Shōwa-Zeit (1926–1989).

17 MON CHERI

モンシェリー

A 2-4-1 Shibata, Kita-ku, 530-0012
T +81-6-6372-9385

CAFÉ/KISSATEN | Nicht weit von der Station Umeda stoßt ihr in einem Stadtviertel, das eher wie ein Gewerbegebiet wirkt, plötzlich an einer Ecke auf ein kleines unscheinbares Haus. Draußen hängt ein schlichtes grünes Leuchtschild. Keine Sorge, wenn ihr kein Japanisch lesen könnt, es ist auch das Bild einer Kaffeetasse darauf zu sehen. Wenn ihr dann ins Untergeschoss geht, steht ihr plötzlich in einem supernetten kleinen *kissaten* wie aus alten Zeiten. Sitze im Olivgrün der Shōwa-Zeit, Ziegelmauern und vor der Küche ein Raumtrenner mit zwei Bogen, an denen neben blauen Zierelementen im Stil der 1970er Jahre beleuchtete Blumentöpfe hängen.

Bestellt ein *omuraisu* (Omelett mit Reisfüllung), einen Kaffee oder eine Cream Soda. Die Einheimischen sitzen gern ganz hinten und schauen japanisches Fernsehen oder lesen einen der ausliegenden Mangas. Hier im Untergeschoss ohne Fenster kann man allerdings rasch die Zeit vergessen. Also Achtung, wenn ihr noch etwas vorhabt!

Ein Besuch im gemütlichen Mon Cheri versetzt einen zurück in alte Zeiten, man fragt sich fast, ob draußen wirklich schon das 21. Jahrhundert angebrochen ist.

17

16

18 KISSA KOKO

喫茶ココ

A 3-3-27 Minato-ku
T +81-6-6582-0214

CAFÉ/KISSATEN | Kissa Koko ist ein liebenswerter *kissaten*, in dem es Curry und Kaffee sowie klassische japanische Sandwiches gibt. Wer hier reinkommt, glaubt erst mal, er sei in der Kulisse für einen *Doraemon*-Film gelandet, so original retro sieht hier alles aus.

Das 1963 eröffnete Kissa Koko scheint an seiner Ausstattung bis heute tatsächlich überhaupt nichts geändert zu haben. Die Wände haben einen cremefarbenen, ledrig wirkenden Anstrich mit einem gelben Streifen, dazu die transparente, bläulich wirkende Beschichtung der Türen und, als Höhepunkt, die orangefarbenen halbkugelförmigen Hängelampen, die recht tief über den Sitzgruppen hängen. Das Lokal ist so authentisch, dass sie sogar noch die originale Registrierkasse nutzen, die es seit der Eröffnung gibt.

Ich kam einmal sehr früh am Morgen hierher, und der Besitzer machte mir ein Sandwich, das so schmeckte, als hätte es meine japanische Großmutter gemacht. Himmlisch! Wenn ihr in der Mittagszeit dort seid, solltet ihr eher ein Curry bestellen.

Der *kissaten* liegt etwa 200 Meter vom Bahnhof Bentencho entfernt, auch vom Hotel She *(siehe S. 141)* läuft man nicht lang. Das ist recht praktisch, wenn ihr dort übernachtet.

19 CHIKARA MOCHI SHOKUDO

力餅食堂

A 1-9-2 Nakazaki, Kita-ku, 530-0016
T +81-6-6372-1458

RESTAURANT/SOBA | Chikara Mochi Shokudo ist ein unglaubliches und berühmtes *Soba*-Restaurant, das es schon seit mehr als 100 Jahren gibt! Hier gehen die Einheimischen gern zum Essen, die Stimmung ist nachbarschaftlich-entspannt – man kann herrlich ausruhen, fernsehen oder mit Familie oder Freunden plaudern. Die Einrichtung mit beigen und braunen Fliesen und den mit handgemalten Speisekarten verzierten Holzwänden erinnert an die Shōwa-Zeit (1926–1989).

Auf der Karte stehen mit Curry aromatisierte *soba* (Buchweizennudeln). Ihr bekommt sie zwar auch natur mit Currysauce, aber die mit Curry aromatisierten *soba* sind einzigartig (ich habe sie sonst noch nie in Japan gesehen), und ihr solltet sie unbedingt probieren. Es gibt auch eine Platte mit verschiedenen *Soba*-Arten in vier Geschmacksrichtungen. Eine davon ist Kaffee. Das ist vielleicht eher was für Mutige – oder könnt ihr euch *soba* mit Kaffeegeschmack vorstellen? Zu diesem Gericht gehören aber auch die mit Curry aromatisierten *soba*, da könnt ihr gleich beides probieren. Die meisten *Soba*-Gerichte werden kalt und mit einer Sauce zum Dippen serviert.

Die Speisekarte ist nur auf Japanisch und auf Schildern an den Wänden befestigt, aber vor dem Lokal sind einige Speisen ausgestellt, sodass ihr mit Zeigen und Lächeln bestellen könnt. Die Besitzer geben alles, um euch die Gerichte zu erklären und euch den Aufenthalt im Chikara Mochi Shokudo so angenehm wie möglich zu machen.

20 MATSUBA SOHONTEN
松葉総本店

A 9-20 Kakudacho, Kita-ku, 530-0017
T +81-6-6312-6615

RESTAURANT/STEHBAR | Matsuba Sohonten ist eine nette kleine Stehbar unter den Gleisen des Bahnhofs Osaka. Hier bekommt ihr das für Osaka typische Gericht *kushikatsu* (frittierte Spießchen) gut und günstig.

Sie machen *kushikatsu* mit Lotuswurzel, kleinen Würstchen, Fisch und sogar Wachteleiern. Ich mag am liebsten die *Ebi*-(Garnelen-) Spießchen, die sind schön saftig unter der knusprigen Hülle.

An der L-förmigen Theke drängen sich stets viele Menschen, und es herrscht eine gelöste Stimmung. Handtaschen oder Einkaufstüten könnt ihr in den Regalen, die an der Theke angebracht sind, prima verstauen, dann stehen sie nicht im Weg. Wenn ihr satt seid und nach der Rechnung fragt, werden einfach die Holzspieße der *kushikatsu* auf eurem Teller gezählt.

Das Matsuba hat drei Filialen in Osaka, aber ich empfehle euch das Hauptlokal Sohonten, denn hier geht es extrem lässig zu, alle sind entspannt – typisch Osaka eben. Wenn ihr auf dem Heimweg schnell einen Bissen zu essen braucht, dann seid ihr hier genau richtig.

21 KING OF KINGS
キング オブ キングス

A Osaka Ekimae First Building, B1F, 1-3-1 Kita-ku, Umeda, 530-0001
T +81-6-6345-3100

BAR | King of Kings ist eine unglaublich süße Whisky-Bar im Retro-Stil und liegt gut versteckt im Untergeschoss des Ekimae First Building. Bei der Einrichtung wurden typische Elemente der 1970er und 1980er Jahre kombiniert, dazu eine sehr dekorative Buntglaswand – und die ganze Bar wird unterteilt durch eine silbrige »Mauer« aus gekrümmten dünnen Stangen. Als ich dort war, standen auf einem weiß gedeckten Tisch herrliche weiße Lilien, was das Gefühl, in eine andere Zeit eingetaucht zu sein, noch unterstrich. Und hatte ich schon erwähnt, dass der Boden mit aprikotfarbenem Velours ausgelegt ist?

Wenn ihr jetzt immer noch nicht neugierig seid, habe ich noch was für euch: Ihr könnt hinten an der Bar eine Flasche Whisky kaufen, so viel trinken, wie ihr wollt, und sie dann für eure nächsten Besuche in einem niedlichen kleinen Whisky-Schließfach deponieren. Vielleicht habt ihr auch Glück, und es gibt abends Live-Klaviermusik.

Ich trinke ja am liebsten einen Cocktail auf Gin-Basis, die kosten 600 Yen. Einer der Drinks wird stets in einem lilafarbenen Shaker gemixt! Es gibt hier auch Kleinigkeiten zu essen, zum Beispiel Spaghetti, Wiener Würstchen, Sandwiches und Snacks wie gemischte Nüsse, Kaviar, Anchovis und Käse.

21

23

22

22 KAMON HOTEL NAMBA

カモンホテルなんば

A 2-3-33 Sennichimae, Chuo-ku, 542-0074

T +81-6-6632-3520

HOTEL | Fantastisch gelegen mitten in der Stadt, nicht weit von Namba, drängt sich das Kamon Hotel Namba förmlich auf, wenn ihr eine günstige Übernachtungsmöglichkeit sucht. Von hier sind alle Arten von Läden und Bars fußläufig zu erreichen.

Die Zimmer sind unterschiedlich eingerichtet, ich war im weißen »Weniger ist mehr«-Zimmer mit weißem Leinen, weißen Wänden und schönen Holzelementen. Neben meinem Bett stand ein kleines dreieckiges Regal, das gerade richtig war für Smartphone und Kaffeetasse. Solche gut durchdachten Kleinigkeiten machen den Aufenthalt angenehm, sodass man sich hier sehr wohlfühlt.

Das Personal ist jung, freundlich und sehr hilfsbereit, was allerdings fehlt, ist ein Telefon im Zimmer. Wenn ihr also etwas von der Rezeption braucht, müsst ihr entweder zum Aufzug laufen – da hängt ein Telefon – oder runtergehen. Ich empfehle, das Frühstücksbüfett dazuzubuchen und euch zu erkundigen, ob während eures Aufenthalts eine Matcha-Teezeremonie angeboten wird.

Das Kamon Hotel Namba befindet sich in einem renovierten, an ein Kaufhaus erinnernden Gebäude mit farbigen Zementböden. So ähnlich sahen die Böden auch an meiner Kunstakademie aus! Toll ist die offene Dachterrasse, wo immer wieder mal Veranstaltungen stattfinden. Oder ihr holt euch einfach ein Bier an der Rezeption und genießt es an der frischen Luft.

23 HOTEL SHE

A 1-2-5 Ichioka, Minato-ku, 552-0012

T +81-6-6577-5500

HOTEL | Das Hotel She in Bentencho wurde im September 2017 eröffnet. Auch wenn man mit dem Zug aus dem Zentrum knapp 30 Minuten fährt, lohnt es sich, dieses Hotel zu wählen, denn es hat einen ganz eigenen Charme und ist sehr hübsch.

Smaragdblau zieht sich durch das ganze Hotel. In der Lobby sind es blaue Ziegel, was Industriechic vermittelt und an die Vergangenheit von Bentencho als Hafenstadt erinnert. Der Gemeinschaftsraum, eine L-förmige Lounge in smaragdblauem Samt mit grafisch gestreiftem Holzboden und vergitterten Strahlern, verleiht dem Ganzen eine jugendlich-frische Atmosphäre.

Die Zimmer sind ebenfalls blau gestrichen und ausgestattet mit trendigen Details wie den hölzernen Garderobenhaken im Eames-Stil. Das Personal an der Rezeption kann euch gute Tipps für nahe gelegene Plätze aus der Shōwa-Zeit geben (1926–1989), etwa Cafés, *sento* (öffentliche Bäder) oder *shotengai* (überdachte Ladenstraßen), die ihr bei einem Bummel entdecken könnt.

In jedem Zimmer steht ein Plattenspieler, und ihr könnt an der Rezeption Platten ausleihen. Ich habe dort nach japanischer Musik aus der Shōwa-Zeit gefragt und wurde nicht enttäuscht. Ihr könnt die Scheiben dann auch kaufen, wenn sie euch gefallen.

Zum Schluss noch ein heißer Tipp: Ich fand es praktischer, mit dem Bus statt mit dem Zug in die Stadt zu fahren.

JAPAN

NAGOYA

名古屋

KÖSTLICHE
REGIONALE
KÜCHE NICHT
WEIT VON TOKYO

35.167°N
136.907°E

05

& GIFU

岐阜

Nagoya ist ein netter Zwischenstopp und leicht zu erreichen, wenn man den Shinkansen zwischen Tokyo und Kyoto nimmt. Nagoya ist keine besonders große Stadt, aber ihr Charme liegt darin, dass man die lokalen Aspekte genießen kann, etwa die regionalen Gerichte im stilvollen Pecori *(siehe S. 158)* und die süßen *kissaten* (altes Kaffeehaus) wie Kissa River *(siehe S. 156)* und Bon Bon *(siehe S. 156)*, wo es unglaublich guten Kuchen gibt!

Ein schnelles *ekiben* (Bento-Gerichte, die in Japan in Zügen und an Bahnhöfen verkauft werden) und eine Dose Sapporo, und schon ist man in der Nähe von Sakae, einem der zentralsten Viertel Nagoyas. Hier ist auch mein Lieblingskaufhaus, das PARCO *(siehe S. 146)*, zu finden. Auf keinen Fall verpassen solltet ihr Only Free Paper *(siehe S. 146)*, wo es kostenlose Flyer und Magazine gibt, oder die Galerie im On Reading *(siehe S. 149)* mit vielen Kunstbüchern.

Wenn es eure Zeit erlaubt, solltet ihr auch die Präfektur Gifu erkunden. Ich empfehle einen Ausflug zum Kunstpark Site of Reversible Destiny *(siehe S. 162)* – einer meiner Lieblingsorte. Von Nagoya aus kann man sogar mit dem Hello-Kitty-Zug fahren! Oder besucht das Dorf Shirakawa-go *(siehe S. 162)* mit seinen alten, strohgedeckten Häusern und übernachtet in einem *minshuku* (B & B).

1 URAMONZEN-PARK

裏門前公園

A 3-3 Osu, Naka-ku, Nagoya,
Aichi, 460-0011
T +81-52-972-2492

ATTRAKTION/PARK | Nagoya hat seinen ganz eigenen Fujiyama, aber der ist sehr *kawaii* (niedlich): ganz in Pink und aus Beton. Hier spielen kleine und große Kinder gern und klettern über die seitlichen Stufen bis zur Spitze, damit sie am »Gipfel« sitzen können. Ihr findet ihn im Uramonzen-Park.

Als ich das erste Mal zu diesem Fujiyama ging, war es Abend, und eine Gruppe hipper Jungs hing am Gipfel ab. Und ich war so mit meiner Kamera beschäftigt, um ein besonders schönes Foto zu machen, dass ich gar nicht sah, dass sie alle auf dem Bild waren und das Peace-Zeichen machten. Eine schöne Überraschung!

Im Uramonzen-Park gibt es natürlich noch mehr zum Spielen, etwa eine Rutschbahn, und viele Bänke, wo man etwas essen oder seinen aus dem nahen Café Mill *(siehe S. 152)* mitgebrachten Kaffee in der Mittagspause trinken kann. Ich mag japanische Spielplätze, sie bringen mich immer zum Lächeln.

Um den Park so richtig genießen zu können, solltet ihr tagsüber hingehen. Dann könnt ihr das Pastell des großartigen und einmaligen rosafarbenen Fujiyama richtig bewundern!

2 OSU SHOTENGAI

大須 商店街

A 2-18 Osu, Naka-ku, Nagoya,
Aichi, 460-0011
3-14-43, Osu, Naka-ku, Nagoya, Aichi
(Haneten)

SHOP/CAFÉS/RESTAURANTS | *Shotengai* (überdachte Ladenstraßen) sind ideal für einen Einkaufsbummel, wenn das Wetter mal nicht so toll ist. In Osu findet ihr jede Menge *shotengai*. Außerdem herrscht hier eine sehr angenehme Atmosphäre, deshalb ist Osu auch mein liebster Stadtteil in Nagoya. Das Einkaufsviertel ist praktischerweise gitterartig angelegt, sodass man sich kaum verlaufen kann – ganz anders als in Tokyo in den Straßen in Shibuya!

In den *shotengai* findet ihr viele Läden mit Vintage- *(siehe S. 149)* und Secondhand-Kleidung, Restaurants und Supermärkte. Hier kann man locker einen ganzen Tag verbringen, von Laden zu Laden bummeln, dazwischen mal in einem Café eine kleine Stärkung holen und abends dann in einem Restaurant oder einer *izakaya* (kleinen Bar) essen. Die Atmosphäre ist hier so lässig und entspannt, dass ein Freund von mir, der in Nagoya lebt, Osu mit Tokyos Shimokitazawa-Viertel verglichen hat: »cool, aber unprätentiös«.

Ihr findet hier viele Lokale, oft sehr günstige, wo man einen schnellen Snack bekommt, wie das Haneten. Dort werben sie mit einer Kombi aus Bier und Snack für jede Tageszeit – zum Beispiel ein *nama* (Bier vom Fass) und Tempura für nur 800 Yen. Das Oso Shokudo Meek *(siehe S. 158)* ist ideal für die Mittagspause, und wer feines Gebäck möchte, sollte zur Osu Bakery *(siehe S. 155)* gehen.

Und noch ein heißer Tipp: Wenn ihr mit dem Rad in der Stadt unterwegs seid, solltet ihr hier absteigen und schieben, denn Radfahren ist in den *shotengai* verboten.

1

3 PARCO

パルコ

W nagoya.parco.jp/en
A 3-29-1 Sakae, Naka-ku, Nagoya, Aichi, 460-0008
T +81-52-264-8111

KAUFHAUS | PARCO mit seinen Filialen in ganz Japan ist definitiv mein absolutes Lieblingskaufhaus! Hier findet ihr nicht nur unglaublich tolle japanische Mode, Haushaltswaren, Kosmetikartikel und vieles mehr, sondern auch eine Reihe fantastischer Cafés und Restaurants für jeden Geschmack! Das PARCO ist unterteilt in ein Ost-, ein West- und ein Süd-Gebäude sowie Verbindungsbauten.

Vertreten sind Journal Standard, Ships, Tower Records, Muji und viele weitere Läden. Was das Essen betrifft, so findet ihr hier alles von Cheese Craft Works über Yakinuki (japanisches Barbecue) bis Eggs 'n Things, eine Eisdiele. Und natürlich Sushi. Es gibt sogar einen Club, den Club Quattro, wo ihr Livemusik hören könnt, ein Sportstadion und einen Sportclub.

Im PARCO finden viele Events statt, gern auch in Pop-up-Stores, seht also auf der Website nach. Vor Jahren kam ich mal vorbei, als hier vor Ort getöpfert wurde. Ich musste mir sofort die wunderhübschen kleinen weißen Teller mit silbernen Tupfen kaufen! Haltet also unbedingt Ausschau nach besonderen Events.

Was den Besuch im PARCO für euch zusätzlich interessant machen könnte, ist die Tatsache, dass es einige Läden mit zollfreiem Verkauf gibt, aber vergesst euren Ausweis nicht. Und kostenloses WLAN gibt es natürlich auch. Viel Spaß!

4 ONLY FREE PAPER

フリーペーパー

W onlyfreepaper.com
A Horie Building, 12-12 Tsubaki-cho, Nakamura-ku, Nagoya, Aichi, 453-0015
T +81-50-5532-3900

SHOP/PAPIERWAREN | Only Free Paper ist ein Paradies für Editorial Designer. Es handelt sich um einen »Laden«, der sich auf kostenlose Flugblätter, Zeitungen und Magazine spezialisiert hat. Die Gratis-Flyer in Japan sind vom Feinsten und bieten mehr als genug Inspiration, um ein eigenes kleines Magazin, eine Collage oder ein Album zu gestalten. Man kann sie auch zu Briefumschlägen falten und an seine Freunde verschicken.

Alles, was hier an Zeitungen und Büchlein auf den Tischen liegt und in den Regalen steht, dürft ihr kostenlos mitnehmen! An der Wand befinden sich an Schließfächer erinnernde Fächer mit herrlichen kleinen Magazinen und Flyern. Das Ganze ist so faszinierend, weil man sich wie auf einer Schatzsuche fühlt, wenn man in die einzelnen Abteile späht. Only Free Paper bietet jeden Monat etwa 100 neue Magazine an. Und das Einzige, wofür ihr Geld ausgeben müsst, sind Merchandising-Artikel oder Taschen, in denen ihr die Flyer und Gratis-Magazine verstauen könnt.

Es macht viel Spaß, die unterschiedlichen japanischen Druckerzeugnisse kennenzulernen – vom Magazin in Form eines gefalteten Posters bis zum kleinen Buch. Wenn ihr nur annähernd so tickt wie ich, wollt ihr danach sofort eure eigene Zeitung machen!

Und wenn ihr schon im Horie Building seid, solltet ihr auch ins Retro-Café Kissa River gehen *(siehe S. 156)*. Vom Ausgang Taikodōri (Taiko Street) des Bahnhofs Nagoya sind es nur vier Minuten zu Fuß.

4

4

5

6

5

5 ON READING

W onreading.jp
A Kameda Building, 2A & 2B, 5-19, Higashiyama-dōri, Chikusa-ku, Nagoya, 464-0807
T +81-52-789-0855

BUCHLADEN/KUNST | On Reading ist der beste und coolste Buchladen in Nagoya, ihr solltet ihn unbedingt aufsuchen. Man muss ein Stück mit dem Zug raus aus dem Zentrum fahren, aber ich wette, ihr werdet es nicht bereuen (geöffnet ab mittags bis 20 Uhr). Das liebenswerte Besitzerpaar bietet euch eine gepflegte Auswahl an Kunstmagazinen und Büchern über Architektur, Musik, Fotografie und Kunst. Und das feminine Wandbild schafft schon beim Eintritt eine ganz besondere Atmosphäre.

Hinten links im Laden ist eine kleine Galerie. Ich hatte hier mal eine Soloausstellung und hielt einen Workshop ab. On Reading präsentiert oft Werke japanischer Künstler, von Gemälden und Zeichnungen bis zu Fotografien. Es lohnt sich also, vor dem Besuch die Website zu checken.

Die Stimmung hier ist ganz unaufgeregt und doch ungemein anregend. Ihr könnt euch in aller Ruhe die schönen Bücher ansehen, keiner drängt euch zur Eile oder zum Kauf. Früher führten sie hier auch meine Bücher, wenn ihr also vorbeigeht, richtet doch einen Gruß von mir aus. Im Untergeschoss ist ein nettes kleines Café, wo ihr die Eindrücke aus dem On Reading bei einem Getränk oder einem Snack nachwirken lassen könnt.

6 VINTAGE-LÄDEN IN OSU

大須の古着屋

W theotherosu.jp
A 3-42-6 Osu, Naka-ku, Nagoya
T +81-52-269-3113

SHOP/VINTAGE | In den *shotengai* (überdachte Ladenstraßen, *siehe S. 144*) in Osu findet ihr praktisch in jeder Straße einen Laden mit Vintage-Kleidung! Ich mag am liebsten The Other. Die haben sich auf Kleider mit bunten Mustern aus den 1960er und 1970er Jahren spezialisiert. Ihr erkennt den Laden sofort an der blauen Fassade mit den runden, an Bullaugen erinnernden Fenstern wie aus den 1970ern und dem blauen Boden. Als ich dort war, war das Schaufenster voller Schaufensterpuppen, die witzige karierte Röcke aus den 1960ern und dazu Halstücher und Baskenmützen trugen – ich bekam sofort Lust, mich neu einzukleiden!

Wenn ihr es mehr mit den 1980er Jahren habt, dann geht ins Sweet Monroe. Dort bekommt ihr Jeansjacken, gemusterte Pullover und Kleider mit Blumenmuster. Stöbert aber auch durch Crunch, Rocat und Big Time, auch da findet ihr tolle Stücke. Das Hunky Dory ist ein Geheimtipp für Männerbekleidung von Firmen wie J.Crew und Ralph Lauren.

Es gibt hier auch eine Filiale von 2nd Street, eine von über 600 in Japan, wo ihr kaufen und verkaufen könnt und bestens erhaltene Markenware zu sehr günstigen Preisen bekommt.

7 KITSCH ET BIO

キッチュ エ ビオ

W food-ikuta.co.jp/shop_bio
A 3-6-21 Marunouchi, Naka-ku, Nagoya, Aichi, 460-0002
T +81-52-265-5850

SUPERMARKT | Geht es euch auch so, dass ihr manchmal, wenn ihr länger auf Reisen seid, selbst kochen oder einfach mal in eurem Hotel oder der Ferienwohnung essen wollt? Ich gehe wahnsinnig gern in japanische Supermärkte, weil ich finde, da erspürt man angesichts des Angebots schon viel von der Stimmung in einer Stadt oder einem Land. Im Kitsch et Bio gibt es frisches Gemüse, Käse, Wurstwaren, Salate, Obst, Brot und Weine. Vor allem bekommt ihr hier frische saisonale Früchte und Gemüse wie *daikon* (Winterrettich).

Kitsch et Bio hat aber auch eine gute Auswahl an fertigen Sandwiches und *Obento*-(Bento-)Boxen. Die kann ich nur empfehlen, genauso wie die Curry-Bowls. Die Sandwiches sehen alle sehr gut aus, ich habe mir aber einmal eines gekauft in der Annahme, es sei mit Käse und Schinken, und musste dann feststellen, dass die Käse-Schicht reine Butter war!

Kauft hier auch japanische Gewürze für daheim und trinkt dann oben im kleinen Cafébereich noch einen Kaffee zur Erfrischung.

EVERYDAY
10:00
TAPIOCA
糖タピオカラテ / 黒糖タピオカ抹茶ラテ
ともに 550 YEN
ナスとパストラミのトマトパスタ 600yen
Robのバターチキンカレー 600yen
唐揚げDELI 300yen
ジャンボン フロマージュ

7

8 EARLY BIRDS BREAKFAST

アーリーバーズ　ブレックファスト

W earlybirdsbreakfast.com
A 4-14-20 Chiyoda, Naka-ku, Nagoya, Aichi, 460-0012
T +81-52-888-0550

CAFÉ | Für Nachteulen wie mich ist es super, dass in Japan die Lokale spät aufmachen und abends lange geöffnet sind. Da muss man nicht gleich nach dem Joggen noch vor 8 Uhr seinen Smoothie in einem hippen Café holen. Vor 10 oder 11 Uhr hat kaum etwas offen, da kann man es ruhig angehen lassen und das morgendliche Gedränge in den Verkehrsmitteln vermeiden. Ein paar Ausnahmen gibt es allerdings. Zum Beispiel das Early Birds Breakfast, das schon um 7 Uhr morgens öffnet. Mein Freund Shawn von Lullatone (einem Musikduo aus Nagoya) hat mich morgens mal mit hierhergenommen. Er kennt sich aus!

Das Early Birds Breakfast ist sehr gemütlich eingerichtet mit einigen Tischen und Sitzmöglichkeiten an der Theke. Bei schönem Wetter kann man auch draußen sitzen, die Plätze sind aber sehr begehrt. Die Speisen kommen auf grünen Tellern, die Getränke in blauen Yves-Klein-Keramikbechern.

Auf der Speisekarte (in Englisch und Japanisch) findet sich viel mit Ei, ein paar Salate, etwa mit geräuchertem Huhn oder gegrillten Würstchen, und Sandwiches. Es gibt auch Omeletts, etwa mit Schweinefleisch und Spinat oder mit Pilzen und Frischkäse. Ich liebe mexikanisches Essen und habe hier mal die Frühstücks-Tacos bestellt – himmlisch, genau wie die hausgemachten Tortillas.

Gleich neben dem Café ist eine Fahrradwerkstatt, wo die hippsten und coolsten Jungs von Nagoya zu arbeiten scheinen. Schon deswegen lohnt es sich, hier vorbeizuschauen, aber eben auch, wenn man vor 11 Uhr frühstücken möchte.

Kommt früh, wenn ihr nicht auf einen freien Tisch warten wollt – oder ihr besucht halt kurz den Fahrradladen (zwinker).

9 MILL

コーヒーショップ ミル

A 3-13-9 Osu, Naka-ku, Nagoya, Aichi, 460-0011

CAFÉ/KAFFEE | Das Mill ist ein supernettes Café für den morgendlichen Koffeinkick. Schon der elegante Eingang stimmt mich ein auf einen schönen Tag. Das Interieur ist modern mit Betonboden und einer minimalistischen weißen Theke. An der Wand zieht sich eine lange Holzbank entlang, ansonsten gibt es weiße Metallstühle im Industriestil.

Im Mill bekommt ihr alles vom Cold Brew Coffee über Caffè Latte oder Iced Latte bis zur heißen Schokolade. Sie führen auch Chai Latte und Iced Chai der australischen Marke Pranachai. Ich empfehle euch den Cold Brew, den machen sie hier ganz hervorragend. Und wenn ihr mal keinen Kaffee wollt, probiert den japanischen Grüntee Hojicha. Dafür werden die getrockneten Teeblätter ganz eng gerollt und dann langsam geröstet, sodass er einen kräftigen, vollmundigen und leicht rauchig-süßen Geschmack annimmt – eine Spezialität in Japan! Daneben werden noch viele weitere Teesorten angeboten, für 50 Yen extra machen sie aus eurem Tee auch einen Tea Latte.

Auch das Mill ist eines der wenigen Lokale, die schon um 8 Uhr öffnen! Es hat dann bis um 10.30 Uhr auf und nach einer Pause wieder am Abend.

9

8

8

11

10

10 OSU BAKERY

大須ベーカリー

W facebook.com/osubakery
A 3-27-18 Osu, Naka-ku, Nagoya, Aichi, 460-0011
T +81-52-262-0075

CAFÉ/BÄCKEREI | Japaner sind in allem, was sie tun, so vorsichtig und sorgfältig, dass sie es manchmal damit übertreiben. Gebäck ist da keine Ausnahme! Aber dafür bekommt ihr in der Osu Bakery wirklich himmlische Teilchen.

Das Osu wirkt mit seiner Holzfassade und den großen Fenstern eher rustikal, im Inneren hell und freundlich. Es liegt genau an einer Ecke, wenn ihr also durch Osus *shotengai* *(siehe S. 144)* bummelt, könnt ihr es gar nicht übersehen.

Falls ihr etwas Salziges wollt, rate ich euch zum Croque Monsieur mit Pilzen oder zu einem saftigen Hotdog. So lecker! Für Süßschnäbel empfehle ich Lemon Pie oder *shokupan* (süßes japanisches Weißbrot).

Was in Japan super ist, ist, dass man Brot oft in kleinen Paketen mit nur sechs oder acht Scheiben bekommt. Vielleicht liegt das auch daran, dass Japaner mehr Reis und nicht so viel Brot essen, aber so habt ihr auf jeden Fall nie das Problem, dass euer Brot hart und trocken wird!

Osu ist ein reiner Imbiss, nehmt also eure Einkäufe und sucht euch einen netten Park, wo ihr gemütlich essen könnt.

11 KOMEDA'S COFFEE

珈琲所コメダ

W komeda.co.jp
A 3-8-8 Sakae, Naka-ku, Nagoya, Aichi, 460-0008
T +81-52-243-2021

CAFÉ/KISSATEN | Komeda's Coffee ist eine klassische *Kissaten*-Kette aus Nagoya. In Japan ist es nicht ungewöhnlich, dass Gäste mit ihrem Laptop ein Café besuchen und dort stundenlang arbeiten. Ich habe ein paar Einheimische aus Nagoya gefragt, wo sie normalerweise ihre Arbeit verrichten, und die Antwort war immer Komeda's Coffee. In Nagoya selbst gibt es etwa 20 Filialen, aber auch in Tokyo sind welche zu finden.

Ich empfehle, vor 11 Uhr zu kommen, damit man noch das Frühstücksangebot wahrnehmen kann. Das C-Set besteht etwa aus einer dicken Scheibe japanischen Brots mit einer kleinen Schale süßer roter Bohnenpaste, beim A-Set gibt es anstelle der Bohnenpaste ein gekochtes Ei. Meine Freundin Ai-chan hat mich auf diese Spezialität aus Nagoya aufmerksam gemacht. Die Sets werden mit Filterkaffee in Komedas Originalbecher serviert.

Wenn ihr von der Speisekarte bestellt (und nicht eines der Sets), solltet ihr den Wiener Kaffee probieren, der mit Schlagsahne serviert wird – sehr köstlich!

12 BON BON

ボンボン

W cake-bonbon.com
A 2-1-22 Izumi, Higashi-ku, Nagoya, Aichi, 461-0001
T +81-52-931-0442

CAFÉ/BÄCKEREI/KISSATEN | Den bekannten kleinen *kissaten* (altes Kaffeehaus) gibt es schon seit 1949! Im Bon Bon backen sie unglaubliche Kuchen, die fast zu schön sind, um sie zu essen! Zum Beispiel den Süßkartoffel-Montblanc mit Haselnüssen und zwei Schichten Schokomousse oder den Maronenkuchen, die absolute Nummer 1 hier. Alle Kuchen sind selbst gebacken. Ihr könnt direkt im Café ein Stück genießen, sehr viele Leute nehmen sich Kuchen jedoch mit und essen ihn entweder im Freien oder daheim.

Wenn ihr hier frühstücken oder mittags was essen wollt, seht euch die Tagesangebote an. Die sind oft viel günstiger, als wenn man à la carte bestellt. Meist gibt es ein Stück Kuchen oder ein Sandwich zusammen mit einem Getränk. Die Sandwiches sind hier wie in vielen *kissaten* in Japan, also Schinken mit Gurke oder Eier mit Mayonnaise.

Als ich das letzte Mal im Bon Bon war, bestellte ich ein gemischtes Sandwich. Das wurde offenbar mit einem so scharfen Messer geschnitten, dass es fast aussah wie die Plastikmodelle, die in der Vitrine zur Ansicht ausliegen! Aber keine Sorge, sie sind echt und schmecken mit dem weichen süßen Brot fast so gut »wie bei Muttern«.

Mit seinen roten Ledersofas und dem Dekor aus der Shōwa-Zeit (1926–1989), den Holzwänden und Pflanzen hat das Bon Bon eine sehr angenehme Atmosphäre, in der man sich richtig wohlfühlt. Kein Wunder, dass es so beliebt ist!

13 KISSA RIVER

喫茶 リバー

A Horie Building, 12-12 Tsubaki-cho, Nakamura-ku, Nagoya, Aichi, 453-0015
T +81-50-5532-3900

CAFÉ/KISSATEN | Wenn ihr im Only Free Paper *(siehe S. 146)* genug kostenlose Flyer und Magazine eingesammelt habt, dann geht doch ins Kissa River im selben Gebäude. Dort könnt ihr etwas essen und einen gemütlichen Nachmittag verbringen. Das Café im Stil eines *kissaten* ist charmant und modern zugleich. Die Einrichtung ist schlicht mit einer türkis gestrichenen Wand, Stahlstühlen und leichten Holztischen.

Bestellt einen Soda-Float in der Farbe eurer Wahl – grün, blau, gelb oder rot – und dazu einen der herrlich luftigen Pfannkuchen. Die Kaffeebecher sind mit ihrem hübschen Aufdruck genauso etwas für Designliebhaber wie die witzigen Untersetzer.

Das Kissa River liegt im rückwärtigen Bereich des 50 Jahre alten Horie Building, nur vier Minuten zu Fuß vom Ausgang Taiko-dōri (Taiko Street) am Bahnhof Nagoya. Das Gebäude beherbergt auch eine Mietgalerie, NA2, und das Omyage Nagoya, das ganz besondere Souvenirs verkauft, zum Beispiel bestickte Aufnäher der Marke Iwappen. Bei dem umfangreichen Angebot kann man in dem Gebäude spielend mehrere Stunden verbringen.

12

14 PECORI

食堂ペコリ

W marumitsu.jp/pecori
A 2-285-1 Fujimori, Meito-ku, Nagoya, 465-0026
T +81-52-777-0678

RESTAURANT/TEISHOKU | Das Pecori wurde mir von Lullatone, Nagoyas bester Musikgruppe, empfohlen. Es ist ein zauberhaftes japanisches Restaurant, das unglaublich köstliche Bio-*teishoku* (Menüs) anbietet. Schon das Äußere mit den weißen Gitterfenstern und der schönen Holztür ist sehr einladend. Im Inneren herrscht eine japanisch-internationale entspannte Atmosphäre. Im Sommer ist der Eingang teilweise mit Grünpflanzen überwachsen.

Bei den *teishoku* kombinieren die Köche des Pecori ganz spannend, etwa gegrillten Lachs und Miso mit sauer eingelegtem Gemüse. Dabei achten sie nicht nur auf den Geschmack, sondern auch auf den Nährwert und die Ausgewogenheit der Menüs. Sie sind daher eine Wohltat für Körper und Geist und kosten inklusive Nachtisch 1700 Yen.

Jedes *teishoku* wird auf wunderschöner handgemachter Keramik serviert, was den Kunstwerk-Charakter der Speisen noch unterstreicht. Das Keramikgeschirr kann man sogar vor Ort kaufen. Wie schön muss es sein, daheim nach einem langen Arbeitstag auf diesen Tellern japanische Speisen zu genießen. Da fühlt ihr euch sofort zurückversetzt in euren Japan-Urlaub.

Süßes wie den Karamell-Cheesecake, Zitronen-Ingwer-Früchtekuchen und hausgemachtes Eis bekommt ihr im Pecori für etwa 650 Yen. Natürlich könnt ihr dazu Kaffee oder Tee bestellen, aber ich würde euch das hausgemachte Ginger Ale oder den Matcha Latte empfehlen. Je nach Saison bieten sie hier weitere Getränke an, gigantisch schmeckt der hausgemachte Baked-Lemon-Squash-Float!

15 OSU SHOKUDO MEEK

大須食堂 MEEK

A 3-34-9 Osu, Naka-ku, Nagoya, Aichi, 460-0011
T +81-52-252-7815

RESTAURANT/BAR | Oso Shokudo Meek bietet sich an, wenn ihr in Osu in den *shotengai* *(siehe S. 144)* unterwegs seid und Lust auf ein *teishoku* habt. Die umfassen meist Miso, Reis, Beilagen und ein Hauptgericht. Beim großen Menü bekommt ihr Curry, Pasta, *karaage* (frittiertes Hühnchen) und Fisch. Als Beilagen gibt es Nudelsalat, *Gobo*-(Klettenwurzel-) und Kartoffelsalat sowie Tofu mit Lauch und Sojasauce. Selbst wenn ihr nicht hungrig seid, ist das Osu Shokudo Meek ein guter Ort, um schnell etwas zu trinken, etwa ein *nama* (Bier vom Fass) oder einen Sour (Cocktail auf *Shochu*-Basis). Ich mag den erfrischenden Lemon Sour.

Die Einrichtung im Stil »Japan trifft den Westen« mit einer Balkendecke im Industriestil, Holzstühlen und -boden wirkt freundlich und spricht sowohl Familien als auch Paare an. Es gibt auch draußen ein paar Plätze, wo man bei schönem Wetter ganz entspannt sitzen kann.

Im Oso Shokudo Meek bekommt ihr mittags und abends etwas zu essen, allerdings haben sie keine englische Speisekarte. Aber mithilfe der vielen laminierten Fotos der Gerichte findet jeder das Passende.

14

14

14

17

17

16

16 YAN BAR

やんバー

W bar-navi.suntory.co.jp
A Hibino Building, 1F, 3-9-10 Chiyoda, Naka-ku, Nagoya, Aichi, 460-0012
T +81-90-8187-9194

BAR | Die Yan Bar ist etwas ganz Besonderes, und ihr solltet unbedingt hingehen. Die in einem Wohngebiet liegende stimmungsvolle Bar mit 20 Sitzplätzen öffnet um 19 Uhr, aber so richtig geht es erst ab etwa 21 Uhr los. Schaut deshalb, dass ihr vor 21 Uhr da seid, wenn ihr einen der gemütlichen Sitzplätze in der Couchecke am Fenster oder an der Theke ergattern wollt. Die Yan Bar ist bis 4 Uhr morgens geöffnet, da kann es schon passieren, dass man erst heimgeht, wenn keine Züge mehr fahren – glücklich, wer dann die Uber-App hat!

Die kleine Bar ist bekannt für ihre *okonomiyaki* (eine Art würziger japanischer Pfannkuchen mit Kohl), und es ist echt erstaunlich, wie aus einer so kleinen Küche so köstliche *okonomiyaki* kommen können. Ihr könnt auch *yakisoba* (gebratene Nudeln) und kleine Sachen wie saures Gemüse bestellen, aber die *okonomiyaki* sind so fein, die müsst ihr probieren. Die Karte ist nur in Japanisch, sagt also einfach *»okonomiyaki onegaishimasu«*, dann bekommt ihr das Gewünschte. Bei den Drinks empfehle ich Shandy Gaff – dazu rät der in Nagoya lebende Tane-san – oder einen Gin Tonic.

Die Einrichtung ist eine interessante Mischung aus vielen Sammlerstücken: Bücher, witzige Verzierungen, Retro-Papierlaternen. Auch wenn ihr allein hier seid, könnt ihr euch gut beschäftigen, indem ihr die Verzierungen betrachtet oder eins der vielen Bücher anseht, die rund um die Bar liegen. Und in der Couchecke ergibt sich immer ein nettes Gepräch mit dem liebenswerten Besitzer oder anderen Gästen.

17 HOTEL ANDROOMS NAGOYA SAKAE

ホテル·アンドルームス名古屋栄

W hotel-androoms.com/ans
A 3-6-8 Marunouchi, Naka-ku, Nagoya, Aichi, 460-0002
T +81-52-959-3211

HOTEL | Im Hotel Androoms kann man wunderbar übernachten. Die Zimmer sind günstig und fröhlich mit leichten Designanwandlungen und für ein preiswertes japanisches Hotel ganz schön groß. Das Highlight ist das umwerfende *sento* (öffentliches Bad), das die Hotelgäste kostenlos nutzen dürfen.

Das *sento* ist auf derselben Etage wie die Getränkeautomaten und Münzwaschmaschinen, was sehr praktisch ist. Steckt also eure Wäsche in die Maschine, holt euch eine Dose Asahi und geht ins Bad, bis die Wäsche fertig ist. Das *sento* hat ein großes Becken drinnen und ein kleines (bequem für zwei Leute) draußen. Männer- und Frauenbereich sind getrennt, und ihr müsst natürlich die japanischen Baderegeln beachten. Man wäscht Körper und Haare vor dem Baden und spült den Schaum dann gründlich ab, ehe man ins Bad geht. Drinnen ist man nackt, nichts außer eurem Körper berührt das Wasser, das heißt, ihr tragt euer Handtuch gefaltet auf dem Kopf, solange ihr im Wasser seid.

Oft stehen in den Duschräumen etliche Produkte zur Gesichtsreinigung und -pflege bereit, sodass man sich nach einem langen Tag in der Stadt hier herrlich pflegen kann. Im Hotelzimmer steht ein netter kleiner Korb für eure Handtücher, die ihr nach dem Baden in den Wäschekorb legt.

Das Frühstück bekommt ihr im Erdgeschoss oder in einem Korb aufs Zimmer. Und auch wenn ihr morgens dann nicht sofort etwas zu euch nehmen wollt, ist das kein Problem, der Kaffee wird in einer Thermoskanne gebracht und hält länger warm.

18 YORO TENMEI

養老天命反転地

W yoro-park.com/en/

A **GIFU** | Yoro Park, 1298-2 Takabayashi, Yoro, 503-1267

ATTRAKTION/MUSEUM | Yoro Tenmei (Site of Reversible Destiny) ist ein umwerfender Kunstpark: ein architektonisches Wunder, Skulpturenpark und Museum in einem – einer meiner absoluten Lieblingsplätze in Japan! Er liegt im Yoro-Park am Fuß des Yoro-Gebirges in der Region Nishimino in Südwest-Gifu. Allein für den Park sollte man mindestens zwei Stunden einplanen, aber vermutlich bleibt man gern länger.

Dieser Park ist eines von vielen Werken der Künstler und Architekten Arakawa und Madeline Gins. Die beiden schaffen architektonische Kunstwerke, die sich mit der Wahrnehmung von Raum befassen, und sie konstruieren Umgebungen, die den Körper herausfordern, den Tod zu überwinden und so unser Schicksal umzukehren. Wenn man den ersten Raum betritt, könnte dank einer Reihe von skulpturalen Elementen, die mit dem Gefühl für die Perspektive spielen, die Decke leicht der Boden sein und umgekehrt.

Die kräftigen Farben innen und außen (zum Beispiel sattes Gelb und leuchtendes Pink) verleihen dem Ganzen eine spielerische Leichtigkeit. Auch im Park stehen Kunstwerke, die den Betrachter zum Mitwirken einladen (etwa die großen Felsen, auf die man klettern kann) und neue Blickwinkel vermitteln wollen. Kreative und Kinder haben hier einen Riesenspaß und können sich nach Herzenslust austoben.

Den Yoro-Park erreicht ihr in 15 Minuten vom Bahnhof Yoro. Mit etwas Glück erwischt ihr auf der Fahrt von Nagoya nach Gifu den Hello-Kitty-Zug! Der Eintritt in den Kunstpark kostet für Erwachsene 770 Yen.

19 SHIRAKAWA-GO

白川郷

W ml.shirakawa-go.org/en

A **GIFU** | Shirakawa, Ono, 501-5600

ATTRAKTION/DORF | Shirakawa-go ist ein Bergdorf in Gifu und UNESCO-Weltkulturerbe. Manche der wunderschönen strohgedeckten Häuser sind über 250 Jahre alt. Shirakawa-go ist das ganze Jahr über beeindruckend und unglaublich pittoresk. Sei es im Sommer, wenn das Grün so leuchtet, als hätte jemand einen Farbfilter darübergelegt, oder im Winter, wenn dicker Schnee die Dächer bedeckt – auf jeden Fall ideal für beeindruckende Fotos.

Das nahe gelegene Ogimachi ist der berühmteste und größte Ort der Gegend. Man erreicht ihn mit dem Bus ab Takayama. Das letzte Mal machte ich einen Tagesausflug dorthin, wenn man länger bleiben will, gibt es sehr viele hübsche Bauernhäuser, die als *minshuku* (B & B) eine Übernachtungsmöglichkeit mit Familienanschluss bieten.

Ich würde euch empfehlen, zuerst durch Ogimachi zu bummeln und die strohgedeckten Häuser zu erkunden, ehe ihr zum Aussichtspunkt Shiroyama hinaufgeht. Von dort habt ihr einen guten Überblick. Zu Fuß dauert der Aufstieg etwa 20 Minuten, es verkehrt aber auch ein Shuttlebus, der vor allem im Winter hilfreich ist, wenn alle Wege schneebedeckt sind.

Wenn ihr gern einen Kaffee hättet, geht ins Mamekichi Honpo Shirakawa-go (240 Ogimachi, Shirakawa), etwa eine Minute zu Fuß von Shirakawa-go, oder kauft euch bei Shirakawa-go Aisu Kobo (321-1 Hagino, Shirakawa) ein Eis zur Erfrischung.

地酒 おみやげ

JAPAN

HIROSH

EIN EXTREM
WICHTIGER
TEIL VON JAPANS
GESCHICHTE

34.397°N
132.457°E

06

IMA

広島

Hiroshima im Süden Japans ist eine historisch bedeutsame Stadt und ein wichtiger Anlaufpunkt für alle, die die Überreste der Atombombenkuppel im Friedenspark Hiroshima sehen und im Friedensmuseum *(siehe S. 168)* mehr über den Zweiten Weltkrieg erfahren möchten. Stellt euch aber darauf ein, dass dieser Besuch viele Emotionen wecken wird, und habt Taschentücher parat. Doch Achtung: In Japan wird es nicht gern gesehen, wenn man sich in der Öffentlichkeit die Nase putzt. Die Japaner schniefen lieber.

Hiroshima bietet aber auch ein Nachtleben, wo man sich von den teils bedrückenden Eindrücken am Tag ablenken kann – geht in die Restaurants und *izakaya* (kleinen Bars) in Nagarekawa und Shin-Tenchi *(siehe S. 173)*. Dort gibt es auch oft Livemusik. Oder ihr lasst euch von der Dauerausstellung und den wechselnden Ausstellungen im Hiroshima City Museum of Contemporary Art *(siehe S. 168)* inspirieren.

Wenn ihr von Hiroshima einen Tagesausflug machen möchtet, besucht doch den Itsukushima-Schrein auf der Insel Miyajima *(siehe S. 170)*, eine UNESCO-Weltkulturerbestätte mit einem »schwimmenden« *torii*, das man von vielen Fotos kennt.

1 FRIEDENSPARK & FRIEDENSMUSEUM

広島平和記念資料館

W hpmmuseum.jp
A 1-1 Nakajima-cho, Naka-ku, 730-0811

ATTRAKTION/MUSEUM | Der Friedenspark und das Friedensmuseum liegen mitten im Stadtzentrum und sind dem Vermächtnis Hiroshimas gewidmet, der ersten Stadt der Welt, die von einer Atombombe getroffen wurde.

Die Bombenkuppel ist ein wichtiger Teil eines Besuchs im Friedenspark. Hier sieht man, was für eine Gewalt die Atombombe hatte. Das Gebäude war einst Ausstellungsort für Handelswaren der Präfektur Hiroshima, bis die Atombombe fast direkt darüber detonierte. Die dicken Mauern und die Stahlkuppel entgingen der vollständigen Zerstörung, heute gehört die Ruine zum UNESCO-Weltkulturerbe.

Das Friedensmuseum wurde 1955 eröffnet und ist nach wie vor ein äußerst wichtiger Teil der Geschichte Japans und Hiroshimas. Hier werden die Erinnerungen der Bombenopfer festgehalten, die die Explosion am 6. August 1945 miterlebt haben, sowie die Wiederherstellungsbemühungen. Auch zeigt das Museum herzzerreißende Exponate über die Auswirkungen der Strahlenschäden auf die Menschen. Die Erklärungen sind auch in Englisch, der Eintritt kostet nur 200 Yen. Ihr könnt auch einen Audioguide ausleihen und euch berichten lassen, wie groß und zerstörerisch die Bombe war. Ich denke, ihr solltet euch gut zwei Stunden Zeit für den Museumsbesuch nehmen, aber packt auf alle Fälle Taschentücher ein, das hier lässt keinen kalt. Doch wer in Hiroshima ist, sollte das Museum unbedingt besuchen.

Um anschließend wieder in die Realität zurückzufinden, bietet sich das nahe Touka Tsuyu Coffee *(siehe S. 173)* für eine Stärkung an.

2 HIROSHIMA CITY MUSEUM OF CONTEMPORARY ART

広島市現代美術館

W hiroshima-moca.jp/en
A 1-1 Hijiyamakōen, Minami-ku, 732-0815
T +81-82-264-1121

ATTRAKTION/MUSEUM | Das 1989 gegründete Hiroshima City Museum of Contemporary Art war das erste Museum in Japan, das sich ausschließlich zeitgenössischer Kunst widmete. Hier finden sehr oft Wechselausstellungen statt, aber auch die Dauerausstellung umfasst einige großartige Werke. Die Arbeiten reichen von Gemälden und Zeichnungen über Skulpturen bis zu Filmarbeiten von japanischen wie internationalen Künstlern. Nehmt euch ruhig ein paar Stunden Zeit und lasst euch auf das spannende Angebot ein.

Anschließend könnt ihr durch den Skulpturenpark und die Freiluftgalerie schlendern und dort Arbeiten wie *Enclose with Stones* von Kishio Suga betrachten. Das Museum empfiehlt, darum herumzulaufen und dem Rhythmus des steinernen Kunstwerks nachzuspüren.

Das Museum liegt im Hijiyama-Park. Von dort hat man einen guten Blick über Hiroshima und kann tolle Fotos machen. Wenn ihr das Glück habt, im März oder April während *hanami* (Kirschblüte) hier zu sein, werden euch die *sakura* (Kirschbäume) hellauf begeistern.

Ihr habt einen Japan Rail Pass *(siehe S. 317)*? Dann könnt ihr mit dem Hop-on-hop-off-Bus kostenlos zum Museum oder, gegen Aufpreis, noch weiter den Berg hinauffahren. Der Eintritt zu den Dauerausstellungen kostet für Erwachsene 370 Yen, wenn ihr zusätzlich eine aktuelle Ausstellung sehen wollt, kostet das 1030 Yen.

1

3 ITSUKUSHIMA-SCHREIN

厳島神社 / 宮島

W itsukushimajinja.jp
A 1-1 Miyajima-cho, Hatsukaichi, 739-0588
T +81-829-44-2020

ATTRAKTION/SCHREIN | Vom Bahnhof Hiroshima erreicht ihr in nur einer Stunde mit Zug und Fähre den im Shinden-Stil erbauten Itsukushima-Schrein. Dieses einzigartige Bauwerk solltet ihr euch nicht entgehen lassen, wenn ihr in Hiroshima seid. Es ist bekannt für das scheinbar im flachen Wasser schwimmende rote *torii* (Tor), das sich leuchtend vor den Bergen abhebt und eines der beliebtesten Touristenziele in Japan ist. Das heutige UNESCO-Weltkulturerbe wird oft auch »Miyajima« genannt – »Insel mit Schrein«.

Nach Sonnenuntergang ist der Schrein bis 23 Uhr beleuchtet – ein fantastischer Anblick. Man kann auch eine etwa halbstündige Bootstour machen, bei der man auch durch das rote Tor fährt. Bei niedrigem Wasserstand kann man sogar zum Tor laufen und es sich genauer ansehen. Am malerischsten ist es aber, wenn das Wasser hoch steht und das Tor wirklich im Wasser zu schwimmen scheint.

Von der Anlegestelle Miyajima sind es auf dem schönen Asebihodo Nature Walk und durch den Momijidani-Park (Momijidani Kōen) etwa zehn Minuten bis zum Schrein.

4 HIRA HIRA

ひらひら

A 984-7 Kawanami, Kannabe-cho, Fukuyama-ku, 720-2124
T +81-849-66-3719

SHOP/HAUSHALTSWAREN/KLEIDUNG/PAPIERWAREN | Hira Hira ist ein netter kleiner Laden für Haushaltswaren und Lifestyle. Hier bekommt ihr Dinge wie Kleidung, Kerzen, handgemachte Accessoires und Keramik, Dekoartikel, Schuhe, Tee und Papierwaren unter einem Dach, perfekt, wenn man in kurzer Zeit viele Produkte von Herstellern aus Hiroshima erwerben möchte.

Die handwerklich schön gemachten Dinge erfreuen das Auge und strahlen Ruhe aus. Ich empfehle euch die Keramikvasen in Form von putzigen Hundewelpen des japanischen Keramikkünstlers Tomoko Sakaguchi. Wenn ihr Blumen hineinsteckt, sieht es aus, als hätte der kleine Hund einen bunten Hut auf. Oder ihr benutzt sie zum Aufbewahren von Stiften, Bürsten, Wattestäbchen oder Zahnstochern.

Katzen- oder Kaninchenfreunde werden die Bänkchen für Essstäbchen des japanischen Künstlers Atelier Chie lieben. Er macht aus Porzellanerde aus der Präfektur Ehime wunderschöne Stücke in verschiedensten Mustern und Farben. Hier könnt ihr wild mischen. Nach dem Besuch im Hira Hira werden eure Taschen sicher ganz schön schwer sein.

3

6

6

5 TOUKA TSUYU COFFEE

ツユコーヒー

A 2-3-3 Tokaichimachi, Naka-ku, 730-0805
T +81-80-7696-9333

CAFÉ/KAFFEE | Im Touka Tsuyu Coffee bekommt ihr ungeachtet des Namens nicht nur Kaffee, sondern auch unglaubliche Currys und köstliche Kuchen. Die Einrichtung ist modern – weiße Wände, minimalistische Stühle an der Theke, eine offene, in warmen Farben gestrichene Betondecke, Holzelemente und als Hingucker hübsche Trockenblumenarrangements –, und die gemütliche Atmosphäre eine Wohltat für Leib und Seele. Wenn ihr in Hiroshima seid, solltet ihr da wirklich mal hingehen.

Das Frühstück umfasst Toast, Suppe und ein weiches Ei. Nachmittags lockt ein Stück Kuchen oder ein Scone mit Schokoladenstückchen. Wenn ihr mittags da seid, lasst euch das beliebte grüne Curry nicht entgehen. Oder den Toast mit hausgemachter Ingwerbutter. Da sind gehackter Ingwer und süße Gewürze drin, das wärmt schön von innen. Ihr könnt alles – Kuchen, Gebäck, aber auch Kaffeebohnen – auch zum Mitnehmen kaufen. Ganz zu schweigen von dem Vergnügen, einen Kaffee mit Kuchen am Fluss zu genießen. Himmlisch!

Das Café öffnet um 7.30 Uhr, Mittagessen bekommt ihr zwischen 11.30 und 14 Uhr. Als ich das letzte Mal nachsah, hatte es ein Online-Rating von 4,8 Sternen – das gibt es echt nicht oft.

Das Café am Fluss mit Blick auf den Sorazaya-Park ist nicht weit vom Friedenspark *(siehe S. 168)* entfernt und ein guter Platz, um nach dem Besuch der emotional aufwühlenden Gedenkstätte wieder zur Ruhe zu kommen.

6 BARS IN NAGAREKAWA UND SHIN-TENCHI

流川・新天地のバー

A 2F, 8-27 Nagarekawa, Naka-ku, 730-0028 (AM.hiroshima) & Ondo Onsen Building, B1F, 6-3 Tanakamachi, Naka-ku (Ondo Ongaku Shokudo)
T +81-82-249-6677 (AM.hiroshima) +81-82-245-9563 (Ondo Ongaku Shokudo)

BARS | Was das Nachtleben in Hiroshima betrifft, geht einfach in die Stadtviertel Nagarekawa und Shin-Tenchi, in denen es viele Bars und Lokale gibt, die alle Wünsche erfüllen. Lauft drauflos und sucht euch aus, worauf ihr gerade Lust habt.

Absacker bekommt ihr im AM.hiroshima, einer winzigen Bar mit toller Atmosphäre und Bier vom Fass für 400 Yen. Ihr könnt dazu kleine Panini oder eine einfache Pizza bestellen, oft gibt es hier auch Livemusik – vielleicht seid ihr ja gerade zum richtigen Zeitpunkt dort.

Wenn euch der Sinn nach einer richtigen Mahlzeit steht, dann geht ins Ondo Ongaku Shokudo im Untergeschoss des Ondo Onsen. Hier werden wunderbare *teishoku* (Menüs) mit Hauptgericht, Reis und Misosuppe angeboten. Ongaku bedeutet »Musik«, und die macht einen großen Teil des Charmes dieses Restaurants aus. An den Wänden hängen viele Schallplatten, oft findet auch ein Flohmarkt statt. Es lohnt sich also reinzuschauen!

AM.hiroshima und Ondo Ongaku Shokudo sind nur zwei Minuten Fußweg voneinander entfernt im Viertel Nagarekawa. Von dort erreicht ihr in fünf Minuten Shin-Tenchi, wo ihr viele weitere Bars findet. Wenn ihr dann noch ein bisschen weiterlauft, kommt ihr zum Okonomimura, wo ihr die Hiroshima-Variante der *okonomiyaki* (eine Art würziger japanische Pfannkuchen mit Kohl) probieren könnt, hier sind auch Nudeln drin.

JAHRESZEITEN

WINTER

Japan ist wirklich ein Land mit vier verschiedenen Jahreszeiten. Ich mag am liebsten den Winter, wenn man im Café eine warme Decke bekommt, Glühwein ausgeschenkt wird und in den Läden winterliche Spezialitäten wie *oden* (Eintopf) und *nikuman* (gedämpfte Teigtaschen mit Fleisch) angeboten werden.

Weihnachten feiern Paare oft eher allein, dagegen ist der Neujahrstag das Familienfest schlechthin. Die meisten Läden sind zwischen 31. Dezember und etwa 7. Januar geschlossen, Häuser werden mit Neujahrskränzen geschmückt, und mit der Dekoration aus Bambus und Pinienzweigen wird ein neues, glückliches und gesundes neues Jahr beschworen. Vor dem 31. Dezember sind japanische Haushalte daher eifrig beschäftigt, alles ganz gründlich zu putzen. Fensterläden, Fenster, aber auch so nervige Stellen wie unter dem Kühlschrank und so weiter werden sorgfältig geschrubbt, damit man frisch und sauber ins neue Jahr starten kann. Kurz vor Mitternacht isst man *toshikoshi* (wörtlich »Jahreswechsel«) *soba*. Die *soba* (Buchweizennudeln) sollten in möglichst langen Stücken gegessen werden, das symbolisiert Glück und ein langes Leben. Am Morgen des 1. Januar (oder am 2., wenn es nicht anders geht) machen sich viele Japaner auf zum *hatsumode* (ersten Tempelbesuch des Jahres) und bitten um Glück für das neue Jahr.

Der Winter ist perfekt, um unter *kotatsu* (niedrige beheizte Tische mit Decke) zu sitzen, *nabe* (Eintopf) zu essen, im Schnee rumzutoben, die Handwärmer aus der Apotheke auszuprobieren – aber auch, um günstig einzukaufen, wenn die Läden nach den Neujahrsferien wieder öffnen.

FRÜHLING

Der Frühling ist herrlich in Japan. Die Schulen öffnen wieder, wenn die Blumen blühen. Großes Glück hat, wer die so flüchtige *hanami* (Kirschblüte) erwischt. In manchen Landesteilen blühen im Februar die *ume* (Pflaumenbäume), die zwar nicht so viele Blüten tragen wie die *sakura* (Kirschbäume), aber ein kräftigeres Pink haben und sehr schön sind. Ein wunderbarer Platz, um sie zu sehen, ist der Hanegi-Park in Tokyos Umegaoka (wörtlich »Pflaumenblüte-Hügeln«), nur zehn Minuten Zugfahrt von der Station Shinjuku entfernt. Noch schneller geht es von Shimokitazawa aus. Nehmt die Stufen zur Spitze des Parks hinauf, dort könnt ihr an Tischen sitzen und die Blüten bewundern.

Wenn die Kirschbäume zu blühen beginnen, finden an verschiedensten Orten *Hanami*-Partys statt. Sehr beliebt ist der Yoyogi-Park in Tokyo. Hier kommen immer viele Menschen zusammen, es herrscht richtige Feierstimmung. Jeder bringt eine Picknickdecke mit (eine Plane oder Matte, wie man sie in vielen Läden, Supermärkten oder 100-Yen-Läden kaufen kann) und lässt sich unter den wunderschönen Blüten Essen und Getränke schmecken. Bevor ihr die Picknickmatten betretet oder euch draufsetzt, solltet ihr übrigens die Schuhe ausziehen. Ich liebe es, auf meinem Weg durch den Park überall die ordentlich aufgereihten Schuhe zu sehen. Etwas weniger hektisch geht es im Inokashira-Park in Tokyos Kichijoji-Viertel zu *(siehe S. 12)*. Da gehe ich immer gern am Ende von ***hanami*** (Kirschblüte) hin, wenn die Blätter in den See fallen und eine rosafarbene Oberfläche bilden.

In Tokyos Nakameguro-Viertel *(siehe S. 36)* ist vor allem die ***yozakura*** (nächtliche Kirschblüte) sehr populär: Der ganze Kanal ist mit pinkfarbenen und weißen Laternen illuminiert, jede mit dem Namen des jeweiligen Sponsors versehen. Mein Tipp: Fahrt mit dem

Zug nach Nakameguro und stellt euch ans Ende der Plattform, da könnt ihr die Kirschbäume am Kanal fotografieren.

Wenn ihr im Frühling in Kyoto seid, geht in den Kiyomizu-dera *(siehe S. 80)*. Im Park rund um den Tempel stehen mehr als 1500 *sakura* – herrlich. In Hiroshima solltet ihr im Hijiyama-Park *(siehe S. 168)* *hanami* und den Blick über die Stadt genießen.

SOMMER

Der Sommer ist nicht leicht für mich. Jedes Jahr sage ich wieder, dass ich von Mai bis Oktober nach Hokkaido umziehe, weil ich die Luftfeuchtigkeit in Tokyo (und dem größten Teil von Honshu) nur schwer ertrage. Hitzschläge sind im Sommer keine Seltenheit, viele Menschen sterben jedes Jahr daran. Die Leute laufen mit Sonnenschirmen rum, die großen Läden verströmen kühle Luft auf die Straßen, und in den Büros wird die Kleiderordnung gelockert – kurzärmlige Hemden ohne Krawatte sind erlaubt. Schaut man nur auf die Temperaturen, dann ist es gar nicht so schlimm, aber die Feuchtigkeit und die Schwüle sind unerträglich, glaubt mir. Wenn ihr nicht monatelang permanent schwitzen wollt, bleibt in dieser Zeit zu Hause oder fahrt bestenfalls nur nach Hokkaido.

Wen die Hitze nicht schreckt, der kann sich im Sommer an vielen Festivals erfreuen wie etwa dem Awa-Odori. Dabei finden überall auf den Straßen im Viertel traditionelle Tänze statt. Jedes Viertel hat dafür sein eigenes Wochenende. Besonders beliebt ist in Tokyo das Kōenji Awa-Odori – da kommen unheimlich viele Menschen. Straßenverkäufer bieten Snacks wie Gurkenstäbchen mit Miso oder typische Festivalspeisen wie *karaage* (frittiertes Hühnchen) und *takoyaki* (mit Oktopus gefüllte Teigbällchen) an, Kaufhäuser machen einen Sonderverkauf – das ist sehr praktisch, weil die Klimaanlagen dort ein bisschen Abkühlung liefern.

HERBST

Der Herbst ist meine zweitliebste Jahreszeit in Japan. Was für eine Freude, dass der Sommer endlich vorbei ist! Außerdem ist der Herbst ideal, um Ausflüge in die Natur zu unternehmen, etwa nach Hakone *(siehe S. 58)* oder zum Takao *(siehe S. 60)*, und die schöne Herbstfärbung der Blätter zu bewundern. Die ist auch im Yoyogi-Park in Tokyo grandios. Japaner lieben Halloween und feiern das gern den ganzen Herbst über mit allem Drum und Dran: angefangen bei der Deko über Getränke und Gebäck mit Kürbisgeschmack bis hin zu Reisgerichten mit Kastanien oder *Obento*-(Bento-)Boxen mit Kastanien.

JAPAN

NAGANO

INMITTEN
TRAUMHAFTER
NATUR

36.643°N
138.189°E

07

長野

Ihr seid gern in der Natur unterwegs und wollt mal raus aus Tokyo? Dann solltet ihr unbedingt Nagano und seine Umgebung besuchen. Am Kizaki-See *(siehe S. 180)* könnt ihr angeln, picknicken oder Kanu fahren und sogar in einer der netten Holzhütten im Retro-Stil direkt am See übernachten *(siehe S. 188)*. Hier inmitten der Natur lässt es sich herrlich zeichnen und schreiben.

In Naganos Umgebung erwarten euch jede Menge *onsen* (heiße Quellen), manche, wie das Nozawa Onsen *(siehe S. 185)*, sogar mit freiem Eintritt. Das Dorf Nozawa Onsen ist im Winter auch ein großartiger Ausgangspunkt zum Snowboarden und Skifahren. Bei Ch.Books *(siehe S. 185)* bekommt ihr lokale Magazine, bei Marking Records *(siehe S. 186)* eine gute Auswahl an Indie-Musik aus aller Welt und in dem hippen Café N4.5 hausgemachten Käsekuchen.

Wer einen internationalen Führerschein hat, kann mit dem Auto nach Nagano fahren oder dort eines mieten. Damit kommt ihr auch in die dünner besiedelten Berge und Städte in der Umgebung.

1 KIZAKI-SEE

木崎湖

W kizakiko.com
A 10521 Tairamori, Omachi, 398-0001

ATTRAKTION/NATUR | Der Kizaki-See ist einer der schönsten in Nagano. Ihr könnt hier angeln, Kanu fahren, die Gegend erkunden oder auf einem Steg sitzen und ein Picknick machen. Ich war schon sehr oft dort, es ist ein ganz besonderer Platz, und ich kann euch nur wärmstens empfehlen, hinzufahren und vielleicht sogar in einer der Hütten am See zu übernachten *(siehe S. 188)*. Mit seiner Lage in den Bergen ist der See ein großartiger Platz, in Ruhe seinen Gedanken nachzuhängen.

Packt eine Picknickdecke, etwas zu essen und eine Thermoskanne mit Kaffee oder Tee ein, fahrt an den See und lasst eure Beine vom Steg baumeln – so ein Nachmittag in der Natur gibt Kraft und entschleunigt sofort. Einmal setzte sich, als wir dort waren und aßen, eine kleine Libelle auf die Fingerspitze meiner Freundin. Die hat wohl gemerkt, dass sie aus Nagano ist!

Wie so vieles in Nagano ist auch der See am einfachsten mit dem Auto zu erreichen. Es gibt einen Parkplatz ganz in der Nähe eines Stegs. Wenn ihr kein Auto habt, nehmt die JR-Ōito-Linie und fahrt bis Shinano-Kizaki, Inao oder Uminokuchi. Alle drei Stationen liegen in Seenähe.

Der See ist etwa 2,7 Kilometer lang und so besonders, dass er sogar in den Animes *Onegai Teacher (Please Teacher!)* und *Onegai Twins (Please Twins!)* vorkommt. Ein Ausflug dorthin lohnt sich allemal!

2 TOGAKUSHI JINJA

戸隠神社

W togakushi-jinja.jp
A 3506 Togakushi, Chusha, 381-4101

ATTRAKTION/SCHREIN | Togakushi Jinja ist einer der berühmtesten Schreine Naganos und über 2000 Jahre alt. Der Eingang zum Hauptschrein an der Okusha Road ist gesäumt von *sugi* (Sicheltannen), die seit mehr als 400 Jahren Wind und Wetter trotzen. Dieser traumhafte Weg ist etwa 500 Meter lang und bildet einen Zugang, der sowohl spirituell als auch sehr malerisch ist, egal, zu welcher Tageszeit man hierherkommt. Morgens fallen die Lichtstrahlen schräg durch die Zweige, aber besonders spektakulär sieht es aus, wenn an einem trüben Tag Nebelschwaden zwischen den dicken Stämmen wabern. Als wir damals dort waren, war es anfangs noch einigermaßen schön, aber im Lauf des Tages verwandelte dichter Nebel alles in eine Zauberlandschaft und unsere Fotos sahen aus, als stammten sie aus einem Ghibli-Film.

Ursprünglich war Togakushi Jinja ein Ort der Anbetung des Gottes der guten Ernte, und selbst heute noch bringen Menschen immer mal wieder Reis als Opfergabe mit.

Ihr erreicht den Schrein mit dem Bus Nr. 70, der vom Bahnhof Nagano (er fährt nach Togakushi Kogen via Loop Bridge) etwa eine Stunde braucht. Im Winter nimmt der Bus eine andere Strecke, informiert euch also vorab auf der Website über die richtige Anfahrt, denn sonst müsst ihr ab Chusha noch ein Taxi nehmen.

2

2

1

3 ZENKOJI-TEMPEL
善光寺

W zenkoji.jp
A 491 Naganomotoyoshi-cho, 380-0851
T +81-262-34-3591

ATTRAKTION/TEMPEL | Zenkoji ist Naganos bekanntester buddhistischer Tempel und liegt mitten in der Stadt. Erbaut wurde er im 7. Jahrhundert, und die Stadt wurde um ihn herum errichtet. Der schöne Tempel entstand, noch bevor sich der Buddhismus in Japan in zwei unterschiedliche Richtungen aufspaltete, und gehört daher noch heute zu beiden buddhistischen Schulen, der Tendai- und der Jodoshu-Schule. Mehr als 30 Priester kümmern sich voller Stolz um den Tempel, der eine Haupthalle, ein Geschichtsmuseum, Statuen und Tore umfasst.

Seht euch die schöne Tempelanlage an, vor allem den beeindruckenden »weinenden Baum«. Während *hanami* (Kirschblüte) blühen auch hier die Kirschbäume ganz herrlich. Der Weg hinauf zum Sanmon-Tor ist gesäumt von kleinen Läden und Restaurants. Vielleicht findet ihr dort ja ein nettes und besonderes Erinnerungsstück oder einen Bissen zu essen bei den Straßenverkäufern.

Der Tempel ist angeblich der drittgrößte in Japan, es gibt also viel zu entdecken! Außerdem ist der Besuch eine gute Abwechslung vom Wintersport.

Vom Bahnhof Nagano sind es zum Tempel 30 Minuten zu Fuß, oder man nimmt einen Bus, der direkt zum Tempel fährt.

4 JIGOKUDANI YAEN-KŌEN
地獄谷野猿公苑

W en.jigokudani-yaenkoen.co.jp
A 6845 Hirao, Yamanochi, Shimotakai, 381-0401

ATTRAKTION/NATUR | Der bei Touristen (wenn auch vielleicht nicht bei allen) äußerst beliebte Affenpark Jigokudani in Nagano liegt im Tal des Flusses Yokoyu in Nord-Nagano auf 850 Meter Höhe. Die Gegend ist fast vier Monate im Jahr mit Schnee bedeckt, da sind die heißen Quellen paradiesisch für die Japanischen Makaken: Die Schneeaffen baden und toben mit Begeisterung in dem warmen Wasser und sind so sehr an Menschen gewöhnt, dass sie sich dabei auch nicht stören lassen. Allerdings darf man sie weder streicheln noch füttern, das ist strengstens verboten.

Der Affenpark ist das ganze Jahr über geöffnet, die Öffnungszeiten variieren aber je nach Jahreszeit und Wetter. Ihr erreicht ihn auf verschiedenen Wegen: entweder mit dem Bus bis Kanbayashi Onsen und dann zu Fuß 40 Minuten durch den Wald oder in 15 Minuten vom Parkplatz des Affenparks. Der Eintritt kostet für Erwachsene 800 Yen.

Falls ihr es zeitlich nicht schafft hinzufahren, könnt ihr die Affen auch auf der Livecam auf der Website beobachten.

3

4

4

5

6

5 NOZAWA ONSEN

野沢温泉

A Nozawa Onsen

ATTRAKTION/SKIGEBIET/ONSEN/DORF | Nozawa Onsen ist eines der schönsten und beliebtesten Skigebiete und *Onsen*-Dörfer in Japan. Hier bekam ich meinen ersten Snowboard-Unterricht. Dass ein Bad in einem *onsen* (heiße Quelle) nach unzähligen Stürzen geradezu perfekt war, muss ich wohl nicht extra erwähnen!

Tatsächlich gibt es in diesem Dorf 13 kostenlose *onsen*. Viele befinden sich in schönen traditionell-japanischen Gebäuden, die über den ganzen Ort verteilt sind. Manche *onsen* haben mehrere Becken mit unterschiedlichen Temperaturen. Lange bevor ich endgültig nach Japan zog, musste ich auf die harte Art lernen, dass sehr oft das Becken, in dem keiner ist, das mit dem heißesten Wasser ist. Seid also vorsichtig!

Nozawa Onsen ist nicht nur schön wegen des Skigebiets und der *onsen*, sondern hier herrscht dank der vielen Geschäfte, *ryokan* (traditionelle japanische Hotels), Bars und Restaurants auch eine sehr gelöste, freundliche Stimmung.

Wenn ihr beim Bummeln durch den hübschen Ort kalte Füße bekommen habt, wärmt sie doch in der heißen Ogama-Quelle wieder auf.

6 CH.BOOKS

チャンネルブックス

W chan-nel.jp
A 1069 Minami Agatamachi, 380-0836
T +81-262-17-5687

BUCHLADEN | Ch.Books ist ein neuer Buchladen, der sich auf die Themen Reisen und Kunst spezialisiert hat. Das ist definitiv der hippste Buchladen in Nagano. Die Kunstbücher und handgedruckten Magazine, viele mit schönen Fotos von Nagano, sind eine wunderbare Inspiration für eure Japan-Reise.

Schon der Blick vom Eingang offenbart, wie vielseitig und kreativ man in diesem Laden ist: Topfpflanzen, Flyer und kostenlose Zeitschriften, die auf lokale Events hinweisen, stehen und liegen auf einer Bank, auch die Fenster sind beklebt mit Postern von Neuerscheinungen, Filmen und Konzerten.

Von 11 bis 18 Uhr ist sogar ein Café geöffnet, in dem man in kreativer Umgebung super in den Tag starten kann. Ich empfehle euch den sehr guten schwarzen Tee.

Beim letzten Besuch nahm ich mir Magazine mit Fotografien aus der Umgebung mit, die viele kleine, aber bedeutsame Details aus dem alltäglichen Leben in Japan zeigen – ein Souvenir, über das man sich noch sehr lange freut.

Im zweiten Stock des Hauses ist ein – allerdings für die Öffentlichkeit nicht zugänglicher – Arbeitsraum für Designer, Redakteure und Schriftsteller eingerichtet.

7 MARKING RECORDS

W markingrecords.com
A 3-12-8 Chuo, Matsumoto-ku, 390-0811

LADEN/VINYL | Wer Schallplatten liebt, muss zu Marking Records. In dem kleinen Laden mit der großen Auswahl erwartet euch die beste Indie-Musik aus aller Welt, daneben Magazine, Kassetten und CDs. Ach, und dann gibt es dort noch eine kleine Theke, an der ihr einen Kaffee oder was Stärkeres bekommt.

Das Interieur ist wie der Laden: cool und modern, aber unaufgeregt. Die Menschen in Nagano sind mit die nettesten in ganz Japan, so auch hier. Stöbert also in aller Ruhe durch die Platten in den Holzkisten, seht euch die CDs in den putzigen Regalen an und lasst euch dann an der Theke eine der witzigen Tragetaschen geben, damit ihr eure Einkäufe transportieren könnt.

Marking Records informiert regelmäßig auf Instagram über seine Neuanschaffungen, so seid ihr stets auf dem Laufenden.

8 MIASA COFFEE
美麻珈琲

W miasacoffee.com
A 14902-1 Mima, Omachi-ku, 399-9101
T +81-261-23-1102

CAFÉ | Miasa Coffee ist ein himmlisches kleines Café mitten in einer weiten grünen Wiese zu Füßen eines schönen Bergparks. Das Gebäude wirkt mit seiner weißen Fassade und dem schlossähnlichen Holzdach wie aus einem Märchen entsprungen. So etwas erwartet man eher in den Alpen als mitten in Japan – wirklich traumhaft!

Geht die rustikale Holztreppe hinauf, die an eine Skihütte erinnert, und setzt euch an einen Tisch am Fenster. Dann habt ihr einen wunderbaren Blick auf den grünen Park und die Berge. So einen besonderen Ort findet man nur, wenn man wie ich mit einem ortsansässigen Freund, der die Natur liebt, unterwegs ist. Das ist ein echter Geheimtipp hier in Nagano.

Aber nicht nur die Natur und das Haus an sich sind großartig, auch das Essen. Der Käsekuchen ist mindestens so fantastisch wie der Chai.

Macht einen kleinen Rundgang und seht euch die kleine Holzhütte links vom Café an – die ist so süß! Vielleicht wollt ihr ja nicht nur Fotos machen, sondern auch in der Wiese tanzen wie im Film *The Sound of Music.*

9 HIRANO COFFEE
平野珈琲

A 981 Tatema-chi, 380-0864

CAFÉ/KAFFEE | Ihr mögt Holz, Geruhsamkeit und schwarzen Filterkaffee? Dann geht ins Hirano Coffee. Das ist knapp einen Kilometer vom Bahnhof Gondo entfernt und perfekt bei Eiseskälte im Winter oder großer Sommerhitze. Vielleicht kommt ihr ja gerade vom nahe gelegenen Zenkoji-Tempel *(siehe S. 182)*, dann ist das der ideale Platz, um sich auszuruhen.

Das Café liegt in einem *machiya* (traditionelles Holzhaus) mit vielen Holzbalken und Glasschiebetüren aus der Shōwa-Zeit (1926–1989). Das Holz und die geschickt eingesetzten Strahler machen den ohnehin schon gemütlichen Raum noch einladender. Die Deko mit Trockenblumenarrangements, alten Kaffeedosen und Kaffeemühlen runden den Gesamteindruck ab.

Setzt euch im zweiten Stock an ein Fenster, von dort hat man einen guten Blick auf das Stadtleben in Nagano. Zum Kaffee gibt es Gebäck, Kuchen oder Toast. Hier scheint die Zeit stillzustehen – genießt die friedliche Ruhe.

8

8

8

10 N4.5

W n45cafe.com
A 1-7-7 Minami Chitose, 380-0823

CAFÉ/KAFFEE/BAR | N4.5 wurde im Januar 2020 in Minami Chitose, nur sechs Minuten vom Bahnhof Nagano entfernt, eröffnet. Es ist innen und außen fast komplett schwarz und sehr chic – also nicht zu übersehen. In dem hippen Café bekommt ihr Mittagessen von 11 bis 14 Uhr und Abendessen von 17 bis 23 Uhr.

Für den Espresso könnt ihr aus zwei Kaffeesorten wählen, dazu bietet sich ein hausgemachter Käsekuchen, Pudding oder Zitronenkuchen an. Mittags empfehle ich euch eine der drei Hotdog-Varianten: natur, mit Käse oder mit Chilisauce. Das Angebot umfasst auch eine Reihe alkoholischer Getränke. Im Sommer machen sie hier auch *kakigori* (geschabtes Eis mit Sirup). Probiert es unbedingt, wenn ihr es noch nicht kennt!

Auf der Instagram-Seite von N4.5 wird auf Veranstaltungen hingewiesen. Im Laden könnt ihr Artikel wie etwa Ökotragetaschen mit Aufdruck kaufen – vielleicht wollt ihr das neue Unternehmen ja auf diese Weise ein bisschen unterstützen.

11 LAKE KIZAKI CABINS

木崎湖キャンプ場

W kizakiko.com
A 10521 Tairamori, Omachi, 398-0001
T +81-261-23-3939

UNTERKUNFT | Wenn es euch am Kizaki-See *(siehe S. 180)* so richtig gut gefällt und ihr unbedingt vom Plätschern des Sees, von strahlender Sonne und dem Gesang der Vögel aufwachen wollt, dann übernachtet doch hier. Es ist einfach wunderbar, wenn man seinen Kaffee mit Blick auf den See trinken kann! Einfach unbeschreiblich.

In der Campinganlage könnt ihr ein Zelt für zwei oder vier Personen mieten, das kostet 2000 Yen. Ich mag allerdings am liebsten die putzigen, unterschiedlich großen Holzhäuschen, in denen zwischen zwei und acht Personen schlafen können. Ich finde sie perfekt für Künstler, die hier den ganzen Tag zeichnen, schreiben oder Musik machen können. Die Preise bewegen sich zwischen 1500 und 2000 Yen pro Person. Die Zelte muss man nicht reservieren, die Hütten aber sehr wohl – entweder online oder per Telefon.

Auf dem Gelände gibt es auch Duschen und einige Grillplätze, ihr könnt also auch selbst kochen! Geöffnet ist die Campinganlage von April bis November.

11

JAPAN

SHIOGAM

塩竈

RUHIGE
MALERISCHE
KÜSTENSTÄDTE

38.317°N
141.022°E

08

A & MAT–SUSHIMA

松島

Ein Besuch von Shiogama und Matsushima lohnt sich, weil diese Städte weitaus weniger touristisch und viel ruhiger sind als die japanischen Großstädte. Sie liegen in der Nähe von Ishinomaki und waren im Jahr 2011 stark vom Tōhoku-Erdbeben und dem Tsunami vor der Pazifikküste betroffen. Der Wiederaufbau der schönen Städte ist nach wie vor im Gang, und ich kann euch nur dringend raten, die Region Tōhoku durch euren Besuch zu unterstützen.

Shiogama *(siehe S. 195)*, das in der Nähe des Bahnhofs Sendai liegt, an dem der Shinkansen hält, mag ich wegen der entspannten, maritimen Stimmung. Ihr könnt dort das Shiogama Sugimura Jun Museum of Art *(siehe S. 196)* und die Galerie Birdo Flugas besuchen *(siehe S. 196)*. In Matsushima müsst ihr auf die Insel Fukuurajima gehen *(siehe S. 192)*. Der Blick auf die Bucht von Matsushima ist grandios. Die Städte erreicht und erkundet ihr am besten mit dem Auto.

1 FUKUURAJIMA

福浦島

A **MATSUSHIMA** | 39 Matsushima, Miyagi, 981-0213

T +81-22-354-3457

ATTRAKTION/NATUR | Wenn ihr in Matsushima seid, solltet ihr Fukuurajima (Fukuura Island) erkunden. Ihr erreicht die Insel zu Fuß über die 252 Meter lange, rote Fukuura-Brücke. Sie wurde beim Tsunami im Jahr 2011 zerstört, ist inzwischen aber wiederaufgebaut. Die Nutzung der Brücke kostet 200 Yen, doch es lohnt sich, denn Fukuurajima ist eine der wenigen mit Pinien bestandenen Inseln in Matsushima.

Von der Insel hat man einen großartigen Blick auf die Bucht von Matsushima und die vielen kleinen Inseln. Ich stelle mir immer vor, wie es wäre, ganz allein auf so einer Schatzinsel zu leben. Der Weg über die Insel führt wie durch einen schönen natürlichen botanischen Garten mit mehr als 300 Blumen-, Baum- und Pflanzenarten. Wenn ihr langsam unterwegs seid und die Natur auf euch wirken lasst, braucht ihr dazu etwa eine Stunde.

Die Insel kann das ganze Jahr über von 8 bis 17 Uhr besucht werden, nur im Winter (Nov – Feb), wenn es früher dunkel wird, wird die Brücke ab 16.30 Uhr gesperrt. Um in Matsushima die Natur und Ruhe zu genießen, ist Fukuurajima einfach perfekt!

Und keine Sorge, für die 200 Yen dürft ihr auch wieder zurück und müsst nicht für immer auf der Insel bleiben.

2 UMANOSE IN RIFU

天然の桟橋 馬の背／利府町

A **MATSUSHIMA** | Hitsugasawa Akanuma, Rifu, Miyagi, 981-0101

ATTRAKTION/NATUR | Dieser beeindruckende natürliche Steg ragt vor Rifu hinaus ins Meer, ihr müsst ihn euch unbedingt ansehen, wenn ihr in Matsushima seid! Über Jahrtausende formten die Wellen diese erstaunliche geologische Formation, auf der ihr ganz vorsichtig bis zum Ende laufen könnt. An einer Stelle wird es sehr eng, passt also auf! Ich kann euch nur raten, Smartphone und Handtasche gut festzuhalten und beim Gehen den Blick nach vorn und nicht nach unten zu richten. Ein falscher Schritt, und ihr liegt im Wasser.

Ihr erreicht die Landzunge mit einem Zug der Senseki-Linie von der Station Hamada Rikuzen. Dann müsst ihr noch 25 Minuten gehen. Oder ihr nehmt, wenn ihr schon in Matsushima seid, ein Taxi bis zum Eingang. Wer selbst fährt, nimmt die Route 45 und hält am Parkplatz Umanose (japanisch für »Pferderücken«). Hier ist man zwar eigentlich nicht weit von Matsushima entfernt, aber man fühlt sich wie in einer anderen Welt.

2

3

4

3

3 SHIOGAMA

塩竈

A 5 Higashitamagawa-cho, Shiogama, Miyagi, 985-0036

ATTRAKTION/STADT | Die hübsche kleine Küstenstadt Shiogama liegt zwischen Sendai und Matsushima. Ich habe hier schon mehrmals Workshops abgehalten und liebe sie sehr. Shiogama ist ein charmantes Städtchen und wirkt, als sei es ein bisschen aus der Zeit gefallen. Die Menschen hier sind sehr freundlich und hilfsbereit, und ich möchte ihnen gern etwas zurückgeben, indem ich versuche, ein bisschen Tourismus in die 2011 so heftig vom Tsunami getroffene Region zurückzubringen.

Bei einem meiner Besuche bummelte ich nach einem Workshop mit meinem typisch japanischen durchsichtigen Regenschirm in der Hand durch die Stadt und fotografierte die wunderschönen Ladenfronten aus der Shōwa-Zeit (1926–1989). Es gibt hier eine ganze Reihe Galerien, Restaurants und Schreine, aber für mich sind die wahren Highlights in Shiogama die liebenswerten Bewohner und diese Ladenfronten.

Wer zwischen Sendai und der beliebten Stadt Matsushima unterwegs ist, sollte unbedingt in Shiogama Station machen. Es schmerzt, sich vorzustellen, wie der Tsunami hier gewütet hat, aber die Stadt und die Küste sind so fantastisch und unbedingt einen Besuch wert.

Stattet auch dem Shiogama Sugimura Jun Museum of Art *(siehe S. 196)* und der Galerie Birdo Flugas *(siehe S. 196)* einen Besuch ab.

4 SHICHIGAHAMA

七ヶ浜町

A Ohyama, Hanabuchihama, Shichigahama-machi, Miyagi, 985-8577

ATTRAKTION/STADT | Shichigahama ist ein kleiner ruhiger Küstenort in der Präfektur Miyagi mit knapp 20 000 Einwohnern. Shichigahama bedeutet »sieben Strände«, das lässt schon ahnen, wie es in dieser hübschen Gegend aussieht.

Das Gebiet ist bekannt für seine fantastischen – sieben – Strände und die Fischerei. Besucht unbedingt den Table Beach und die imposanten roten *torii* (Tore) am Ufer in Gotenzaki.

Aufgrund seiner Nähe zu Ishinomaki war auch Shichigahama 2011 stark vom Tsunami betroffen. Viele Häuser wurden zerstört und mehr als 95 Prozent der Reisfelder überflutet. Nach einer langen Wiederaufbauphase konnten viele Menschen wieder ihre Häuser beziehen und nach Shichigahama zurückkehren.

Einzigartig sind hier die frei stehenden Felsformationen an der Küste. Ich stamme ja aus New South Wales in Australien, wo ich am Wochenende gern an die Küste nach Culburra fuhr, daher sind diese Felsen hier für mich etwas ganz Besonderes. Es ist eigenartig, in einem fremden Land aufs Meer zu blicken und daran zu denken, wie es am anderen Ende des Ozeans aussieht und wie anders die Landschaft dort ist.

5 SHIOGAMA SUGIMURA JUN MUSEUM OF ART

塩竈市杉村惇美術館

W sugimurajun.shiomo.jp
A 8-1, Honmachi, Shiogama-ku, Miyagi, 985-0052
T +81-22-362-2555

ATTRAKTION/MUSEUM | Das Shiogama Sugimura Jun Museum of Art ist die schönste Galerie in Shiogama in einem wunderschönen historischen Gebäude mit einer fast zehn Meter hohen gewölbten Decke. Das Haus wurde 1950 erbaut, das Museum selbst aber erst im November 2014 eröffnet.

Ihr könnt hier eine Dauerausstellung mit Werken von Jun Sugimura, aber auch wechselnde Ausstellungen mit japanischen Künstlern wie Akiko Abe sehen.

Die Haupthalle dient nicht nur als Kunstmuseum, sondern auch als Begegnungsstätte, wo sich Einheimische und Besucher bei verschiedenen kulturellen Aktivitäten wie einem Kunstmarkt oder Workshops treffen. Dort kann man lernen, wie man etwas fachgerecht lackiert oder webt. Darüber hinaus dient die Halle auch als Veranstaltungsort für Livemusik, Tanzpartys und Fotoausstellungen. Wer Spaß an Kunst und Kreativität hat oder sich für die Geschichte von Shiogama interessiert – auch hier hat 2011 der Tsunami zugeschlagen –, der ist hier richtig.

Im Kinosaal können Besucher bei Kaffee und Süßigkeiten über die Filme diskutieren.

Ihr seht, das Museum wird von einem zukunftsorientierten Team geleitet, das viele gute Ideen hat, und ihr solltet euch das nicht entgehen lassen.

6 BIRDO FLUGAS

ビルドフルーガス

A 2-3-11 Minatomachi, Shiogama-ku, Miyagi, 985-0016
T +81-80-3198-4818

ATTRAKTION/GALERIE/SHOP | Birdo Flugas ist eine hübsche kleine Galerie mit Laden im Erdgeschoss eines Wohngebäudes in Shiogama. Hier werden Werke vieler japanischer Künstler, darunter auch Bildhauer und Maler, ausgestellt.

Im vorderen Bereich findet ihr einen kleinen Laden mit putzigen handgemachten Dingen wie Papier- und Haushaltswaren, Kunstgegenständen und Magazinen von japanischen Künstlern aus der Region.

In der Galerie gibt es immer wieder mal Pop-up-Events wie den Workshop mit Klebebändern von mt masking tape, den ich hier vor ein paar Jahren abgehalten habe. Durch die hohen Fenster an der Rückseite, durch die man auf eine kleine Terrasse blickt, hat der Ausstellungsraum ein wunderbares Licht. Das verleiht ihm eine ganz besondere Atmosphäre. Mich hat beeindruckt, wie in Shiogama und hier in der Galerie Birdo Flugas jeder jeden kennt und Groß und Klein sich gern zu einem Plausch triff. Wunderbar!

Von Bahnhof Hon-Shiogama erreicht ihr die Galerie in sieben Minuten zu Fuß. Gönnt euch das Vergnügen, wenn ihr in Shiogama seid, es macht wirklich viel Spaß. Und richtet Aya-san Grüße von mir aus!

5

7 SHIOGAMAKOU SUSHI

塩釜港寿司

A 18-1 Noda, Shiogama, Miyagi, 985-0035
T +81-22-367-3838

RESTAURANT/SUSHI | Nur zehn Gehminuten vom Bahnhof Shiogama entfernt liegt das Shiogamakou Sushi, eines der bekanntesten Sushi-Restaurants in Sendai. Hier wird auf einem umlaufenden Förderband unglaublich frisches Sushi präsentiert. Der Fisch kommt überwiegend aus dem Meer vor Shiogama, angeblich das beste Fischwasser in ganz Japan.

Die Mitorganisatorin meines Workshops rund um den Klebeband-Workshop nahm mich hierher mit und brachte noch Freunde mit. Wir mussten sogar anstehen, was immer ein gutes Zeichen für ein exzellentes Restaurant ist. Es war ein großes Vergnügen, im Kreis neuer Freunde im Shiogamakou Sushi zu essen! Wenn ihr nicht Schlange stehen wollt, solltet ihr rechtzeitig kommen.

Nicht nur Geschmack und Frische dieser Sushi sind fantastisch, auch die Preise sind unglaublich. Ein Teller mit zwei Sushi kostet zwischen 140 und 650 Yen. Ihr könnt entweder direkt am Förderband sitzen oder an Tischen und à la carte bestellen. Dazu bekommt ihr kostenlos grünen Tee. Lasst euch das frische Sushi im Shiogamakou gut schmecken!

7

7

近海穴子 ¥450
メカ大トロ
太刀魚
活コチ ¥350
山口産
活アイナメ ¥280
活マトダイ
近海サワラ
天然活ヒラメ
ハガツオ ¥230
蒸しアワビ ¥450
¥350
¥280
生サンマ ¥280
ナマコ(軍カン) ¥230
スルメイカ(大)
穴子の煮こごり
ホッキサラダ ¥140
¥650
丼

7

JAPAN

AKITA

EIN WINTER-
WUNDERLAND
GANZ IN
WEISS

39.717°N
140.129°E

09

秋田

Wer in der kühleren Jahreszeit in Japan ist, für den ist die Reise von Tokyo in die Präfektur Akita mit der gleichnamigen Stadt Akita und der Stadt Yokote der perfekte Tipp. Nach nur einer Flugstunde ab Tokyo findet man sich mitten im tiefen Schnee wieder. Dafür müsst ihr nur eure Winterstiefel und einen Rucksack packen und zum Flughafen Haneda fahren *(siehe S. 316)*. Akita ist ein winterlich-weißes Wunderland, wo der Schnee unter den Schuhen knirscht und Schneeflocken durch die Luft tanzen. Dazu kommen schöne Tempel, dampfend heiße Schalen voll *udon* (weiche Weizennudeln) und die Gastfreundschaft der Einheimischen. Im Februar könnt ihr beim *Kamakura*-(Iglu-)Festival im Dorf Minkaen Kido Gorobei *(siehe S. 204)* sogar einen Iglu besichtigen.

Manga-Fans sollten ins Yokote Masuda Manga Museum gehen *(siehe S. 202)*, schon der coole Retro-Bau, der in die 1980er zurückversetzt, lohnt einen Besuch. In Akita könnt ihr beim Kanto-Matsuri-Fest im Kanto Festival Center *(siehe S. 207)* sehen, wie Laternen balanciert werden, oder einen Tanz der *maiko* (Geishas in Ausbildung) im Akita Maiko *(siehe S. 208)* bewundern, ehe es in der Akita Cultural and Industrial Facility *(siehe S. 213)* traditionelle Bento-Boxen gibt. In der Präfektur Akita bekommt ihr ganz besondere *udon*, und bei einer Tour durch Sato Yosuke Sohonten *(siehe S. 210)* kann man erfahren, wie sie hergestellt werden. Spaß macht auf jeden Fall auch ein Besuch der Sake-Brauerei Takashimizu *(siehe S. 208)* mit Verkostung.

1 YOKOTE MASUDA MANGA MUSEUM

横手市増田まんが美術館

W manga-museum.com
A 285 Shinmachi, Masudamachi, Masuda, Yokote, 019-0701
T +81-18-245-5569

ATTRAKTION/MUSEUM | Das Museum wurde 1995 als erstes Japans gegründet, das sich Mangas widmet. Heute könnt ihr im Yokote Masuda Manga Museum mehr als 220000 Originalzeichnungen von ungefähr 179 Manga-Künstlern sehen. Das allein ist schon super für den wahren Manga-Fan, aber auch das Gebäude an sich ist ein Erlebnis: Man kommt sich vor wie in einem Vergnügungspark aus den 1980er Jahren. Leuchtend rot und zartblau bezogene Sitzgelegenheiten bilden einen perfekten Kontrast zu den bunten, sorgfältig aufgereihten Mangas in den vielen Regalen.

Ihr findet dort Arbeiten von Leiji Matsumoto, dem Schöpfer von *Galaxy Express 999*, Yōichi Takahashi, dem Erfinder von *Captain Tsubasa*, und Shigeru Tsuchiyama, dem Autor von *Kuishinbo*. Die Originalzeichnungen werden temperatur- und feuchtigkeitsgeschützt hinter Glas aufbewahrt, damit diesen Kunstwerken nichts passiert.

Im ersten Stock des Museums liegt ein Manga-Café, wo ihr Sandwiches, Pasta, Desserts und Getränke, aber auch vegane Speisen bekommt. Die Bestellung muss man an einem Automaten aufgeben, aber da kann das Menü auf Englisch umgestellt werden und es gibt Fotos der Speisen, sodass das Ganze einfacher ist. Geht unbedingt in den Museumsladen und nehmt euch eine Tragetasche oder Ansichtskarte als tolle Erinnerung mit.

Per Taxi oder mit dem Auto erreicht ihr das Museum in rund 30 Minuten von der Station Yokote im Masuda-Viertel, wo viele interessante Warenhäuser und Holzhäuser stehen, die zwischen 1850 und 1920 errichtet wurden.

2 AKITA MUSEUM OF ART

秋田県立美術館

W akita-museum-of-art.jp
A 1-4-2 Naka-dōri, 010-0001
T +81-18-853-8686

ATTRAKTION/MUSEUM | Das Akita Museum of Art war früher in einem alten Haus in der Gegend untergebracht, befindet sich aber heute in einem vom bekannten Architekten Tadao Andō erbauten Gebäude. Den großen, minimalistischen Eingang bildet eine Treppe vor Betonwänden unter einem dreieckigen Glasdach. Das Museum will so den Bewohnern Akitas und den Besuchern den Zugang zur Kunst sprichwörtlich leicht machen. Das Museum liegt im Zentrum von Akita gegenüber dem Senshu-Park.

Ein Bild von Tsuguharu-Léonard Foujita zeigt das Leben in Akita zu allen vier Jahreszeiten. Das große Gemälde hat den Zweiten Weltkrieg unbeschadet überstanden und steht heute im Zentrum der Sammlung.

Ihr könnt im angeschlossenen Café mit Blick auf das alte Museumsgebäude gut eine Pause machen oder im Museumsladen in den Kunst- und Designbüchern oder den Büchern von japanischen und internationalen Künstlern stöbern.

Das Ziel, für alle zugänglich zu sein, spiegelt sich auch darin, dass der Eintritt mit 310 Yen sehr günstig ist. Hier kann man gut ein paar Stunden verbringen (und sich im Winter zwischendurch wieder ein bisschen aufwärmen).

平野政吉コレクション
秋田県立美術館
AKITA MUSEUM OF ART
企画展
風景のゆくえ
2月8日~4月19日

2

2

1

3 MASUDA
増田町

W masudashi.com/en
A 53 Masuda-Kamimachi, Masudamachi, Yokote-shi (Masuda Tourist Information Center/Hotaru)
T +81-18-455-541

ATTRAKTION/UMGEBUNG | Macht einen Spaziergang durch die schöne Umgebung von Masuda, ein historisch bedeutsames Gebiet – fast wie eine Filmkulisse –, das für seinen Schneereichtum bekannt ist. Die traditionelle Architektur in Masuda deutet schon auf die Geschichte der Präfektur Akita hin, wobei mir – ihr habt es vielleicht inzwischen bemerkt – am besten die Gebäude aus der Shōwa-Zeit (1926–1989) gefallen.

Einst ein wichtiger Verkehrsknotenpunkt, ist Masuda heute ein Relikt aus vergangenen Zeiten. Wenn ihr ein bisschen herumlauft, werdet ihr viele *Uchigura*-(Hinterhof-)Warenhäuser und um die 40 *Uchigura*-Wohnhäuser entdecken. Die Häuser haben alle eher schlichte Fassaden, sind dafür innen umso schöner verziert.

Einige der Häuser und Läden können besichtigt werden, zum Beispiel die Sake-Brauereien. Geht also zum Masuda Tourist Information Center (es heißt »Hotaru«) und lasst euch zeigen, welche das sind, und sucht euch die aus, die euch interessieren.

Masuda liegt im südöstlichen Teil von Yokote am Zusammenfluss von Naruse und Minase.

4 KAMAKURA-FEST IN MINKAEN KIDO GOROBEI
横手の雪まつり

A Yokote Park, 4 Shiroyamamachi, Yokote, 013-0012

ATTRAKTION/FESTIVAL/DORF | Wenn ihr im Februar in der Präfektur Akita seid, plant einen Besuch des Dorfs Minkaen Kido Gorobei in Yokote ein. Dort findet am 15. und 16. Februar das *Kamakura*-(Iglu-) Festival statt. Diese Iglus sind in ihrer Form einfach nur großartig, und das Festival ist mein absolut liebster Anlaufpunkt, wenn ich in Akita bin.

Schon der Veranstaltungsort im Yokote-Park mit dem Tempel im Hintergrund ist einzigartig. Und dann der glitzernde Schnee, die tanzenden Flocken und das Knirschen unter den Schuhsohlen – himmlisch!

Beim Festival werden einige *kamakura* mit Teppichen, Kissen und Kochgelegenheiten ausgestattet, und man kann ganz bequem darin sitzen. Erstaunlicherweise ist es in den *kamakura* sogar warm. Bestimmt wegen des aufgestellten Ofens, auf dem *oshiruko* (süße Bohnensuppe mit Mochi) gekocht wird. Serviert wird das Ganze von sehr netten *obaachan* (Großmüttern; *siehe* S. 207). Das einfache, aber gute Essen erinnert an die eigene Kindheit und schmeckt in der einzigartigen Umgebung gleich doppelt so gut.

Ab 17 Uhr werden die *kamakura* beleuchtet – ein fantastisches Fotomotiv. Aber seid vorsichtig, dass ihr in der Dunkelheit nicht im Schnee stürzt.

Ich kann euch dieses Festival wirklich nur wärmstens empfehlen, es ist bis heute eine meiner liebsten Veranstaltungen in Japan.

4

4

5

6

5 KAMAKURA OSHIROKO

鎌倉もちとおしるこ

W akitafan.com/hands_on_sightseeing/en
A Yokote Park, 4 Shiroyamamachi, Yokote, 013-0012

ATTRAKTION/FESTIVAL | Während des *Kamakura*-Festivals im Februar *(siehe S. 204)* öffnet die Stadt Yokote eines der schönen traditionellen Häuser im Dorf Minkaen Kido Gorobei. Dort könnt ihr auf *tatami* sitzen und euch an einem Ofen wärmen, der in den Boden eingelassen ist. Als ich dort war, wuselte eine Gruppe freiwilliger *obaachan* (Großmütter) herum und bot saures Gemüse und *oshiruko* (süße Bohnensuppe mit Mochi) an. Das war meine erste *oshiruko*, und ich glaube nicht, dass sie noch zu toppen ist. Aber wenn man in einer so angenehmen Umgebung so freundlich umsorgt wird, schmeckt es auch gleich doppelt so gut.

Ich durfte auch einen Blick in die Küche werfen und war fasziniert von dem Gemeinschaftsgefühl. Die *obaachan* riefen sich Kommandos zu wie »Bring das Gemüse raus« oder »Gib mir mal bitte schnell Essstäbchen«, und man sah, wie viel Arbeit sie hatten, die sie aber mit großer Freude und Fleiß erledigten. Selbst beim Abspülen unterhielten sie sich unablässig und hatten Spaß. In einer Ecke saßen Frauen auf dem Holzboden und rührten die Bohnenpaste an, andere erhitzten in einem Topf den *amazake* (heißer, süßer Reiswein), den ich dann auch probieren durfte.

Wie gern würde ich mit diesen freundlichen *obaachan* mal mehr Zeit verbringen und von ihnen lernen, nicht nur so gut zu kochen, sondern auch so gelassen und fröhlich zu leben und in die Zukunft zu blicken. Das wäre wunderbar!

6 AKITA KANTO MATSURI

秋田市民俗芸能伝承館

A 1-3-30 Omachi, 010-0921
T +81-18-886-7091

ATTRAKTION/FESTIVAL | Das Kanto Matsuri ist ein Sommerfest, das alljährlich im August (meist vom 3. bis zum 6. August) stattfindet. Wenn ihr zufällig in einem anderen Monat nach Akita kommt, müsst ihr euch aber keine Sorgen machen, denn im Neburinagashi kan, dem Kanto Festival Center, könnt ihr trotzdem einige Elemente des Fests erleben. Das Festivalzentrum liegt nur 15 Gehminuten vom Bahnhof Akita entfernt.

Hier könnt ihr dabei zusehen, wie die Kanto-Laternen auf langen Stangen nicht nur mit den Händen, sondern auch an einem Gürtel oder sogar auf dem Kopf balanciert werden! Das erfordert viel Training und Geschicklichkeit. Vielleicht habt ihr Glück und dürft es nach der Vorstellung selbst ausprobieren – das ist so viel schwerer, als es aussieht.

Im Kanto Festival Center bekommt ihr Informationen und Termine für die drei größten Festivals in der Stadt Akita: Bonden, Tsuchizaki Shinmeisha und Kanto Matsuri, dazu werden in einer kleinen Ausstellung Kostüme und beim Kanto Matsuri gewonnene Preise gezeigt.

Diese Eindrücke sind unglaublich und die Festivals einfach großartig. Das wissen allerdings viele zu schätzen, also reserviert rechtzeitig eure Unterkunft.

7 AKITA MAIKO

あきた舞妓

W akitamaiko.com
A 1-3 Senshu Park, Akita-ku
T +81-18-827-3241

ATTRAKTION/ERLEBNIS | Wenn ihr Traditionen (oder Geschichte) liebt, dann dürft ihr euch dieses unglaubliche Erlebnis nicht entgehen lassen: In der Akita Cultural and Industrial Facility in Matsushita *(siehe S. 213)* könnt ihr zusehen, wie *maiko* (Geishas in Ausbildung) die traditionellen japanischen Tänze erlernen und aufführen. Ihre Körperhaltung, elegante Ausstrahlung und die herrlichen Kimonos werden euch fesseln.

Achtet vor allem darauf, wie die mattweiß geschminkten Gesichter, roten Lippen und der rötliche Lidschatten mit den wunderbar gemusterten Kimonos und dem floralen Kopfschmuck harmonieren. Die *maiko* sind zwar in erster Linie als Unterhalterinnen tätig, wollen aber auch den Touristen den Charme der Geschichte und Kultur Akitas vermitteln.

Sehr schön ist auch das Haus, in dem die *maiko* ausgebildet werden: Die Holzbalken der Decke sind aus einem einzigen Stamm gehauen – eine Kunst, die man in der japanischen Architektur heute kaum noch findet. Auch die Ornamentglas-Fenster sind handgemacht. Einfach großartig!

Während der Vorführung (vorab online buchen) darf man normalerweise fotografieren (sicherheitshalber vorher nachfragen), danach kann man sich mit den *maiko-san* über ihren Beruf unterhalten und ihnen Fragen stellen.

8 SAKE-BRAUEREI TAKASHIMIZU

高清水醸造元

W takashimizu.com
A 4-12 Kawamoto Mutsumimachi, 010-0934
T +81-18-864-7331

ATTRAKTION/ERLEBNIS | Die Sake-Brauerei Takashimizu entstand 1944, als sich zwölf heimische Sake-Brauereien zu einer zusammenschlossen. Sie sind zu Recht stolz auf ihre Geschichte und den einzigartigen Sake mit seinem feinen Aroma und *umami* (würziger Geschmack) – weich mit einem erfrischenden Touch. Die Brauerei bietet Führungen an, bei denen man auch Sake probieren und kaufen kann.

Als ich dort war, war es sehr kalt, aber unser Führer schaltete die Heizstrahler an und richtete sie auf uns, während wir einen Film über die Herstellung von Sake ansahen. Es war höchst interessant zu erfahren, wie der komplizierte Prozess mit zweifacher Gärung abläuft. Der Geschmack des örtlichen Wassers spielt eine große Rolle, und daher durften wir zunächst einfach ein Glas Wasser trinken. »Keine Sorge, später gibt es auch Sake«, sagte der Führer lächelnd.

Dann musste ich meinen *odango* (Dutt) mit einem Haarnetz bedecken, ehe es in das oberste Stockwerk der Brauerei ging. Nach dem Blick in die fünf Meter hohen Tanks mit blubbernder Flüssigkeit entnahm der Führer daraus einen Schöpflöffel zum Probieren. Frischer geht's nicht! Der klare reine Geschmack hat mich total begeistert.

Zum Abschluss der Führung kann man Sake verkosten und natürlich auch kaufen. Die Brauerei stellt auch Sake-Handcreme und -Lotion her – die solltet ihr ebenfalls unbedingt mitnehmen.

Führungen finden dreimal am Tag statt (nur an Wochentagen), und zwar um 10.30, 13.30 und 15 Uhr, und müssen online gebucht werden.

7

8

8

9 SATO YOSUKE SOHONTEN
佐藤養助　総本店

W sato-yoske.co.jp/shop/akita
A 80 Inaba, Yuzawa-ku
T +81-18-343-2911

ATTRAKTION/ERLEBNIS | Bei einer Führung durch die *Udon*-Fabrik Sato Yosuke (vorab online buchen) erfährt man, wie die für die Präfektur Akita typischen *Inaniwa udon* von speziell dafür ausgebildeten Kräften geknetet, gedreht und gezogen werden. *Inaniwa udon* werden ausschließlich in Akita hergestellt, ihre Geschichte reicht zurück bis in die Anfänge der Edo-Zeit im frühen 17. Jahrhundert, und sie sind etwas dünner als normale *udon*. Nach den ausführlichen Erklärungen kann man sie dann natürlich auch probieren.

Ich empfehle euch, das Tempura-Udon-Set der Saison zu bestellen, vor allem an einem winterlichen Tag. Die köstlichen dünnen *udon* in einer herzhaften Brühe und bestreut mit *mitsuba*, einem japanischen Küchenkraut, wärmen so richtig schön von innen. Schlürft die *udon* und beißt in die knackigen Tempura mit feiner Sauce – ein Hochgenuss!

Diese bekannte, 1986 eröffnete Fabrik hat auch einen angeschlossenen Laden, in dem ihr neben den *udon* auch schöne handlackierte Schalen kaufen könnt. Die werden in Kawatsura hergestellt und sind ein schönes Andenken. Sato Yosuke hat sieben Filialen in Akita, zwei in Tokyo und eine in Fukuoka.

9

10

10

10 AKITA SHIMIN ICHIBA

秋田市民市場

A 4-7-35 Naka-dōri, 010-0001
T +81-18-833-1855

MARKT | Dieser bunte Markt ist ein Fest für die Sinne. Hier werden nicht nur Gemüse, Fleisch, Fisch, Küchenbedarf, frische Blumen und Souvenirs angeboten, sondern auch einige lokale Sake-Marken.

Ich liebe die originelle Präsentation der Waren. Japanische Zitrusfrüchte sind sorgfältig in Papier gewickelt und liegen in blauen Schalen fein säuberlich neben leuchtend roten Erdbeeren. Da könnte sich jeder Modeschöpfer Inspirationen in Sachen Farbe holen. Der vorhandene Platz wird zur Präsentation der Waren optimal genutzt, alles wird geschickt gestapelt, die Regale reichen bis unter die Decke, und sogar an bunten S-Haken hängen noch Körbe mit frischen Produkten.

Vom Bahnhof Akita ist es nicht weit zum Markt. Morgens gibt es von 5 bis 8 Uhr Obst und Gemüse der Saison sowie frischen Fisch, alles andere bekommt ihr auch noch bis 18 Uhr. Sonntags ist der Markt geschlossen. Wenn ihr beim Bummeln Appetit bekommt, was kein Wunder wäre, dann geht doch in eines der Restaurants oder in ein Sushi-Lokal gleich neben dem Markt.

11 MATSUSHITA

W matsushita-akita.jp
A 1-3 Senshukōen, 010-0876
T +81-18-827-3241

CAFÉ/TEEHAUS | Das wunderschön renovierte Teehaus Matsushita in der Akita Cultural and Industrial Facility serviert mittags ausgezeichnete *Obento*-(Bento-)Boxen an kleinen, lackierten Tischen auf einer *tatami*. Wenn ich auf den Matten sitze und ihren Duft in der Nase habe, dann bin ich oft so überwältigt, dass ich vor Glück fast weinen könnte – vielleicht geht es euch ja ähnlich. Licht fällt durch die Buntglasfenster aus der Shōwa-Zeit (1926–1989) und wirft sanfte Schatten auf den Holzboden und die *tatami*, und man genießt den Tee und das Essen – himmlisch!

Die mit einem einfachen roten Band verschlossene Bento-Box enthält Köstlichkeiten wie Garnelen, *oinarisan* (Tofu in Reisteig), *takikomi gohan* (gemischter Reis), *tamagoyaki* (gerolltes Omelett) und Gemüse. Alles bleibt in der unterteilten Box ganz frisch. Solche Bento-Boxen und dazu der wunderschöne, traditionelle Rahmen, das ist einfach ein Erlebnis. Vielleicht wollt ihr euch hier auch eine Vorführung der Akita Maiko ansehen *(siehe S. 208)*.

Das Matsushita ist so schön, dass man sich direkt geehrt fühlt, dort essen zu dürfen. Denkt unbedingt daran, Erinnerungsfotos zu machen.

Nach dem Essen könnt ihr euch im nahen Park die Füße vertreten, zum Schrein bummeln und dann einen Kaffee oder Sake im Shubo gleich vor dem Matsushita trinken. Hier sitzt ihr im Winter am warmen Heizofen und könnt dem Schneetreiben zuschauen. Ich finde, recht viel schöner kann man es im Leben kaum haben.

DESIGN, MODE & KUNST

AO BUILDING

A 3-11-7 Kitaaoyama, Minato-ku, Tokyo, 107-0061

PRADA

A 5-2-6 Minamiaoyama, Minato-ku, Tokyo, 107-0062

SUNNY HILLS

A 3-10-20 Minamiaoyama, Minato-ku, Tokyo, 107-0062

NEZU MUSEUM

A 6-5-1 Minamiaoyama, Minato-ku, Tokyo, 107-0062

OLYMPIASTADION

A 10-1 Kasumigaokamachi, Shinjuku-ku, Tokyo, 160-0013

DIOR

A 5-9-11 Jingumae, Shibuya-ku, Tokyo 150-0001

SHIBAURA HOUSE

A 3-15-4 Shibaura, Minato-ku, Tokyo, 108-0023

Die Kreativszene in Japan ist einer der Hauptgründe, weshalb ich in dieses unglaubliche Land gezogen bin. Das große Können, die Liebe zum Detail, handwerkliches Geschick und die Kreativität der Künstler sind wirklich einzigartig.

Architekturfans beginnen vielleicht am besten in Tokyos Omotesando-Viertel und besuchen das AO Building von Sakakura Associates, den Prada-Laden von Herzog & de Meuron, Sunny Hills von Kengo Kuma, der auch das nahe Nezu Museum und das Olympiastadion von Tokyo entworfen hat, und den Dior-Laden von SANAA. Das von Kazuyo Sejima und Ryue Nishizawa gegründete Architekturbüro hat auch das Shibaura House entworfen, ein Muss für Freunde der Architektur. In den Co-Working-Space kann man sogar hineinspähen. Ich habe dort am Anfang meiner Zeit in Japan ein paar Workshops abgehalten.

Das Einkaufszentrum PARCO in Shibuya, das nach einer Renovierung seit 2019 wieder geöffnet ist, ist der ideale Ort, japanische Mode zu erleben. Hier findet ihr Marken wie Issey Miyake, A.P.C., Comme des Garçons und Junya Watanabe Men. Im Shibuya-PARCO gibt es auch Galerien und Pop-up-Läden mit Arbeiten japanischer Künstler. Fahrt bis ganz oben zum COMMUNE, einer fantastischen Bar, wo die Gin-Sorten nach Gefühlen benannt sind.

Modeliebhaber sollten auch den Laden Pleats Please Issey Miyake in Aoyama besuchen und die unglaubliche Fertigkeit im Falten und Plissieren von Stoffen bewundern oder ganz in der Nähe Tsumori Chisato, einen Designer mit einem etwas kapriziöseren Ansatz.

In Japan gibt es auch unglaublich viele Kunstmuseen, etwa das Mori Art Museum *(siehe S. 14)* oder das Yayoi Kusama Museum *(siehe S. 17)*, und eine

SHIBUYA-PARCO

W shibuya.parco.jp
A 15-1 Udagawacho, Shibuya-ku, Tokyo, 150-0042
T +81-3-3464-5111

PLEATS PLEASE ISSEY MIYAKE

A 3-17-14 Minamiaoyama, Minato-ku, Tokyo, 107-0062
T +81-3-5772-7750

TSUMORI CHISATO

A 4-21-25 Minamiaoyama, Minato-ku, Tokyo, 107-0062

MORI ART MUSEUM

A Mori Tower, 6-10-1 Roppongi, Minato-ku, Tokyo, 106-6150

YAYOI KUSAMA MUSEUM

A 107 Bentencho Shinjuku-ku, Tokyo, 162-0851

TOMIO KOYAMA

A Tokyo Complex 665, 2F, 6-5-24 Roppongi, Minato-ku, 106-0032
T +81-3-6434-7225

KAWAMURA MEMORIAL DIC MUSEUM

A 631 Sakado, Sakura, Chiba, 285-8505

ganze Reihe von Galerien, in denen ihr Kunst kaufen könnt. Ich liebe die Galerie Tomio Koyama, weil es dort Arbeiten von japanischen Micropop-Künstlern wie Yoshitomo Nara, Shintarō Miyake und meinem allerliebsten Künstler Hiroshi Sugito gibt. Die Galerie befindet sich neben weiteren kommerziellen Galerien im Roppongi-Kunstkomplex (Complex 665).

Wenn ihr einen Tag Zeit und ein Mietauto habt (man kommt aber auch mit dem Bus hin), dann fahrt unbedingt ins Kawamura Memorial DIC Museum in Chiba. Die Dauerausstellung, unter anderem mit Werken von Robert Ryan, aber auch die Wechselausstellungen dort sind so unglaublich schön, dass man vor Freude weinen könnte. Bei meinem Besuch sah ich sehr emotionale Werke von Hiroshi Sugito, aber schon das Gebäude in Chiba inmitten eines großen Parks mit vielen Bäumen ist wunderschön. Robert Ryans Arbeiten hängen in einem Raum mit gekrümmten Wänden und großen Fenstern mit Blick auf die sich im Wind wiegenden Bäume – das ist fast wie eine Installation. Die Kuratoren verwenden hier viel Aufmerksamkeit auf jedes Detail und beweisen auf diese Art und Weise viel Respekt vor der Kunst – das zeigt einmal mehr, wie sensibel man in Japan mit allen Arten von Kreativität umgeht.

JAPAN

NAOSHI

INSEL VOLL KUNST UND NATUR FÜR KULTURFANS

34.460°N
133.985°E

10

MA 島直

Wie wäre es mit ein bisschen Inselfeeling zwischen den Städtetrips? Die Insel Naoshima, »Japans Kunstinsel«, ist ein lohnenswertes Ausflugsziel für alle Kunstliebhaber. Ich kann sie nur empfehlen. Nicht nur, weil die Kunstwerke, die ihr dort sehen könnt, von außerordentlicher Qualität sind, auch die Natur ist wunderschön: Meeresbuchten und herrliche Parks tragen zusammen mit Kunst und Architektur dazu bei, dass euch der Besuch dort unvergesslich bleiben wird.

Yayoi Kusamas ikonischer gelber Kürbis *(siehe S. 218)* ist auf einem Steg installiert, sodass man ihn aus nächster Nähe betrachten kann, und das Chichu Art Museum *(siehe S. 218)* zeigt Kunstwerke von James Turrell sowie Arbeiten von Claude Monet und Walter De Maria. Ein weiteres absolutes Muss ist das Art House Project *(siehe S. 221)*, in dem ortsspezifische Kunstwerke ausgestellt werden, darunter ein von Tadao Andō speziell für die Werke von James Turrell entworfenes Kunsthaus. Auch wer die Werke von Kusama und Turrell bereits anderswo gesehen hat, wird die Insel als inspirierend empfinden, denn die Natur beeinflusst und verändert das Seherlebnis bei jedem dieser Kunstwerke. Wenn ihr alle Kunstwerke aufgesogen habt, solltet ihr euch in dem *sento* I Love Yu *(siehe S. 221)* erfrischen.

Die Insel erreicht man mit einer Fähre von der Insel Shikoku aus.

1 YAYOI KUSAMAS GELBER KÜRBIS

草間彌生黄色かぼちゃ

A 3419 Kagawa, 761-3110
T +81-87-892-2030

ATTRAKTION/KUNSTWERK | Yayoi Kusamas gelbe, mit schwarzen Punkten übersäte Kürbisskulptur aus Fiberglas von 1994 ist vermutlich das bekannteste Kunstwerk, das man sofort mit der Insel Naoshima verbindet. Die Skulptur ist so berühmt, dass man sie während der Taifun-Saison vom Pier entfernt und an einen sicheren Ort bringt, damit sie nicht beschädigt wird.

Wenn ihr auf Naoshima ankommt, werdet ihr im Hafen Miyanoura eine witzige rote Kürbisskulptur sehen, die ebenfalls von Yayoi Kusama stammt. Da der rote Kürbis innen hohl ist, kann man hineingehen und durch winzige Fensterchen hinausschauen.

Allerdings ist der gelbe Kürbis, der etwa 40 Minuten vom Hafen entfernt auf einem Pier steht, das weitaus bekanntere Werk der Künstlerin. Er ist frei zugänglich, ihr könnt also ganz nah rangehen und lustige Fotos machen. Vom Hafen fährt ein kostenloser Shuttlebus hin, oder ihr mietet euch ein Rad. Da sind allerdings ein paar steile Anstiege zu bewältigen.

In der Nähe der Skulptur könnt ihr schön am Wasser entlanglaufen oder euch unter einem Baum ins grüne Gras setzen, gemütlich etwas trinken und die künstlerische Atmosphäre der Insel auf euch wirken lassen.

2 CHICHU ART MUSEUM

地中美術館

A 3449-1 Kagawa, 761-3110
T +81-87-892-3755

ATTRAKTION/MUSEUM | Wenn ihr auf Naoshima seid, müsst ihr das Chichu Art Museum besuchen. Es wurde 2004 erbaut und liegt zum größten Teil unter der Erde, damit nichts den spektakulären Blick auf die Seto-Inlandsee trübt.

In der Dauerausstellung werden Werke von Claude Monet und Walter De Maria gezeigt, das bekannteste ist aber vielleicht die Installation *Open Sky* von James Turrell. Man kann sie während der normalen Öffnungszeiten des Museums besichtigen, ihr könnt aber auch einen 45-minütigen Abendbesuch vereinbaren. Dann erlebt ihr *Open Sky* im Sonnenuntergang und seht, wie schön Natur und Kunst sich ergänzen.

Egal, wann ihr in dem Museum seid, Licht und Jahreszeiten lassen die Werke und Räume stets unterschiedlich wirken, ihr werdet daher jedes Mal, wenn ihr dort seid, einen anderen Eindruck bekommen. Der Eintritt ins Museum kostet 2100 Yen.

Setzt euch ins Museumscafé und lasst die Werke beim Blick auf die See noch mal nachwirken. Ihr bekommt hier Burger, Gemüseplatten, Steaks, Bagels und verschiedene Kuchen und Getränke. Ich empfehle euch einen Drink aus der Region Setouchi, etwa Oliven-Cider oder -Limonade.

1

2

2

4

4

3 ART HOUSE PROJECT
家プロジェクト

W benesse-artsite.jp/en/art/arthouse.html
A Honmura, Kagawa, 761-3110
T +81-87-892-3223 (Benesse House)

ATTRAKTION/KUNSTWERKE | Das Art House Project ist eine faszinierende und sich stetig verändernde Kunstinstallation in Honmura. Seit dem ersten Projekt im Jahr 1998 übernahmen Künstler verlassene Häuser in dem Wohngebiet und schufen darin ganz spezielle Kunstwerke. Als ich dort war, umfasste das Projekt sieben Häuser.

Auf dem Weg zwischen den einzelnen Häusern kommt man an alltäglichen Wohngebieten vorbei, die die lokale Architektur mit der Kunst auf eine spannende Art und Weise verbinden und die Normen des Denkens herausfordern.

Geht los an der Honmura Lounge, dort bekommt ihr die Tickets für das Art House Project. Der ehemalige Supermarkt wurde vom japanischen Architekten Ryue Nishizawa renoviert. Der Eintritt für sechs Häuser kostet 1050 Yen (ohne Kinza), 420 Yen müsst ihr für den Eintritt ins Kinza zahlen, ein einzigartiges Kunsthaus von Rei Naito. Hier darf immer nur eine Person hinein, um das Werk in der Gänze schätzen zu können (vorab reservieren!).

Eines der Kunsthäuser, das Minami-dera, hat der berühmte Architekt Tadao Andō 1999 für die Kunstwerke von James Turrell geschaffen. Großartig ist auch das Appropriate Proportion (2002) des bekannten japanischen Künstlers Hiroshi Sugimoto, der viel im Bereich der Fotografie arbeitet. Auch Shinrō Ōtakes Haus Haisha (Zahnarzt) solltet ihr euch ansehen. Dort war früher tatsächlich eine Zahnarztpraxis.

Das Art House Project ist einfach großartig, und wenn ihr in Naoshima seid, müsst ihr es unbedingt ansehen. Ihr werdet rundum begeistert sein!

4 I LOVE YU
直島銭湯「I♥湯」

W benesse-artsite.jp/en/art/naoshimasento.html
A 2252-2 Kagawa, 761-3110
T +81-87-892-2626

ATTRAKTION/SENTO | I Love Yu ist ein altes, kurioses *sento* (öffentliches Bad), das mit seinen Fliesen und Mosaiken wie eine Kombination aus Bad und Kunstinstallation wirkt. Japanisch bedeutet *yu* Bad oder heißes Wasser, der Name »I Love Yu« ist also ein lustiges Wortspiel, das zeigt, wie die Leute hier drauf sind.

Das Bad wurde von Shinrō Ōtake entworfen, der oft mit recycelten Materialien arbeitet. Der Künstler, ein Absolvent der renommierten Musashino Art University, lebt in Tokyo und hat schon viele Bücher, Platten- und Buchcover entworfen, aber auch einige Kunstinstallationen. Die Fassade des Bads zeigt eine bunte Mischung witziger Fliesen, und wenn man im Bad entspannt, kann man die in leuchtenden Farben schillernde Glasdecke und die Wandbilder bewundern. Das ist definitiv eine einzigartige Kombination von Kunst und *sento*.

Das Bad ist nicht weit vom Fährenterminal im Hafen Miyanoura entfernt, der Eintritt kostet 660 Yen. Die Tickets bekommt ihr am Automaten im Eingangsbereich. Im I Love Yu könnt ihr auch Shampoo, Duschgel und Handtücher mit dem I-Love-Yu-Aufdruck kaufen, die ein nettes Erinnerungsstück sind. Natürlich gelten auch hier die üblichen Baderegeln wie in jedem *sento* *(siehe S. 98f)*.

5 BENESSE HOUSE MUSEUM

ベネッセハウス美術館

W benesse-artsite.jp/en/art/benessehouse-museum.html
A Gotanchi, Kagawa, 761-3110
T +81-87-892-3223

ATTRAKTION/MUSEUM/HOTEL |
Das Benesse House Museum wurde von Tadao Andō entworfen und 1992 eröffnet. Es liegt an der Seto-Inlandsee und ist Luxushotel und Museum zugleich. Tadao Andōs Betonarchitektur ist an sich schon ein Kunstwerk, bildet aber auch einen idealen Hintergrund für andere Werke wie etwa Yoshihiro Sudas *Weeds* (2002), wo Grünpflanzen durch den Beton lugen. Das entspricht genau Andōs Konzept, Kunst, Natur und Architektur stimmig zu verbinden. Neben vielen Gemälden, Skulpturen und Fotoarbeiten könnt ihr im Museumspark, der einen fantastischen Ausblick auf die See bietet, noch weitere Installationen entdecken, die extra für diesen Ort geschaffen wurden.

Besonders bemerkenswert ist das *Cultural Melting Bath* von Cai Guo-Qiang, das seit 1998 besteht. Hier darf jeden Sonntag eine Gruppe von Gästen ein Bad mit köstlichen Kräuteressenzen nehmen und dabei den großartigen Meeresblick genießen. Im Park seht ihr auch Werke von Andy Warhol, Gerhard Richter, David Hockney, Hiroshi Sugimoto, Tadao Andō, Kazuo Katase und Robert Rauschenberg.

Wenn ihr euch etwas Gutes tun wollt, bucht doch eine Übernachtung in dem himmlischen Hotel und genießt Kunst und Natur in vollen Zügen. Wenn nicht, könnt ihr trotzdem das Museum besuchen, das 1050 Yen Eintritt kostet. Kinder unter 15 Jahren haben freien Eintritt.

5

5

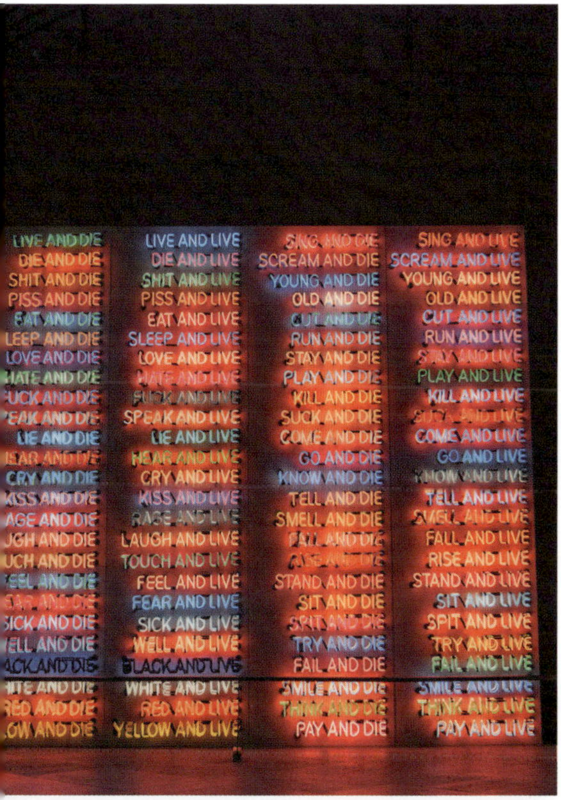
LIVE AND DIE
DIE AND DIE
SHIT AND DIE
PISS AND DIE
EAT AND DIE
LOVE AND DIE
LIE AND DIE
CRY AND DIE
LIVE AND LIVE
DIE AND LIVE
SHIT AND LIVE
PISS AND LIVE
EAT AND LIVE
SLEEP AND LIVE
LOVE AND LIVE
SPEAK AND LIVE
LIE AND LIVE
HEAR AND LIVE
CRY AND LIVE
KISS AND LIVE
LAUGH AND LIVE
TOUCH AND LIVE
FEEL AND LIVE
FEAR AND LIVE
SICK AND LIVE
WELL AND LIVE
BLACK AND LIVE
WHITE AND LIVE
RED AND LIVE
YELLOW AND LIVE
SING AND DIE
SCREAM AND DIE
YOUNG AND DIE
OLD AND DIE
CUT AND DIE
RUN AND DIE
STAY AND DIE
PLAY AND DIE
KILL AND DIE
SUCK AND DIE
COME AND DIE
GO AND DIE
KNOW AND DIE
TELL AND DIE
SMELL AND DIE
FALL AND DIE
STAND AND DIE
SIT AND DIE
SPIT AND DIE
TRY AND DIE
FAIL AND DIE
SMILE AND DIE
THINK AND DIE
PAY AND DIE
SING AND LIVE
SCREAM AND LIVE
YOUNG AND LIVE
OLD AND LIVE
CUT AND LIVE
RUN AND LIVE
PLAY AND LIVE
KILL AND LIVE
COME AND LIVE
GO AND LIVE
KNOW AND LIVE
TELL AND LIVE
SMELL AND LIVE
FALL AND LIVE
RISE AND LIVE
STAND AND LIVE
SIT AND LIVE
SPIT AND LIVE
TRY AND LIVE
FAIL AND LIVE
SMILE AND LIVE
THINK AND LIVE
PAY AND LIVE

JAPAN

SAPPORO

HOKKAIDOS HAUPTSTADT, PERFEKT FÜR BEGEISTERTE SKIFAHRER

43.067°N
141.352°E

11

札幌

Sapporo liegt auf Japans nördlichster Insel Hokkaido und ist das Tor zu einer der malerischsten Inseln des Landes. Wer gern Snowboard oder Ski fährt, macht hier vielleicht seinen ersten Stopp auf dem Weg zu den beliebten Skigebieten wie Niseko, Sapporo ist aber auch selbst ein Winterwunderland für alle, die ein Wintererlebnis in der Stadt bevorzugen.

Wenn ihr Sapporo in den verschneiten Wintermonaten besucht, werdet ihr an vielen Fußgängerüberwegen kleine Kisten mit Sandsäcken entdecken. Diese Sandsäcke kann jeder mitnehmen und damit seinen Weg streuen, sodass man nicht auf den glatten Straßen stürzt. Eine andere Möglichkeit, unfallfrei voranzukommen, wenn die Straßen sehr vereist sind, ist der unterirdische Fußweg Sapporo Ekimae-dōri Chi-Ka-Ho, der die Bahnhöfe Odori und Sapporo verbindet. Dieser Durchgang ist gesäumt von Bekleidungsgeschäften und Läden für den alltäglichen Bedarf wie Apotheken, Cafés und Restaurants – perfekt, um warm und sicher voranzukommen. Sapporo hat auch eine einzigartige Küche, und ihr müsst unbedingt die Dandan-Nudeln im 175°Deno *(siehe S. 234)*, das berühmte *yakinuku* (gegrilltes Lamm) im Daruma *(siehe S. 236)* und die Currysuppe im Soul Store *(siehe S. 236)* probieren.

Genießt den herrlichen Winter in Sapporo, aber bitte stürzt nicht auf dem tückischen Eis unter all dem schönen Schnee.

1 MOIWA

藻岩山

W mt-moiwa.jp/en/
A Moiwayama, Minami-ku, 005-0041

ATTRAKTION/ERLEBNIS | Von der Aussichtsplattform auf dem Berg Moiwa habt ihr einen großartigen Rundumblick über Sapporo. Und nicht nur der ist beeindruckend, schon die Fahrt mit der Seilbahn und der Minikabelbahn ist ein Erlebnis. Am besten plant ihr den Ausflug so, dass ihr am späten Nachmittag oben seid, dann seht ihr erst noch die Berge in der Sonne leuchten und später dann die funkelnden Lichter der Stadt.

Wenn ihr im Winter rauffahrt, nehmt Kleingeld für den Automaten an der Aussichtsplattform mit, da gibt es eine feine heiße Schokolade. Ich war im Dezember oben, und mir wären beim Fotografieren fast die Finger abgefroren! Wie praktisch wären da wenigstens fingerlose Handschuhe gewesen. Falls euch die Wartezeit bis zum Sonnenuntergang zu lang wird, könnt ihr auch im Restaurant The Jewels unterhalb der Plattform noch etwas trinken, bis die Lichter in der Stadt angehen. Der Blick ist so schön, dass man selbst die eisige Kälte rasch vergisst.

Touristen machen gern ein Foto in der rautenförmigen Skulptur und schlagen die Glocke an, was Glück bringen soll, aber das ist nichts für mich. Auf den Moiwa führen auch fünf beliebte Wanderwege. Der kürzeste ist 2,4 Kilometer lang, der längste 4,5 Kilometer. Und Sterngucker werfen sicher gern im Super Planetarium einen Blick in den Sternenhimmel.

2 NAKAJIMA-PARK

中島公園

A 1 Nakajimakōen, Chuo-ku, 064-0931
T +81-11-511-3924

ATTRAKTION/PARK | Nakajima Kōen ist ein hübscher, weitläufiger Park unweit des Stadtzentrums. Nehmt euch Snacks und einen Kaffee mit, schlendert um den Teich herum und genießt die schöne Natur mitten in der Stadt. Aber schaut auf die Wege – ich habe mir hier den Knöchel gebrochen, das ist nicht zu empfehlen.

In dem Park gibt es auch ganz tolle Spielmöglichkeiten für Kinder direkt vor der bunt bemalten Wand eines nahen Hauses. Wenn alles verschneit ist, leuchten die Farben richtig schön. Vom Park sieht man auch den Moiwa sehr gut.

Im Nakajima-Park könnt ihr im Winter Schneemänner bauen oder im Sommer gemütlich auf einer Bank sitzen. Auch im Herbst, wenn sich die Blätter verfärben, ist es dort sehr schön. Und im Frühling könnt ihr natürlich auch hier *hanami* (Kirschblüte) erleben. Ach, und habe ich schon erwähnt, dass es auch einen Teich, ein Baseballfeld, einen Tennisplatz und einen Golfplatz gibt? Der Bewegungsfreude sind also keine Grenzen gesetzt, aber nachdem ich mir hier den Knöchel gebrochen habe, bitte ich euch inständig: Zieht vernünftige rutschfeste Schuhe an! Stiefel mit Spikes sind vielleicht nicht trendig, aber definitiv sicher.

Ihr erreicht den Park mit der Namboku-Linie, und wenn es schneit, könnt ihr am Bahnhof Nakajima-kōen den Ausgang wählen, der euch genau zum gewünschten Ziel im Park bringt.

1

2

3 FABULOUS

ファビュラス

W rounduptrading.com
A NKC Building, 1F, 2-3-1 Minami, 1 Johigashi, Chuo-ku, 060-0051
T +81-11-271-0310

SHOP/KLEIDUNG/HAUSHALTS-WAREN/PAPIER/CAFÉ | Fabelhaft (fabulous), genau das ist das Fabulous: ein Laden für alles und dazu ein Café – perfekt, um hier den halben Tag zu verbringen. Ich traf einen der Angestellten von Fabulous im The Lots *(siehe S. 240)*, wo er mit einem Designer aus Nagoya zusammensaß, der in dem Laden einen Pop-up-Store plante. Was ich damit sagen will, ist, dass sie im Fabulous gute Kontakte haben und ihr sicher sein könnt, sowohl im Laden als auch im Café eine gute Auswahl von Artikeln aus ganz Japan zu bekommen.

Schaut hier nach Schmuck, Haushaltswaren, Möbeln, Campingzubehör, Papierwaren, Taschen und in Hokkaido hergestellten Dingen wie etwa Schnitzereien und Vasen aus weichem Tuffstein. Oder nehmt die Handtücher mit dem Waldmotiv, die an die schöne Natur Sapporos erinnern. Ihr findet dort coole Modelabels für Männer und Frauen in großer Auswahl, aber auch Inneneinrichtungsmarken wie Costa Nova (Keramik), Chemex (Kaffeemaschinen), La Rochère (Gläser), Merchant & Mills (Textilien) und den dänischen Designer Kay Bojesen.

Nach eurem Einkauf könnt ihr euch im großen Café (schon ab 8 Uhr geöffnet, was in Japan selten ist) bei einem Kaffee und einem köstlichen Sandwich ausruhen. Je nachdem, zu welcher Zeit ihr kommt, kosten Sandwich und Getränk nur rund 1000 Yen. Zum Abendessen werden eine ganze Reihe Salate und Pasta angeboten. Und vielleicht gönnt ihr euch dann noch einen Cocktail – ihr seid ja schließlich im Urlaub!

4 SABITA

サビタ

W sabita.jp
A MOMA Place, 1F, 28-2-35 Kita 1 Jonishi, Chuo-ku, 064-0821

SHOP/HAUSHALTSWAREN/CAFÉ | Der Laden für Haushaltswaren und das Café in einem minimalistischen weißen Gebäude sind der ideale Anlaufpunkt, wenn ihr japanische Keramik von heimischen Künstlern erwerben wollt. Schon beim Betreten des Ladens spürt ihr die friedliche und fast meditative Atmosphäre, auf Tischen und Regalen sind Geschirr und Textilien in ruhigen Farben arrangiert. Im nachmittäglichen Licht wirkt der Laden wie eine Kunstinstallation. Aber Vorsicht: Man hat plötzlich das Gefühl, als müsste man zu Hause alles völlig neu einrichten!

Ihr bekommt hier schöne Tischtücher, Baby- und Damenbekleidung, wunderbaren Gold- und Silberschmuck von heimischen Künstlern und jede Menge Teller, Tassen und Schüsseln. Im Obergeschoss erwartet euch ein sehr einladendes Café.

Und vielleicht habt ihr danach ja noch Lust, durch den nur ein paar Minuten entfernten Maruyama-Park zu bummeln.

4

4

3

OBENTO

Obento (oder kurz *bento*) sind in der japanischen Kultur tief verwurzelt. Schon kleine Kinder werden von den Eltern mit den Boxen in den Kindergarten geschickt, in denen fein säuberlich die Mahlzeit verpackt ist. Angestellte holen sich ihre *Obento*-Boxen zum Mittag- oder Abendessen im Lebensmittelladen oder im Supermarkt. Sogar an Bahnhöfen, an denen der Shinkansen (Hochgeschwindigkeitszug) abfährt, kann man *ekiben* kaufen (*eki* ist das japanische Wort für Bahnhof und *ben* steht für *bento*). Auch *oshogatsu* (Neujahrsessen) wird in kleinen Fächern serviert. Kleine Portionen verschiedener Speisen zu essen, ist ganz typisch für Japan, nicht nur bei Bento-Boxen, sondern bei den meisten japanischen Mahlzeiten, die aus Beilagen, einem Hauptgericht, Reis und Miso bestehen.

Es gibt viele verschiedene Arten von *obento*, aber meistens bestehen sie aus Reis (manchmal mit einer sauren Pflaume in der Mitte, die der japanischen Flagge nicht unähnlich ist), Eiweiß, etwa Fisch, Huhn oder Fleisch, und einer Auswahl an Beilagen und Pickles. *Obento* sind ebenso farbenfroh wie köstlich und im All-

ISETAN SHINJUKU

W isetan.mistore.jp
A 3 Chome-14-1 Shinjuku, Shinjuku City, Tokyo, 160-0022
T +81-8133-352-1111

TOKYU FOOD SHOW

A 1 Chome-12-1 Dogenzaka, Shibuya City, Tokyo, 150-0043
T +81-8133-477-3111

gemeinen sehr günstig. Lebensmittelgeschäfte und Supermärkte verkaufen *obento* für 300 bis 1000 Yen.

Besondere *obento* bekommt ihr häufig in den Untergeschossen schicker Kaufhäuser, etwa im ISETAN Shinjuku oder Tokyu Food Show. Dort kosten die *obento* zwischen 500 und 2000 Yen und sind köstlich und frisch. Für mich ideal, wenn ich nach einem langen Arbeitstag keine Lust mehr zum Kochen habe, aber trotzdem etwas Gesundes essen möchte. Ein heißer Tipp: Nehmt im Kaufhaus nicht die *obento*, deren Inhalt nur auf der Plastikverpackung abgedruckt ist, sondern die, wo man sieht, was drin ist. Oft sind sie in netten Bambusschachteln verpackt oder in hübsches Papier gewickelt und einfach mit einem Band verschlossen. Das Essen wird auf jeden Fall immer kunstvoll präsentiert, oft unter Anwendung der fünf Bento-Regeln:

FÜNF ZUBEREITUNGSARTEN – *niru* (köcheln), *musu* (dämpfen), *yaku* (grillen), *ageru* (braten), *tsukuru* (gestalten – oft auch roh)

FÜNF GESCHMACKSRICHTUNGEN – *shiokarai* (salzig), *suppai* (sauer), *amai* (süß), *nigai* (bitter), *karai* (würzig)

FÜNF FARBEN – *aka* (rot), *kiiro* (gelb), *midori* (grün), *shiro* (weiß), *kuro* (schwarz)

FÜNF SINNE – *miru* (sehen), *kiku* (hören), *kyukaku* (riechen), *ajiwau* (schmecken), fureru (berühren)

FÜNF ANSICHTEN ODER PERSPEKTIVEN – ein Prinzip der Buddhisten für die richtige Einstellung beim Essen.

Neben *obento* findet ihr in japanischen Lebensmittelläden auch viele andere interessante Dinge wie zum Beispiel:

- gekochte Eier
- Softeis in der Waffel (das Eis behält seine Form)
- witzige *chu-hi* (alkoholische Getränke), meist auf Basis von *shochu* (japanischer Kartoffelschnaps) in lustig gemusterten Dosen
- viele Arten von *onigiri* (Reisbällchen), gefüllt mit fermentierten Pflaumen, Thunfisch und Mayonnaise oder *kombu* (Seetang)

5

6

6

5 MILL

ミル

W ile-sapporo.jp/mill
A 1-13 Odorinishi, Chuo-ku, 060-0042
T +81-11-213-0903

SHOP/HAUSHALTSWAREN | Das Mill ist ein wunderbarer Laden für Haushaltswaren und Accessoires im Einkaufszentrum Odori Bisse, nicht weit vom berühmten Uhrenturm von Sapporo entfernt. Die Auswahl ist eine der besten in Japan. Accessoires und Bettwäsche der japanischen Marke Fog Linen, die auch herrliche Tischdecken und Servietten herstellen, sowie viele weitere Dinge aus litauischem Leinen. Ich empfehle euch die schönen hölzernen *Obento*-(Bento-) Boxen, die euch zu Hause an Japan erinnern. Ihr findet hier auch internationale Marken wie Baggu, die limitierte Serien nur für Japan herausbringen.

Hier gibt es auch lokalen Kaffee, schöne handgeflochtene Körbe, Grußkarten, Papierwaren, Vasen, Keramikgefäße, Raumdüfte oder auch Schokolade aus fairem Handel. Das Mill ist der ideale Platz, um kleine Geschenke und etwas Hübsches für sich selbst zu kaufen.

Und wenn ihr schon da seid, könntet ihr euch das restliche Einkaufszentrum auch noch anschauen. Vielleicht habt ihr Lust auf was Süßes aus der Bäckerei Donguri im Erdgeschoss. Das könnt ihr entweder direkt vor Ort verspeisen oder ihr nehmt euch einen leckeren Snack mit in den nahen Odori-Park (Ōdōri Kōen) und esst dort mit Blick auf den Uhrenturm.

6 MORIHICO COFFEE

森彦コーヒー

W morihico.com/en
A 26-2-18, Minami 2 Jonishi, Chuo-ku, 064-0802
T +81-800-111-4883

CAFÉ/KAFFEE | Ein traditionelles zweistöckiges Haus mit rotem Dach, in dem ein Café untergebracht ist, lädt euch ein, gemütlich eine Tasse Kaffee zu trinken und dazu einen feinen Kuchen oder ein saftiges Sandwich zu genießen. Das 1996 eröffnete Morihico liegt in der hübschen ruhigen Wohngegend Maruyama. Es hat zwar noch weitere Filialen, aber ich mag diesen gemütlichen kleinen Laden am liebsten. Wenn ihr in Sapporo seid, solltet ihr dort hingehen.

Wenn ihr das nette Café betretet, geht ihr zur Theke. Von dort werdet ihr zum Tisch gebracht. Links ist ein gemütlicher Raum, dessen großer Tisch gut geeignet für größere Gruppen ist, sowie auch eine kleine Sitzbank für zwei Leute. Im Café hängen schmucke Lampen, die an antike Laternen erinnern, die Dekoration ist hübsch und natürlich mit Trockenblumenarrangements.

Als ich dort war, saß ich im Erdgeschoss beim Bücherregal und freute mich an den Sonnenstrahlen, die ihre geometrischen Muster über die Bücher warfen. Das Personal berät euch gern bei der Wahl des richtigen Kaffees. Ich habe mich für die dunkle und weiche Hausmischung entschieden – ein richtiger Muntermacher! Zum Essen empfehle ich euch dringend den Croque Monsieur.

Ihr könnt auch einen Tisch oben bekommen, aber passt bitte auf den alten Holzstufen sehr gut auf, die sind so steil und eng, dass man leicht ausrutschen kann.

Nehmt euch auf jeden Fall etwas von dem frisch gerösteten Kaffee mit nach Hause, er ist köstlich.

7 & EAT.BY SUU

アンドイートバイスー

W suu.life
A 16-1-27 Ōdorinishi, Chuo-ku, 060-0042
T +81-11-676-9664

CAFÉ | & Eat.by SUU ist das Schwestercafé des gleichnamigen *Zakka*-Ladens (Haushaltswaren und Lifestyle-Produkte) in derselben Gegend. Das Interieur ist eine hübsche Mischung aus rustikal und modern, also Holz mit Metall, und verspielt, also Trockenblumen und niedrig hängende Lampen. Und dazu passend spielen sie sehr entspannte Musik.

Die liebenswerte und freundliche Besitzerin ist auch Foodstylistin und präsentiert die angebotenen Speisen entsprechend schön. Es macht Spaß, ihr bei der fast künstlerischen Arbeit zuzusehen. Das Arrangement der Produkte der Saison in verschiedenen Farben mit kunstvoll drapierten Salatblättern und dazwischen rosafarbener Rettich und Zitrusfrüchte erinnert an ein Gemälde. Je nach Jahreszeit bekommt ihr oft ein Curry mit Gemüse und Salat, dazu könnt ihr Brot oder Reis wählen.

Das Café mit seinen 20 Plätzen erstreckt sich über zwei Etagen. Ich saß am großen Tresen und plauderte mit dem Personal, während mein Mittagessen zubereitet wurde. Das & Eat.by SUU ist der perfekte Ort für ein entspanntes Mittagessen.

8 175°DENO

W 175.co.jp
A 6-20 Minamijojo Nishi, Chuo-ku, 060-0061
T +81-11-596-8175

RESTAURANT/RAMEN | Die Dandan-Nudeln im 175°Deno sind ein Muss, wenn ihr in Sapporo seid! Nach vielen Besuchen in Chendgu in der chinesischen Provinz Sichuan begann der japanische Besitzer, die japanische Nudelsuppe *ramen* mit chinesischen Gewürzen zu kombinieren – und nun gibt es tolle *ramen* mit Dandan-Nudeln!

Der besondere Geschmack entsteht durch die Kombination von Gewürzen und Saucen, wie Sardinenöl mit Sichuanpfeffer, gemischt mit einer geheimen Sesamsauce. Die Nudeln werden mit gebratenen Sojabohnen oder Hackfleisch in einer mit Hühnerfleisch gewürzten Brühe mit hausgemachten *Umami*-Gewürzen serviert. Das beliebteste Gericht sind die *ramen* ohne Brühe. Köstlich sind auch die würzigen *ramen*, die mit verschiedenen Zutaten wie Eiern und Koriander verfeinert werden können. Ihr könnt eure Nudeln und die Brühe auch ganz individuell zusammenstellen, die Auswahl ist riesig. Zu den Dandan-Nudeln gibt es auch eine Reihe von lokalen Biersorten.

Neben den fünf Läden in Sapporo hat das 175°Deno auch Filialen in Tokyo und Fukushima. Das schlicht eingerichtete Restaurant hier in Sapporo betritt man durch einen Seiteneingang eines Geschäftsgebäudes, und bei meinem letzten Besuch saß ich sehr gemütlich an der Theke.

8

7

7

9 DARUMA

成吉思汗だるま本店

A 4 Crystal Building, 1F, Minami 5 Jonishi, Chuo-ku, 064-0805

RESTAURANT/YAKINUKU | Daruma ist eines der bekanntesten und beliebtesten *Yakinuku*-(Lamm-)Restaurants in Sapporo. Ihr bestellt Lammfleisch und Gemüse, das ihr dann auf dem *shichirin* (Tischgrill) zubereitet. Meist gibt es hier Wartezeiten von bis zu 30 Minuten, aber es lohnt sich.

Wenn ihr reinkommt, werdet ihr eine Garderobe für die Winterjacken vermissen, aber dafür hat jeder Stuhl ein Fach, in dem ihr eure Sachen unterbringen könnt. Das ist nicht nur superpraktisch, es verhindert auch, dass eure Kleidung anschließend nach Grill riecht.

Das Restaurant ist recht klein, sodass immer nur wenige Leute gleichzeitig essen können, daher ist es auch immer voll. Wahrscheinlich müsst ihr immer wieder *sumimasen* (Entschuldigung) sagen, wenn ihr euch zwischen den Tischen bewegt.

Wir bestellten bei meinem letzten Besuch das gemischte geschnittene Fleisch. Das war sehr köstlich und wärmte uns an dem kalten Winterabend herrlich auf. Das Personal zeigt euch, wie ihr das Fleisch zubereitet, aber ihr könnt auch einfach zusehen, wie es die anderen Gäste machen. Normalerweise wird das Fleisch leicht angegrillt und dann mit einer Schere in mundgerechte Stücke geschnitten. Wenn ihr dazu Alkohol bestellt, bekommt ihr noch ein Schüsselchen mit Knabbersachen, etwa saurem Gemüse.

Hier herrscht ein stetes Kommen und Gehen, wenn ihr also gemütlich sitzen und ausgiebig quatschen wollt, ist das nicht das richtige Lokal. Aber das Essen ist klasse.

10 SOUL STORE

ソウルストア

A F-DRESS7 Building, 7-3-2 Minami 3 Jonishi, Chuo-ku, 060-0001

RESTAURANT/SUPPENCURRY | Im Soul Store könnt ihr in rustikalem Interieur eines der bekanntesten Gerichte von Sapporo, das Suppencurry, genießen und dazu entweder gemütlich an Tischen oder auch an der Theke sitzen. Ich empfehle euch die Theke, denn da könnt ihr zuschauen, wie in der Küche herumgewirbelt wird.

Am beliebtesten ist das Suppencurry mit Huhn und Gemüse. Da sind unter anderem Kürbis, Brokkoli und Shiitake drin, alle kunstvoll um eine frittierte *gobo* (Klettenwurzel) drapiert. Das Hühnchen ist so zart, dass es leicht vom Knochen geht, und ihr könnt wählen, wie viel Reis ihr dazu wollt und wie scharf gewürzt sein soll. Ich esse gern scharf und habe »mittelscharf« bestellt, das war sehr angenehm zu essen. Die Brühe ist leicht und suppenartig und eignet sich perfekt als Beilage zu Reis. Ich habe zum Hühnercurry eines meiner japanischen Lieblingsbiere, das Heartland, getrunken. Das solltet ihr auch einmal probieren.

Die Sitzplätze an der Theke sind auch ideal, wenn man hier allein in aller Ruhe Mittag oder Abend essen möchte.

10

9

12

12

11 KAMADA SARYO

かまだ茶寮

W kamada-saryo.com
A 25-1-31 Minami 2 Jonishi, Chuo-ku

RESTAURANT/SUSHI | In einem gemütlichen kleinen Haus in einer Nebenstraße findet ihr dieses nette Lokal. Das Kamada Saryo ist bekannt für sein malerisch buntes Sushi und die *teishoku* (Menüs). Es ist klassisch mit dunklem Holz eingerichtet, und zwar vom Boden über Wände und Tische bis zu den Stühlen.

Das Sushi-Spezial-Mittagsmenü enthält Beilagen, Tempura, *chawanmushi* (japanische Variante von Eierstich) und ein Dessert. Die Sushi-Zutaten, etwa roher Lachs, Jakobsmuscheln, Omelett und saures Gemüse, kommen mit einer Schale Reis und Algenblättern an den Tisch, sodass ihr euer eigenes Sushi rollen könnt. Natürlich bekommt ihr dazu auch Wasabi und Senf.

Achtet auf das Schild des Restaurants Kamada Saryo, das euch den Weg in die kleine Straße weist. Das ruhige, kleine Lokal wird gern von Frauen besucht, die sich gedämpft unterhalten. Wenn ihr also in friedlicher, entspannter Atmosphäre essen wollt, dann seid ihr hier genau richtig.

Ich rate euch, zu reservieren und dabei gleich die Sushi-Spezialplatte zu bestellen, denn das Lokal ist sehr beliebt und es gibt nur eine bestimmte Zahl Sushi-Platten pro Tag. Wenn ihr nicht reserviert habt, könnt ihr aber immerhin ein Matcha-Eis in traditioneller Kaffeehaus-Umgebung genießen.

12 MENYA YUKIKAZE

麺屋雪風

A 4-2-6 Minami 7 Jonishi, Chuo-ku, 064-0807

RESTAURANT/RAMEN | Hier ist es wie in allen guten *Ramen*-Lokalen: Ihr müsst erst mal anstehen. Ich habe mindestens 30 Minuten im Schnee gewartet, aber die Vorfreude und die netten Unterhaltungen mit den anderen Gästen halfen, dass die Zeit rasch verging.

Innen ist es winzig, alt, verstaubt und dekoriert mit vergilbten Fotos, wie man das in *Ramen*-Lokalen halt erwartet. An den Wänden im Menya Yukikaze (»Schneewind«) hängen Autogrammkarten berühmter Persönlichkeiten, die hier einmal zum Essen waren.

Es gibt eine englische Speisekarte, auf der die Gerichte erklärt werden. Das beliebteste ist Miso-*ramen*. Wer es gern schärfer mag, der sollte Chili-*ramen* bestellen. Mir hat das sehr gut geschmeckt! Die gemütliche Atmosphäre – drinnen warm und heiße *ramen*, draußen alles voller Schnee – werde ich nicht so schnell vergessen. Der erste Schluck Suppe und der erste Biss in die Nudeln lassen einen vor Vergnügen lächeln.

Das ist das beste und günstigste *Ramen*-Lokal, das ihr finden könnt!

13 THE LOTS
ザ ロッツ

W Instagram.com/the.lots
A Social Hall Building, 2F, 2 Minami 5 Jonishi, Chuo-ku, 064-0805
T +81-11-213-0201

BAR | The Lots ist definitiv mein Lieblingsplatz in Sapporo. Ich war an meinem letzten Abend in Sapporo so gegen 22 Uhr dort, und als ich in dem an ein Warenhaus erinnernden Gebäude die Treppen im Industriestil hinauf- und an den kleinen Räumen und Bars vorbeiging, war ich mir sofort sicher, einen Geheimtipp entdeckt zu haben. Am Ende des Gangs im zweiten Stock fand ich das »The Lots«-Neonschild, und mir war klar, dass die Bar echt cool ist.

Der Besitzer setzte mich an die Bar zu ein paar sehr netten Jungs. Die Karte ist nur in Japanisch, aber sie haben mir geholfen, das Richtige zu finden. Ich sah hinter der Theke Früchte in der Kühlung und bestellte gleich einen Lemon Sour (auf *Shochu*-Basis). Dazu gewürzte Edamame und die hausgemachte Nikomi-Suppe, die unglaublich lecker und perfekt für einen Winterabend war.

Bis ich nach Hause ging, hatte ich mich mit dem Besitzer und den Jungs angefreundet, die ganz überrascht waren, dass ich diesen Laden entdeckt hatte. Sie nahmen mich sogar noch in eine andere Bar mit. Ihr seht, hier findet man rasch neue Freunde – und es gibt Karaoke! Wenn ihr vorbeischaut, richtet bitte Grüße von mir aus!

14 & SEIS.INC
酒と銀シャリ せいす

A 6-5-3, Minami 2 Jonishi, Chuo-ku, 060-0062

BAR/SAKE | & SEIS ist eine große, moderne Sake-Bar im Zentrum von Sapporos *shotengai* (überdachte Ladenstraße). Ihr seht sie sofort, denn die Front ist mit grafischen *noren* (traditionelle Stoffvorhängen) verziert, die Geishas in Kimonos in kräftigen Farben zeigen. Diese Sake-Bar, die zu einer Kette mit vier Läden gehört, hat eine lässige und lebhafte Atmosphäre.

Das Interieur ist im Industriestil gehalten mit Betonboden und Scheinwerfern an schwarzen Gerüsten. Man kann an Tischen oder an der Bar sitzen. Bestimmt gefallen euch auch die Teller und Sake-Becher mit dem Logo des Lokals. Vielleicht wollt ihr ja Streichhölzer mit dem Logo als Erinnerung mitnehmen?

Die Spezialität des & SEIS sind Austern, die ihr unbedingt probieren solltet. Oder vielleicht mögt ihr auch den Fisch, der an einem Stab über dem Feuer gegrillt wurde. Die knusprige Haut ist köstlich. Als Sake-Bar legt das & SEIS natürlich großes Augenmerk auf die Produktion von Reis (den man zur Sake-Herstellung braucht). Deshalb werden hier sechs verschiedene Reistypen angeboten, deren unterschiedlichen Glanz, Duft und Klebrigkeit ihr hier kennenlernen könnt.

Die Bar liegt äußerst günstig und bietet sich an für einen schnellen Drink, ein Mittag- oder Abendessen – ihr werdet es nicht bereuen.

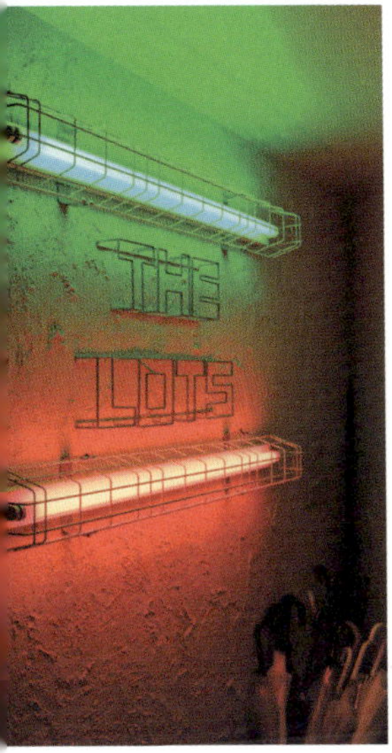

13

13

14

15 UNWIND HOTEL

ホテルアンワインド札幌

W hotel-unwind.com/en
A 289-111 Minami 8 Nishi 5, Chuo-ku, 064-0808

HOTEL | Das Unwind Hotel ist ein tolles Hotel im Lodge-Stil, in dem man sich herrlich erholen kann. Schon beim Betreten fallen einem das schöne Design und die Möbel auf. Ein Holzkamin erwärmt die Eingangshalle, und nach dem Einchecken kann sich jeder Gast einen Willkommensdrink aussuchen. Ich habe mich für einen heißen Apfel-Cider entschieden, der in einem Glas mit einer Scheibe Zitrone serviert wurde.

Die an Holzhütten erinnernden Zimmer sind liebevoll ausgestattet – ein würziger Raumduft, kupferfarbene Leuchten und ein Balmuda-Kessel mit Tülle zum Aufgießen von Kaffee … Alles perfekt durchdacht für einen sehr angenehmen Aufenthalt.

Zum Frühstück bekommt ihr einen herzhaften Suppeneintopf, wie er für Sapporo typisch ist, und frisches Brot in einem Korb, der zur von euch gewünschten Zeit vor eurer Tür abgestellt wird. Im Zimmer gibt es einen kleinen Backofen, in dem ihr das Brot anwärmen könnt.

In der Hotelbar auf dem Dach können die Hausgäste zwischen 17 und 19 Uhr kostenlos Wein aus Hokkaido probieren. In den kälteren Monaten wird, bis der erste Schnee liegt, dort oben ein Feuer entzündet, um das sich die Gäste scharen und den schönen Blick über Sapporo genießen. Ich kann euch nur empfehlen, dort abzusteigen.

15

15

15

JAPAN

FUKUOKA

LÄSSIGE STADT
AUF DER INSEL
KYUSHU

33.589°N
130.397°E

12

福岡

Fukuoka, die Hauptstadt der Insel Kyushu, ist super, weil ihr dort alles von Läden bis Restaurants findet und das öffentliche Verkehrsnetz gut ausgebaut ist. Die Einwohner sind offen und freundlich, und ihr habt keine Probleme, ein nettes Café, eine lustige *izakaya* (kleine Bar) oder eine Karaoke-Bar zu finden. Geht in die Shochu Bar Mogura *(siehe S. 258)*, dort bekommt ihr mehr als 500 verschiedene Sorten *shochu* (japanischer Kartoffelschnaps), oder zu Fukuichi Ramen *(siehe S. 257)*, einem meiner liebsten *Ramen*-Lokale. Und wenn ihr einen Koffeinkick braucht, erwarten euch viele Cafés wie das Coffee County *(siehe S. 254)*.

Fukuoka hat darüber hinaus eine lebendige und spannende Kunstszene mit etlichen Galerien wie Konya 2023 Project *(siehe S. 246)*, die über die ganze Stadt verstreut sind, sowie die Schreibwarengeschäfte Linde Cartonnage *(siehe S. 251)* und High-tide *(siehe S. 251)*, die man nicht verpassen sollte. Und wenn ihr während *hanami* in Fukuoka seid, solltet ihr in den herrlichen Ohori-Park gehen *(siehe S. 246)*.

Wer nach Kyushu fährt, kann auf dem Weg nach Beppu *(siehe S. 262–289)* und Nagasaki für ein paar Tage in Fukuoka haltmachen und von dort aus weiterreisen.

1 OHORI-PARK
大濠公園

A 1 Ōhorikōen, Chuo-ku, 810-0051
T +81-92-741-2004

ATTRAKTION/PARK | Ōhori Kōen ist einer der berühmtesten Parks in Fukuoka. Er erstreckt sich über fast 400 000 Quadratmeter und ist in verschiedene Bereiche unterteilt. Erbaut wurde er zwischen 1926 und 1929 in Anlehnung an den klassischen Gartenbaustil des Westsees in China.

Ihr könnt auf dem großen Teich mit einem Boot fahren, über die Steine im japanischen Garten gehen, den Erlebnispark für Kinder besuchen oder in den Wald mit Wildvögeln laufen. Dort gibt es auch ein Nō-Theater. Der ganze Park ist umgeben von einem Wassergraben, an dem man herrlich entlangschlendern kann. Ōhori ist das japanische Wort für »Wassergraben«.

Der Ohori-Park ist ganz besonders schön während *hanami* (Kirschblüte). Dann versammeln sich große Gruppen unter den blühenden Bäumen, um zu feiern. Ich habe hier einmal mit meiner »Tokyo-Schwester« Ame-chan eine *Hanami*-Party gefeiert mit einem durch und durch pinkfarbenen Picknick: rosa Asahi-Bier und Bento-Boxen. Wenn ihr während der Kirschblüte in der Stadt seid, ist der beste Platz, um unter den Blütenblättern zu sitzen, in der Nähe der Burgruine von Fukuoka im Park. Ihr könnt auch zum nahe gelegenen Aussichtspunkt hinaufgehen und von dort aus Fotos mit Blick auf den Park machen.

Der Park ist von den Stationen Ōhorikōen und Tojinmachi der U-Bahn-Linie Kuko zu erreichen. Von beiden Stationen aus sind es dann noch sieben Minuten zu Fuß.

2 KONYA 2023 PROJECT
紺屋2023

W konya2023.travelers-project.info/en/about-2
A Daiichi Matsumura Building, 1-14-28 Daimyo, Chuo-ku, 810-0041
T +81-92-984-6292

ATTRAKTION/KREATIVRAUM/GALERIE | Fukuoka ist bekannt für seine lebhafte Kunstszene, dazu gehört auch das Konya 2023 Project: Es ist Galerie und Wohnhaus für Künstler in einem und großartig, wenn ihr Kunst aus der Region sehen wollt. 2008 wurde ein 15-jähriger Pachtvertrag, also bis 2023, abgeschlossen. Ihr werdet hier Werke verschiedenster Künstler und Kunstrichtungen sehen. Die Künstler, ältere und junge, kommen aus aller Welt, um hier auszustellen.

Das Project liegt etwas abseits der Straße und ist deshalb nicht ganz leicht zu finden. Wenn euer GPS euch dort hingeführt hat, geht einfach die kleine Gasse nach hinten und nehmt die Treppen rechts bis zur Galerie. Die Stimmung in dem Lagerhaus erinnerte mich mehr an die Surry Hills in Sydney als an Japan. Vielleicht trefft ihr einen der Künstler und könnt euch mit ihm über seine Arbeit unterhalten.

Direkt vor dem Eingang der Galerie liegt eine fantastische Sammlung kostenloser Zeitungen aus, die ihr unbedingt mitnehmen solltet, um mehr über Fukuoka zu erfahren. Von den Bahnhöfen Tenjin und Akasaka ist die Galerie in zehn bis 15 Minuten zu Fuß zu erreichen.

3 YATAI

屋台

A 8 Nakagawa-dōri, Nakasu, Hakata-ku, 810-0801

SHOP/MARKT | In jedem Reiseführer über Fukuoka werden die *yatai* (Imbissstände) am Wasser erwähnt. Sie sind vermutlich die bekannteste Attraktion der Stadt. Ich war zweimal dort, und auch wenn es Spaß macht, sich alles anzusehen, fand ich sie doch sehr touristisch und bin nicht sicher, ob ich noch einmal dort essen würde. Stellt euch also gleich darauf ein, wenn ihr hingeht. Aber der Bummel am Wasser entlang ist in jedem Fall sehr schön.

Die *yatai* werden überwiegend von Touristen besucht, und anders als in den meisten *Yakitori*-(Grillspieß-)Bars muss man hier manchmal eine Mindestzahl an Spießen bestellen. Ihr bekommt aber natürlich auch *oden* (Eintopf), *hakata ramen* und diverse alkoholische Getränke.

Nicht weit weg ist das Einkaufszentrum Canal City. Das liebe ich wegen seiner 1980er-Jahre-Atmosphäre und des Wasserparks. Wenn euch der Trubel an den *yatai* also zu viel wird, ist das eine gute Alternative.

Die *yatai* in Fukuoka sind vor allem samstags sehr voll. Geöffnet sind sie von 6 bis etwa 14 Uhr. Jeder *yatai* hat normalerweise einen Ruhetag pro Woche (viele am Sonntag), und wenn das Wetter schlecht ist und keiner draußen essen mag, ist geschlossen.

4 KAGOYA

カゴヤ

A Shiraishi No. 2, Apartment 22, 1-14-21, Chuo-ku, 810-0022

SHOP/HAUSHALTSWAREN | Wenn ihr im Burger-Restaurant The Basket wart *(siehe S. 257)* – und das ist ein Muss –, ist es gut zu wissen, dass die Besitzerin dieses goldigen kleinen Korbgeschäfts die Mutter des Restaurantbesitzers ist. Ihr Laden war ursprünglich dort, wo jetzt The Basket ist, doch als ihr Sohn zurück nach Fukuoka kam und sein Lokal eröffnen wollte, überließ sie ihm den Raum. Ist das nicht nett? Als ich im The Basket essen war, erzählte uns der Besitzer von dem süßen Laden seiner Mutter, und ein Angestellter brachte uns sogar extra hin.

Die Insel Kyushu ist bekannt für Korbflechterei, und in diesem Laden findet ihr eine großartige Auswahl handgeflochtener Körbe in allen Formen und Größen. Da fällt es richtig schwer, sich zu entscheiden.

Die Besitzerin spricht zwar kein Englisch, aber sie erklärt mit Händen und Füßen alles, was man über die Körbe wissen will. Allein das ist schon ein Erlebnis, und so ein Korb ist auch ein schönes Erinnerungsstück.

4

3

3

5 LINDE CARTONNAGE
リンデ

W linde-cartonnage.com
A Sanfuruno Building, 2F-B, 1-8-11 Otemon, Chuo-ku, 810-0074
T +81-92-725-7745

SHOP/PAPIERWAREN | Dieser traumhafte Papierladen ist im Obergeschoss eines warenhausähnlichen Gebäudes in der Nähe des Fukuoka Art Museum. So großartige Risografien wie hier bekommt ihr sonst nirgends in Fukuoka. Hier führen sie auch klassische Kalligrafie-Federn und -Tinten und natürlich das passende Papier dazu.

Der Ladenbesitzer war früher Redakteur und spricht perfekt Englisch, das ist recht hilfreich, wenn ihr personalisierte Karten mit Risodruck bestellen wollt. Das ist doch mal was: Postkarten an die Lieben daheim verschicken, die man selbst designt hat und die an Ort und Stelle gedruckt werden! Eine großartige Erinnerung an die Zeit in Japan.

Im Laden bekommt ihr aber natürlich auch viele fertige Karten, falls es nichts Selbstgemachtes sein muss. Und sie haben hier sehr hübsche Papierschachteln, in denen man alles Mögliche sammeln kann.

Wer Spaß an Papier hat, der muss unbedingt hierherkommen. Wenn ihr hört, wie der Besitzer über Papier spricht – in seinen Augen etwas Magisches –, wird euch das ein Lächeln aufs Gesicht zaubern!

6 HIGHTIDE
ハイタイド

W hightide.co.jp/shop
A 1-8-28 Shirogane, Chuo-ku, 810-0012
T +81-92-533-0338

SHOP/PAPIERWAREN/CAFÉ | Das Hightide muss man gesehen haben. Die aus Fukuoka stammende Firma eröffnete ihren Flagship-Store hier Anfang 2017. Er liegt in einem ruhigen Wohngebiet, und man fragt sich zunächst, ob man hier überhaupt richtig ist. Aber bald entdeckt man das weiße warenhausähnliche Gebäude.

Vor dem Laden ist ein großer überdachter Bereich mit Tischen und Stühlen, wo ihr Sandwiches, Kuchen, ein Bier oder einen Kaffee genießen könnt – alles erhältlich im nahen Coffee County *(siehe S. 254)*.

Der Papierwarenladen ist ein absoluter Traum. Fächer über Fächer mit Farbstiften, Bleistiften, Papieren, Notizbüchern und auch Haushaltswaren wie Tabletts, Tassen und sogar Kleidungsstücke. Ein Bereich ist reserviert für Pop-up-Stores.

Was ich an diesem Laden so mag, ist, dass man hier personalisierte Notizbücher erstellen kann, bei denen man vom Cover über die Bindung bis zum Verschlussband alles frei wählen kann. Bei Hightide sieht man Papierwaren und Notizbücher als Teil der Persönlichkeit und will mit den Produkten das Leben verschönern und Arbeit oder Studium zu einem Vergnügen machen.

Geht hin, kauft ein und setzt euch dann mit euren Notizbuch oder Block ins nahe Café und fangt gleich an zu schreiben oder zu zeichnen.

7 COMO ES

コモエス

A 2-1-75 Imaizumi, Chuo-ku, 810-0021
T +81-92-516-3996

CAFÉ/MUSIK | Como Es liegt versteckt in einem Kiesweg abseits der Hauptstraße in einem renovierten, 50 Jahre alten Gebäude, das aussieht wie ein Wohnhaus. Mögt ihr Donuts, Kaffee und Schallplatten? Dann müsst ihr dort hingehen. Es ist ein wunderbarer Ort, auch wenn man sich mal kurz vom Stadtbummel ausruhen möchte.

Es gibt dort eine englische Speisekarte und darauf stehen Dinge wie Kaffee, Chai, Heartland-Bier und natürlich leckere Donuts – ich empfehle euch die *kinako* (mit Sojamehl). Ihr könnt auch ein Mittagsmenü aus Hayashi Rice und einem Salat für 1000 Yen bestellen. Kartoffelsalat dazu kostet 250 Yen extra. Im Sommer bekommt ihr frische, hausgemachte Limonade, die ebenso malerisch wie köstlich ist. Ich mag auch den Rum-Chai-Ingwer-Cocktail sehr gern.

Der Chef, Nishida-san, hat eine Sammlung von mehr als 20000 Schallplatten, von denen er immer welche auflegt! Entweder setzt ihr euch an die Theke neben den DJ-Platz und lauscht der Musik aus den Electro-Voice- und Klipsch-Lautsprechern, oder ihr geht nach oben, wo es etwas ruhiger ist.

Abends übernimmt Nishida-san das DJ-Pult und macht das Café zur Bar. Oft finden hier musikalische Events oder Workshops statt. Ab und zu eröffnet auch ein Pop-up-Store, schaut also am besten auf Instagram nach, was aktuell geboten ist. Bei Como Es gibt es auch Musiknächte, bei denen man rasch mit Einheimischen ins Gespräch kommt. Noch ein wichtiger Tipp: Es ist ein Nichtraucher-Café, und man kann nur bar bezahlen!

8 COFFEE & CAKE STAND LULU

コーヒー&ケーキ・スタンド・ルル

A Loire Mansion 2, 3-26 Yakuin (Zimmernummer 2-103), Chuo-ku, 810-0022

CAFÉ/KAFFEE | Das ist vielleicht der coolste Kaffeeladen in Fukuoka – und das bemerkt man schon beim Eintritt. Die Ausstattung ist eine interessante Mischung aus minimalistisch und Industriestil mit Kupferlampen, Betonmauern und dicken Teppichen. Man sitzt entweder an der Theke oder an kleinen goldfarbenen Tischen mit durchsichtigen Plastikstühlen. An der Wand sind kleine goldfarbene Halterungen angebracht, in die eine Kaffeetasse passt, sodass man den Kaffee auch schnell im Stehen genießen kann, wenn alle Plätze besetzt sind oder man es eilig hat.

Als ich im Sommer dort war, bestellte ich einen Iced Coffee, der fantastisch war. Falls ihr etwas essen wollt, kann ich euch die unglaublichen Kuchen sehr empfehlen. Sie schmecken köstlich und sind auch noch wunderschön dekoriert mit frischen Früchten oder Nüssen. Probiert den luftigen Fig Chiffon Shortcake oder den Käsekuchen, der je nach Jahreszeit anders verziert ist – auf meinem war im Sommer hausgemachte Pfirsichmarmelade. Himmlisch! Ihr könnt hier auch Kaffeebohnen zum Mitnehmen kaufen.

Bei meinem Besuch fiel mir neben der Espressomaschine von La Marzocco ein wunderschönes Blumenarrangement auf. Der Besitzer erzählte mir, seine Mutter sei Floristin und kümmere sich gern um die Deko. Ich liebe dieses familiäre Café in Fukuoka und bin sicher, auch euch wird es dort sehr gut gefallen.

7

7

8

9 COFFEE COUNTY

コーヒーカウンティ

W coffeecounty.cc
A 1-21-21 Takasago, Chuo-ku, 810-0011
T +81-92-753-8321

CAFÉ/KAFFEE | Coffee County ist einer der bekanntesten Röster in Fukuoka. Das Café liegt gleich um die Ecke vom Hightide-Flagship-Store *(siehe S.251)*, für den sie auch eine eigene Mischung herstellen. Die schmeckt richtig gut, und ihr solltet sie bestellen, wenn ihr im Hightide seid. Und dann holt ihr euch einen zweiten Koffeinkick im Coffee County.

Die Bohnen werden in der Rösterei in Kurume geröstet, hier in Fukuoka gibt es nur ein kleines Café. Kaffeebohnen zum Mitnehmen bekommt ihr aber schon. Wählt aus zwischen Mischungen wie Yara AB Kenya, Finca La Parcelita Typica Colombia oder The Ethiopian.

Der Besitzer von Coffee County arbeitete drei Monate in Mittelamerika auf einer Farm, lernte dort alles über die Kaffeeherstellung und war so begeistert, dass er 2013 seine eigene Rösterei in Kurume eröffnete. Auf seiner Website hat er viele sehenswerte Bilder aus seiner Zeit auf der Farm eingestellt.

Lasst euch den Kaffee im Coffee County nicht entgehen!

10 KAI

回

A 3-13-20 Yakuin, Chuo-ku, 810-0022
T +81-92-525-4027

RESTAURANT/CURRY | Faszinierend an Japan finde ich, dass sie so viele Dinge so unglaublich gut machen. Selbst wenn man nicht japanisch essen möchte, wird man angenehm überrascht. Die liebenswerten Besitzer von Kai reisten lange durch Indien und ließen sich dort zu ihren indischen und japanischen Currys inspirieren. Sie mischen indische Gewürze und japanische Zutaten wie *yuzu* (eine Zitrusfrucht), *shiso* (ein Würzkraut) und saisonales japanisches Gemüse, und das Resultat ist ein großartiges Curry, wie man es noch nie gegessen hat.

Es gibt ein Tagesgericht, bei dem ihr wählen könnt zwischen Fleisch oder Linsen, dazu sauer eingelegtes Gemüse. Das kann man, nachdem man das Curry erst einmal pur probiert hat, auch gut untermischen. Im Erdgeschoss sitzt man auf Bänken an der Theke und kann beim Kochen zuschauen. Das Lokal ist klein, trubelig und sehr charmant eingerichtet. Vor allem das Gewürzregal ist äußerst beeindruckend und dekorativ.

Neben den farbenfrohen Currys stellt das Restaurant auch seinen eigenen gewürzten Whisky her, und es gibt eine Reihe von lokalen und importierten Bieren und Bioweinen.

Das Kai ist sehr beliebt, wundert euch also nicht, wenn ihr auf einen Platz warten müsst, oder reserviert einfach einen Platz im Speiseraum im Obergeschoss. Am Eingang steht eine imposante Sammlung an japanischen Zeitschriften, in denen das Kai erwähnt wird – kein Wunder!

9

10

10

12

12

11 FUKUICHI RAMEN

福一ラーメん

A Hilark Building, 2-10-12 Hakata Ekimae, Hakata-ku, 812-0011

RESTAURANT/RAMEN | Ich liebe dieses *Ramen*-Lokal in Fukuoka und war schon sehr oft dort. Wie so viele gute *Ramen*-Lokale in Japan ist auch dieses eher schlicht. An einer L-förmigen Theke können etwa zwölf Personen sitzen, man bestellt direkt beim Personal und nicht über einen Automaten (wie in vielen anderen *Ramen*-Lokalen). Im Fukuichi Ramen gibt es keine englische Speisekarte, es hängen aber Bilder der Gerichte an den Wänden, und so könnt ihr mit Lächeln und Zeigen bestellen.

Die einfachen *ramen* in *tonkotsu* (Schweinebrühe) sind an sich schon sehr gut, ich mag aber auch gern die mit Wantan für 600 Yen. Wenn ihr besonders hungrig seid, könnt ihr für 200 Yen extra noch eine Portion *ramen* dazubestellen. Flaschenbier kostet 450 Yen, ein Glas Sake 350 Yen.

Ich würde lügen, wenn ich behauptete, es wären nicht die süßen blauen *Ramen*-Schüsseln mit dem braunen Schriftzug gewesen, die mich angelockt haben. Aber die Nudeln sind so gut, dass ich nun immer wiederkomme.

12 THE BASKET

ザ バスケット

W facebook.com/thebasketfuk
A 1-12-15 Yakuin, Chuo-ku, 810-0022
T +81-92-406-7939

RESTAURANT/BURGER | Der Besitzer arbeitete einige Jahre in einem Burger-Laden in Tokyo, ehe er zurück nach Fukuoka kam und The Basket eröffnete, ein beliebtes Eckcafé und Burger-Laden mit Sitzplätzen für zehn Personen in einem Raum, der vorher der Korbladen seiner Mutter war *(siehe S.248)*. Als ich an meinem Buch arbeitete, waren wir in Kontakt wegen eines Fototermins, und als ich dann ankam, war gerade geschlossen, aber er sperrte netterweise extra für mich auf und machte mir einen Burger. »Wir haben ja noch ein paar Zutaten«, sagte er. Das lehnte ich natürlich ab, versprach aber, bei nächster Gelegenheit noch mal vorbeizukommen.

Ich hielt mein Wort und kehrte ein paar Tage später zurück – dieses Mal mit zwei australischen Freunden und ihrem wunderbaren kleinen Mädchen. Mein Freund Ben und der Besitzer unterhielten sich angeregt, und die Stimmung war so fröhlich, dass wir das Gefühl hatten, am coolsten Ort Fukuokas zu sein. Nach der Hälfte des Burgers verkündete Ben, dass es einer der besten Burger war, die er je in Japan gegessen hatte – und er hatte recht.

Man kann Burger oder Sandwiches mit allem Möglichen bestellen, von doppelten Patties bis zu Avocado, und zu den Burgern gibt es Pommes frites. Ich empfehle den Cheeseburger. Auf der Speisekarte stehen auch ein mexikanischer Burger, ein Doppel-Cheeseburger und ein Barbecue-Cheeseburger. Was die Getränke betrifft, so bietet The Basket amerikanisches Craftbeer an, etwa Fantastic Haze IPA und Ponto Session IPA. Es gibt aber auch japanisches Bier, darunter mein Favorit, das Heartland!

Nicht nur Burger und Stimmung sind hier super, auch die Musik. Das Restaurant liegt an einer Kreuzung, von der fünf Straßen abgehen. Wenn ihr also einen Fensterplatz erwischt, könnt ihr beim Essen dem Trubel in Fukuoka zuschauen. Beim Abschied gab mir der Besitzer sein Exemplar eines Lokalmagazins voller Tipps für Fukuoka, wie zum Beispiel das Takohira Takoyaki *(siehe S.258)*.

Bitte geht zum The Basket, wenn ihr in Fukuoka seid, und grüßt herzlich von mir.

13 TAKOHIRA TAKOYAKI
たこ平

A 1-12-17 Takasago, Chuo-ku, 810-0011
T +81-92-515-6213

RESTAURANT | Takohira Takoyaki ist ein kleines Restaurant, das mir der Besitzer von The Basket *(siehe S. 257)* empfohlen hat. Die sind hier unglaublich freundlich, und das berühmte japanische *takoyaki* (mit Oktopus gefüllte Teigbällchen) ist authentisch und sehr lecker.

Ihr könnt euch *takoyaki* zum Mitnehmen abholen, die direkt am Fenster zubereitet werden, oder euch drinnen einen Platz suchen. Ihr habt die Wahl zwischen verschiedenen *Takoyaki*-Arten, zum Beispiel nur mit Sauce, mit Sauce und Mayonnaise, mit Schalotten oder mit Schalotten und Sauce – um nur einige zu nennen. Zum Mitnehmen kosten acht Bällchen nur 350 Yen. Der Preis steigt dann für 18 Bällchen auf 590 Yen. Das ist sehr günstig und dazu noch lecker.

Da das *takoyaki* direkt vor euren Augen zubereitet wird, könnt ihr den gesamten Prozess beobachten, einschließlich der großartigen Drehung mit dem *Takoyaki*-Spieß. Wenn das von einem so geschickten Team wie den Besitzern von Takohira Takoyaki gemacht wird, ist das höchst faszinierend.

Eines müsst ihr aber unbedingt beachten: Lasst die *takoyaki*, wenn ihr sie mitnehmt, unbedingt ein bisschen auskühlen. Das Innere dieser Oktopus-Bällchen ist nämlich unglaublich heiß!

14 SHOCHU BAR MOGURA
焼酎バ- 土竜

A 1-11-25 Shirogane, Chuo-ku, 810-0012
T +81-92-526-5791

BAR | Wenn ihr in Fukuoka nur einmal weggehen wollt, dann sollte es die Shochu Bar Mogura sein. Wie viele gute Dinge in Japan ist auch sie nur schwer zu finden, versteckt in einer kleinen Gasse, aber die Suche lohnt sich. Das Betreiberpaar ist sehr süß und spricht ein bisschen Englisch, und außerdem ist die Bar so lässig und gemütlich, dass man da gern die ganze Nacht verbringen möchte.

Die Speisekarte ist riesig, angeboten werden Edamame, *karaage* (frittiertes Hühnchen), Salate, Tofu, Eintöpfe und noch vieles mehr – und dazu mehr als 500 Sorten *shochu* (japanischer Kartoffelschnaps)! In Japan ist es nicht unüblich, eine ganze Flasche *shochu* zu kaufen und sie in der *izakaya* (kleinen Bar) stehen zu lassen, damit man beim nächsten Besuch weitertrinken kann. Ich finde, das ist eine sehr sympathische Idee.

Die Bar ist mit vielen unglaublich hübschen, nostalgischen Dingen dekoriert, zum Beispiel Retro-Schildern, alten Fernsehern, einem winzigen gelben Kühlschrank, Filmplakaten, Heizöfen, Peko-Chan-Figuren und Schallplatten aus der Shōwa-Zeit (1926–1989) an den Wänden. Es stehen euch verschiedene Räume offen für alle Arten von Treffen, mit Tischen, Sofas oder sogar ein privater *Tatami*-Raum. Als ich mit einer Freundin dort war und sie ihr Baby stillen wollte, sperrte der Besitzer extra einen Raum für sie ab, damit sie ihre Ruhe hatte.

Ich hatte wohl zu viel *shochu* probiert und meine Kamera liegen lassen, aber zum Glück hatte ich reserviert, und so konnten sie mich anrufen. Das Taxi brachte mich gleich wieder hin, und die Besitzer hatten so viel Mitleid, dass sie in der Zwischenzeit süßes Brot und Schokolade für mich besorgt hatten. Ist das nicht reizend?!

花のかおり
竹の間
浴料
人…35円
中人…18円
小人…9円
大人…10円
俺は待ってるぜ
角ハイボール

14

13

七人の侍
るほど飲んでね

14

15 NEO MEGUSTA

ネオ メグスタ

A 1-10-16 Akasaka, Chuo-ku, 810-0042
T +81-50-5327-5333

BAR | Die Stehbar Neo Megusta ist eine meiner Lieblingsbars in Fukuoka. Entspannt, ohne Schnickschnack, lebhaft – richtig super.

Eines der Dinge, die ich an Fukuoka immer geliebt habe, ist, dass jeder Bahnhof sein eigenes kleines Logo hat, das sich auf den jeweiligen Vorort bezieht, in dem er liegt. Der Bahnhof Ōhori-kōen zum Beispiel ist berühmt für *hanami* im Ohori-Park *(siehe S. 246)*, daher ist das Logo dieses Bahnhofs eine Kirschblüte. Und so ähnlich machen sie es auch in der Bar: Man erhält eine Bahnhofskarte, die zur »Tischnummer« wird.

Speisen und Getränke sind hier günstig, und es gibt eine englische Speisekarte. Ein Glas Schaumwein kostet 500 Yen, Sake und *shochu* (japanischer Kartoffelschnaps) 400 Yen. Wenn ihr lieber süßere Getränke mögt, schmeckt euch vielleicht der *umeshu* (Pflaumenwein) für 500 Yen. *Umeshu* kann man auf Eis trinken, er ist aber auch gut mit Sprudelwasser. Ihr bekommt hier japanische und westliche Speisen, etwa *karaage* (frittiertes Hühnchen), Makrele mit Sesam, eine Schinkenplatte oder Rindersteak. An der Theke steht Tabasco mit *Yuzu*-Pfeffer, das passt hervorragend zu vielen Gerichten!

Beim letzten Mal war ich am Nachmittag dort, da gab es noch ein paar Stehplätze, aber abends ist es dann richtig voll, und die Stimmung ist angeregt. Ach ja, das Personal stellt gern Fotos der Gäste auf die Instagram-Seite der Bar, seid also darauf vorbereitet, plötzlich fotografiert zu werden! Aber keine Sorge, sie fragen vorher nach, ob ihr mit der Veröffentlichung einverstanden seid.

16 MORRIS RED FOX

モーリス レッドフォックス

W morris-pub.com
A 7F, 2-1-4 Daimyo, Chuo-ku, 810-0041
T +81-92-771-4774

BAR | Okay, vielleicht fragt ihr euch, warum ich ein britisches Pub in Japan empfehle. Ihr habt ja recht, aber das hier ist eine Dachterrassenbar, die man in Japan nicht oft findet. Deshalb komme ich gern hierher, wenn ich in Fukuoka bin. Das Morris hat vier Lokale in Fukuoka, aber ich war bisher immer nur im Red Fox wegen der Terrasse und des schönen Blicks über die Stadt.

Fahrt mit dem Aufzug in den siebten Stock und geht nach rechts zur Bar zum Bestellen. Die Dachterrasse ist ganz schlicht mit Holzbänken und -tischen ausgestattet. Wenn es kälter wird, bekommt ihr eine Decke, und es werden Heizöfen aufgestellt. Die Terrasse ist im selben Stockwerk wie die Bar, gleich links neben dem Aufzug. Ihr müsst also Getränke und Speisen nicht weit tragen.

Ihr bekommt dort elf verschiedene Fassbiersorten aus aller Welt, falls jemand Heimweh hat, kann ihm hier schnell geholfen werden. Daneben gibt es aber auch japanische Biere. Heimwehkranke können sich hier auch mit Fish and Chips, Würstchen und Kartoffeln, Pizza oder Nachos trösten. Und zwischen 17 und 19 Uhr ist Happy Hour, die Cocktails kosten dann nur die Hälfte.

Das Red Fox liegt mitten in der Stadt und ist daher leicht zu erreichen – ideal, wenn man nach einem ausgiebigen Stadtbummel ein bisschen ausruhen möchte.

15

16

15

JAPAN

BEPPU

DER PERFEKTE
ORT FÜR FANS
VON *ONSEN*
(HEISSE QUELLEN)

33.279°N
131.500°E

13

別府

Unsere Eindrücke und Erinnerungen an eine Stadt hängen ja immer stark von den persönlichen Erfahrungen ab, so geht es mir auch hier. Ich reiste allein nach Beppu auf Kyushu und fuhr glücklich und mit vielen neuen Freunden zurück. Wenn man das Glück hat, so freundliche Bewohner kennenzulernen wie ich, denkt man später gern an die Reise zurück. Vom Fahrer des Hotel-Shuttles, der meine Visitenkarte küsste und mich später zum Mittagessen einlud, bis zur Besitzerin des Beppu Sake Stand Jun *(siehe S. 286)*, die extra ihren Laden absperrte und mich herumführte, habe ich in Beppu nur unglaublich hilfsbereite, aufmerksame und großzügige Menschen kennengelernt.

Beppu ist bekannt für seine *onsen* (heißen Quellen): Stolze 2850 gibt es dort, ein Besuch ist praktisch unabdingbar. Seht euch Ekimae Koutou Onsen *(siehe S. 264)* oder Takegawara Onsen *(siehe S. 266)* an, zwei der bekanntesten *onsen* der Stadt. Typisch für Beppu sind auch die *tori-ten* (Hühnchen-Tempura) im Toyoken *(siehe S. 286)* und Kreativ-Highlights wie Spica *(siehe S. 280)*, Punto Precog *(siehe S. 264)* oder Kiyoshima Apartment *(siehe S. 266)*.

Erwartet in Beppu keine Neonlichter, Einkaufszentren oder quirligen Stadtviertel, dafür eine ruhige Kleinstadt mit vielen schönen Gebäuden aus der Shōwa-Zeit (1926–1989).

1 EKIMAE KOUTOU ONSEN

駅前高等温泉

A 13-14 Beppushi Ekimaechou, Oita
T +81-97-7210-541

ATTRAKTION/ONSEN | Dies ist einer der berühmtesten öffentlichen *onsen* (heiße Quelle) in Beppu. Das Bad wurde vor rund 80 Jahren im taisho-romanischen Stil erbaut. Unter einem grünen Dach hat es eine weiße Fassade mit dekorativen Holzelementen und im Inneren herrliche pinkfarbene, blaue und gelbe Glasfenster, die ein wunderbares Licht erzeugen.

Beim Betreten des *onsen* werdet ihr an der Rezeption begrüßt, die Ticketautomaten sind gleich rechts. Ihr habt hier zwei Optionen: das Atsuyu (sehr heißes Wasser) und das Nuruyu (normal warm). Ich empfehle euch das Nuruyu, denn das Atsuyu ist richtig heiß, sogar für Japaner, die an die heißen Quellen gewöhnt sind. Der Besuch des Nuruyu kostet nur 200 Yen Eintritt, für 50 Yen gibt es ein Badetuch und für 10 Yen einen Haartrockner zum Ausleihen. Kaufen könnt ihr auch Seife, Shampoo, Haarpflege, Rasierer, Zahnbürsten usw. Japaner bringen diese Dinge oft selbst mit. Wenn ihr nicht hineingehen wollt, könnt ihr euch immerhin im Handbad vor dem Bad mit heißem Wasser eure Hände waschen.

Dieser besondere, historische *onsen* ist in den 80 Jahren seines Bestehens sehr schön gealtert. Das Wasser ist leicht rötlich braun und enthält viel Natrium und Bikarbonat, was die Haut wunderbar weich macht.

Vom Bahnhof Beppu erreicht man ihn in nur einer Minute. Dieser *onsen* ist ein echter Genuss!

2 PUNTO PRECOG

プント プレコグ

W precog-jp.net/punto-precog/
A 3-5 Motomachi, Oita, 874-0944
T +81-3-6825-1223

ATTRAKTION/KREATIVRAUM | Punto Precog ist ein »freier Raum«, das heißt ein Kreativraum, den man für Ausstellungen oder Lesungen mieten oder darin ein Pop-up-Café oder einen Pop-up-Markt eröffnen kann. Der Fokus liegt auf der Begegnung von Kunst und Kultur. Als ich dort war, fand gerade ein witziges Event rund um Sichuan-Eintöpfe statt. Das war perfekt für die kalte Jahreszeit!

»Punto« heißt auf Spanisch »Ort«, und »Precog« steht für Vorausahnung – ein Prophet der Zukunft –, was aus dem Film *Minority Report* stammt. Das Punto Precog wurde geschaffen von Asa Nakano, der in Spanien lebte und arbeitete, und Akane Nakamura, der eine Kooperation mit dem Namen Precog leitet – und die beiden Worte veranschaulichen diesen Kreativraum perfekt.

Ich kann euch nur empfehlen nachzusehen, was gerade geboten ist, wenn ihr in der Nähe seid, die Events sind super. Bedenkt aber, dass die Öffnungszeiten variieren, und checkt sie, bevor ihr losfahrt, damit ihr nicht vor verschlossenen Türen steht.

Vom Bahnhof Beppu sind es fünf Minuten zu Fuß. Geht von der Saihoji-dōri zur Shingu-dōri, dann ist das Punto Precog gleich rechts vor dem Osako-Laden. Ihr könnt es nicht verfehlen!

高等温泉
駅前高等温泉
町営 駅前高等温泉
ぬる湯
あつ湯
高等温泉

3 KIYOSHIMA APARTMENT

清島アパート

W beppuproject.com
A 2-27 Suehiro-cho, Oita
T +81-977-22-3560

ATTRAKTION/GALERIE | Kreative Menschen sollten unbedingt das Kiyoshima Apartment, eine Initiative der Non-Profit-Organisation Beppu Project, besichtigen. Ein traditionelles, altes Wohngebäude wurde hier umgewandelt in eine Künstlerresidenz mit Galerien und Ausstellungsräumen.

Hier kann jeder jeden unterstützen und inspirieren, es ist ein Raum für die Zusammenarbeit verschiedener lokaler Künstler und Handwerker und bietet der heimischen Bevölkerung die Möglichkeit, live dabei zu sein, wenn neue Werke entstehen. Schaut am besten auf der Website, was gerade geboten ist, wenn ihr in der Nähe seid.

Im zweiten Stock liegen die Wohnräume für die Künstler. Sie sind natürlich nicht öffentlich zugänglich, aber im ersten Stock werden die Arbeiten in den Studios präsentiert, und gleich rechts könnt ihr einen wunderbaren Ausstellungsraum mit *tatami* sehen. Den dürft ihr aber nur ohne Schuhe betreten. Und noch ein Tipp: Tretet nie auf die Verbindungsstellen oder Ränder der *tatami*, sondern nur auf das Reisstroh.

Zweimal im Jahr – meist im Februar und Juli, aber bitte vorher online nachsehen – werden die Wohnräume der Künstler geöffnet, sodass die Einwohner von Beppu sie besichtigen können.

Ich war begeistert von der Einrichtung, denn sie hat mich sehr an meine Studienzeit an der University of New South Wales COFA erinnert. Habt viel Spaß dort!

4 TAKEGAWARA ONSEN

竹瓦温泉

A 16-23 Motomachi, Oita
T +81-977-23-1585

ATTRAKTION/ONSEN | Takegawara ist einer der bekanntesten und ältesten *onsen* in Beppu. Er wurde 1938 gebaut und hat ein ziegelgedecktes Satteldach, das an chinesische Bauten erinnert. Schon 1879 stand hier ein Gebäude, damals mit einem Bambusdach. Der *onsen* liegt sehr günstig mitten in Beppu.

Als ich in Beppu unterwegs war, unterhielt ich mich mit einem netten Taxifahrer über die Stadt und das Buch, das ihr nun in Händen haltet. Da hielt er den Taxameter an und fuhr mich extra zu diesem *onsen*, weil er mir das außergewöhnliche Gebäude zeigen wollte. Er ließ mich sogar aussteigen, damit ich ein paar schöne Fotos machen konnte. Seiner Ansicht nach muss man diesen *onsen* auf jeden Fall gesehen haben, und von dem, was ich beim Fotografieren gehört habe, haben die Leute im *onsen* viel Spaß. Ich hörte nämlich die entspannten Gespräche und das Platschen, als sie heißes Wasser über sich gossen.

Takegawara Onsen hat eine hohe Halle im Stil der Shōwa-Zeit (1926–1989), in der man nach dem Bad sitzt und sich ausruht. Im Frauenbad erwartet euch natriumhaltiges Wasser, in der Männerabteilung Quellwasser mit Natrium, Kalzium, Magnesiumchlorid und Kohlenwasserstoff. Das wirkt unter anderem äußerst wohltuend bei chronischen Schmerzen, verkrampften Muskeln und Gelenken sowie hohem Blutdruck.

Auch wenn ihr nicht baden wollt, solltet ihr diesen *onsen* besichtigen, denn schon die Architektur ist sehenswert. Der Eintritt ins Bad kostet 100 Yen, ins »Sandbad« 1050 Yen.

4

3

5 MUGEN NO SATO ONSEN

A 6 kumi Horita, Oita
T +81-977-25-1126

ATTRAKTION/ONSEN | Wer nach Beppu reist, das für seine heißen Quellen berühmt ist, und nicht in einen *onsen* geht, ist selbst schuld. Dieser Familienbetrieb ist ein echter Geheimtipp, der versteckt mitten in den Bergen tief in einem Wald liegt – einfach traumhaft.

Man kommt nur mit dem Auto oder einem Taxi hin. Die Fahrtzeit beträgt etwa 20 Minuten vom Stadtzentrum aus. Schon bei der Fahrt durch die Berge der Region Horita spürt man, dass man auf dem Weg zu etwas ganz Besonderem ist. Mein Taxifahrer war richtig überrascht, dass ich als Fremde diesen Ort kannte und er als Einheimischer nicht.

Im Mugen No Sato gibt es öffentliche, aber auch private Bäder, was ganz schön ist, wenn man als Paar oder Familie kommt – oder tätowiert ist (mit Tätowierungen hat man nicht in allen *onsen* Zutritt). Das öffentliche Bad kostet 700 Yen, das private oder Familienbad ab 2500 Yen für eine Stunde. Das beliebteste Privatbad ist das Taki (Wasserfall) mit Blick auf zwei fantastische Wasserfälle. Hier kostet der Eintritt 3000 Yen für eine Stunde – und schöner kann man in Japan kaum sein Geld ausgeben. Meine Haut fühlte sich hinterher wunderbar an, ich kann das nur empfehlen!

Die privaten Bäder kann man nicht reservieren, nehmt euch also vielleicht etwas zu lesen mit, um die Wartezeit zu überbrücken. Oder ihr greift zum Zeichenblock und skizziert den herrlichen Wald draußen. Das Warten lohnt sich in jedem Fall und ist in dieser Umgebung schon fast wie eine Meditation.

Und hier noch ein Hinweis: Checkt vor der Abfahrt, ob der *onsen* geöffnet ist, denn bei schlechtem Wetter verändert sich die Wasserqualität und er wird geschlossen.

6 ASHI MUSHI

A Furohon, Oita, 874-0044
T +81-977-67-3880

ATTRAKTION | Ashi Mushi heißt wörtlich übersetzt »Fußdampf«, und genau das erwartet euch: ein kostenloses Fußdampfbad in einem Holzunterstand, das von Einheimischen und Besuchern gleichermaßen genutzt wird. Freundliches Personal leitet euch an, wie man sich hier verhält, aber es hängen auch Schilder mit Erklärungen in vielen Sprachen aus.

Für das Dampfbad öffnet ihr den Deckel der Holzkiste vor eurem Sitz und schiebt eure Beine durch die Öffnungen – und sofort setzt die Entspannung ein. Schiebt die Füße aber nicht zu weit hinein, denn das kann dann ganz schön heiß werden. Wenn ihr die richtige Position habt, werdet ihr feststellen, dass das Fußdampfbad nach einem langen Bummel durch Beppu unglaublich erholsam ist.

Neben dem kostenlosen Fußdampfbad gibt es auch ein kostenloses Fußbad, in dem ihr eure Füße waschen könnt, ehe ihr sie in den Dampf steckt.

Das Bad ist täglich geöffnet von 9.30 bis 19.30 Uhr und eine echte Erholung.

7 JIGOKU MUSHI KOBO KANNAWA

A Kitanaka, Oita, 874-0845

ATTRAKTION | Die Bewohner von Beppu nutzen die *onsen* (heiße Quellen) schon seit Jahrhunderten, und das nicht nur zum Baden, sondern auch, um im heißen Dampf zu kochen. Das Kochen im »Höllendampf« und ohne Zugabe von Öl oder Fett ist eine sehr gesunde und vergnügliche Art, Speisen zuzubereiten. Laut den Einheimischen sollen die Mineralien im Dampf den natürlichen Geschmack der Speisen richtig gut zur Geltung bringen.

Das Jigoku Mushi Kobo Kannawa (Dampfkochzentrum) wird von einer Gruppe Freiwilliger betrieben und ist eine Mischung aus Gemeinschaftsküche und Restaurant. Entweder bringt ihr euer Essen selbst mit oder ihr kauft die Zutaten im Restaurant. Die Dampfkammern könnt ihr für 340 bis 550 Yen mieten, je nachdem, welche Größe ihr braucht. Was zum Dämpfen gern benutzt wird, sind Gemüse, Meeresfrüchte, Fleisch oder Eier. Alles, was ihr zum Kochen braucht, also etwa Topflappen oder Dämpfsiebe, wird euch zur Verfügung gestellt, und das Personal leitet euch gern an, damit alles gut gelingt. Und in dem netten Speisesaal könnt ihr dann mit Stolz und Genuss euer Essen verzehren.

Jigoku Mushi Kobo ist nicht weit entfernt vom Busbahnhof Kannawa, den man in etwa 15 Minuten mit den häufig fahrenden Bussen ab der Station JR Beppu erreicht. Am schnellsten geht es mit den Bussen 5, 7 und 9.

8 UMI JIGOKU

W umijigoku.co.jp
A 559-1 Kannawa, Oita
T +81-977-66-0121

ATTRAKTION | Umi Jigoku, was so viel heißt wie »Meereshölle«, ist die vielleicht schönste der acht »heißen Höllen« in Beppu (und so heiß, dass man sie nicht betreten kann). Das Wasser brodelt bei etwa 98 °C, da gibt es keine Chance, reinzugehen. Aber es ist höchst beeindruckend, sie anzusehen. Die Umi Jigoku hat zwar nur etwa die Größe eines kleinen Swimmingpools, ist aber um die 200 Meter tief und hat ein herrlich kobaltblaues Wasser, das fast wirkt, als hätte jemand einen Badezusatz hineingeworfen. Dabei entstand sie schon vor 1200 Jahren beim Ausbruch des Tsurumi. Der stetig aufsteigende Dampf macht das Ganze zu einem surrealen und märchenhaften Erlebnis.

Neben dieser »Hölle« gibt es gleich beim großen Teich noch eine rote »Hölle«. Das rötliche Wasser würde eher in einen Film wie *Jurassic Park* passen, und man kann kaum glauben, dass das hier echt ist. Bei der kleinen roten »Hölle« steht ein Gewächshaus, in dem ihr riesige Seerosenblätter bewundern könnt.

In dem Souvenirshop dort bekommt ihr verschiedenste *Onsen*-Badetücher und Badesalze, wer hungrig ist, kann im Café *chanpon* (Nudelgericht) und *tori-ten* (Hühnchen-Tempura) kosten. Wegen des Essens würde ich allerdings nicht extra hierherfahren, aber es gibt auch Eis und Getränke, und wenn ihr einen Platz an der Theke bekommt, könnt ihr den Blick auf die »Höllen« genießen. Der Eintritt in die Umi Jigoku kostet 400 Yen.

海地獄

8

SAKE

Sake oder auch *nihonshu* ist ein alkoholisches, aus fermentiertem Reis hergestelltes Getränk. Im etwa sechs Wochen dauernden Fermentationsprozess vergären Zucker und Reis gleichzeitig.

Wenn ihr Sake noch nicht kennt und einen nicht allzu süßen probieren wollt, dann empfehle ich euch den Dassai Sake. Den mag ich sehr gern, er ist weich, aber doch kräftig und eben nicht so süß. Er wird in vielen *izakaya* (kleinen Bars) ausgeschenkt – und in Spirituosengeschäften könnt ihr einen für daheim kaufen.

ISSHIN

A Twin Building Daikanyama A Ridge, B1, 30-3, Sarugakucho, Shibuya-ku, Tokyo
T +81-3-6455-1614

JAPAN SAKE AND SHOCHU MAKERS ASSOCIATION

W japansake.or.jp/sake/english
A 1-6-15 Nishishinbashi, Minato-ku, Tokyo 105-0003
T +81-3-3501-0101

SHOCHU BAR MOGURA

A 1-11-25 Shirogane, Chuo-ku, Fukuoka, 810-0012
T +81-92-526-5791

SAKE-BRAUEREI TAKASHIMIZU

W takashimizu.com
A 4-12 Kawamoto Mutsumimachi, Akita, 010-0934
T +81-18-864-7331

Sake wird am besten kalt getrunken, da kommt der Geschmack so richtig zur Geltung. Im Winter und bei den Festen zu Beginn des Frühjahrs ist es allerdings auch ein großes Vergnügen, heißen Sake zu trinken. Der wärmt schön von innen!

In vielen *izakaya* kann man Sake pro Glas oder in einer *tokkuri* (kleinen Karaffe) mit *Ochoko*-(oder kurz *Choko*-)Bechern bestellen. Die Höflichkeit verlangt, dass man den anderen einschenkt und sich dann selbst von anderen einschenken lässt – und sich nie selbst einschenkt. Der Empfänger hält seine *ochoko* mit beiden Händen und neigt sie leicht zur *tokkuri*. Wenn der eigene Becher voll ist, nimmt man die Karaffe und schenkt dem Gegenüber ein. Diese Höflichkeitsregel gilt übrigens auch für das Einschenken von Bier und Wein.

Es gibt viele verschiedene Gefäße für Sake, etwa *masu* (Holzbecher). Die werden oft bei Zeremonien verwendet, zum Beispiel bei *hatsumode* (erster Tempelbesuch des Jahres). Ich liebe die *sakazuki*, eine flache, eher altmodische Schale, die bei besonderen Gelegenheiten wie etwa Hochzeiten zum Einsatz kommt. Sie ist wunderschön, aber es ist nicht einfach, daraus zu trinken. Kalter, sprudelnder Sake lässt sich gut aus einem Weinglas trinken – ein relativ neuer Trend in Restaurants und Sake-Brauereien. So kann man Aroma und Farbe ebenso gut genießen wie den Geschmack.

Sake-*ochoko* bekommt ihr in Secondhandläden und auf Märkten, witzig ist es, wenn man unterschiedliche mischt. Am Schluss habt ihr eine bunte Sammlung als nette Erinnerung an eure Japan-Reise. In einigen Lokalen, wie etwa dem Isshin in Tokyo, könnt ihr von einem vollen Tablett euren Becher auswählen.

Sehr praktisch und auch eine Besonderheit Japans ist, dass ihr in vielen *izakaya* Sake und *shochu* (japanischer Kartoffelschnaps) in der Flasche kaufen könnt. Die wird dann, mit eurem Namen versehen, im Regal hinter der Theke aufbewahrt, und beim nächsten Besuch könnt ihr weiter davon trinken. Fast wie daheim! Die Shochu Bar Mogura *(siehe S. 258)* in Fukuoka macht das zum Beispiel so. Das finde ich eine sehr nette Idee.

Die Japan Sake and Shochu Makers Association im Tokyoter Bezirk Minato hat über 50 Sorten Sake, *shochu* und *awamori* (destillierter Sake aus Okinawa). Nehmt doch an einer Verkostung teil, dann könnt ihr auch spritzige und gewürzte Sake kennenlernen. Das ist ein wunderbarer Einstieg in die Welt des Sake.

Bucht in Akita eine Führung durch die historische Sake-Brauerei Takashimizu *(siehe S. 208)* oder probiert die lokale Spezialität *awamori* beim Abendessen im Shirakachi in Okinawa *(siehe S. 310)*.

9 KANNAWA

A Kannawa, Oita, 874-0043
T +81-97-7242-828

ATTRAKTION/STADT | Hoch oben in den Bergen über Beppu ist es in der Stadt Kannawa nichts Außergewöhnliches, dass aus kleinen, mit Gittern abgedeckten Öffnungen im Pflaster Dampf aufsteigt. Ein herrlicher Anblick! Stellt euch mal an kalten Tagen auf so ein Gitter und lasst euch wärmen. Aber seid vorsichtig, denn der Dampf ist extrem heiß, und schnell kann einem da die Luft wegbleiben.

Beim Schlendern durch die gepflasterten Straßen dieser kleinen Stadt wird einem erst so richtig bewusst, wie unglaublich diese Gegend mit ihren *onsen* eigentlich ist. Die meisten Straßen sind gesäumt von *ryokan* (traditionellen japanischen Hotels), *onsen*, kleinen Tempeln und Lokalen. Rund um die Dampfkochplätze wirkt vieles ein bisschen touristisch, aber die Straßen mit den Dampfgittern sind wunderbar.

Der bekannteste und heißeste *onsen* hier ist Kannawa, der schon seit dem 13. Jahrhundert besteht. Das heiße Wasser fließt direkt unter der Oberfläche, daher war es früher nicht ungefährlich, hier herumzulaufen, bis dann der *onsen* gebaut wurde. Der Eintritt in den historischen *onsen* kostet nur 100 Yen. Hier kann man herrlich ein paar Stunden verbringen. Am besten fahrt ihr mit dem Taxi hin.

Falls ihr in Beppu übernachten wollt, ein Tipp: Es gibt hier einige *onsen*, die auch Zimmer anbieten.

10 HACHIMAN-ASAMI-SCHREIN

W asami.or.jp
A 2-15-19 Asami, Oita, 874-0812
T +81-977-23-1408

ATTRAKTION/SCHREIN | Hachiman Asami ist einer der bekanntesten Schreine in Beppu. Er wurde 1196 von Noh Naoto Otomo erbaut und ist nicht nur bekannt für sein reines, heiliges Wasser und das Mikoshi-Festival, sondern auch für den imposanten Bau und das Gelände drum herum. Hier findet ihr einen hübschen japanischen Garten mit Teichen und Holzstegen, auf denen ihr durch den Garten schlendern könnt.

Am Haupteingang empfängt euch eine schöne Treppe mit einem roten *torii* (Tor), die zum Hauptschrein führt. Wascht euch die Hände im reinigenden heiligen Wasser rechts neben dem Eingang, ehe ihr hinaufgeht. Hierfür gibt es eine ganz besondere Technik, seht zu, wie es die anderen machen, oder folgt der Anleitung auf den Schildern. Beppu ist berühmt für seine natürlichen *onsen*, das gereinigte Wasser kann man sogar trinken. Wundert euch also nicht, wenn Besucher ihre Trinkflaschen damit befüllen. Am Ende der Treppe könnt ihr am Schrein eine Fünf-Yen-Münze spenden und einen Wunsch aussprechen. Achtet auch hier darauf, wie man das macht, also wann und wie oft man sich verbeugt und klatscht.

In dem schönen Garten seht ihr gleich links vom Schrein den berühmten alten Baum. Es lohnt sich, diesen kleinen Garten zu erkunden. Eine Legende besagt, dass man an dem steinernen *torii* eine Münze werfen soll und, wenn diese auf dem obersten Sims liegen bleibt, ein Wunsch in Erfüllung geht!

Der Schrein steht sehr weit oben, daher habt ihr von hier auch einen schönen Blick über Beppu.

10

10

9

12

11

12

11 VERGNÜGUNGSPARK RAKUTENCHI

W rakutenchi.jp
A 18 Nagarekawa-dōri, Oita, 874-0821
T +81-977-85-8888

ATTRAKTION | Ich liebe Retro-Vergnügungsparks! Und das nicht nur wegen der verblassten Pastellfarben, sondern auch wegen der nostalgischen Atmosphäre. Witzige Schilder, bunte Zuckerwatte, das Lachen der Kinder in den Fahrgeschäften – das ist einfach eine wunderbare Atmosphäre.

Im Vergnügungspark Rakutenchi findet ihr eine Achterbahn, ein sich drehendes Raumschiff und ein Riesenrad. Im Sommer gibt es auch eine Wasserrutsche. Und das alles in einer fantastischen Umgebung hoch oben auf einem der vielen Berge bei Beppu, sodass schon die kurvenreiche Anfahrt (am besten mit dem Taxi) auf der Straße oder mit der Seilbahn ein Erlebnis ist.

Mutige sollten sich auf die unglaubliche Hängebrücke wagen, denn von dort hat man einen großartigen Blick auf Beppu. Als ich dort war, hatte ich mich gerade von meinem Knöchelbruch erholt und war noch nicht ganz sicher auf den Beinen, das war schrecklich – und ich habe mir damals geschworen, nie wieder in einem Land, das so oft von Erdbeben heimgesucht wird, auf eine Hängebrücke zu gehen. Aber das vergisst man dann halt auch schnell wieder. Und die Aussicht von der Mitte der Brücke ist einfach atemberaubend. Von hier kann man die Anlage und Größe der Stadt Beppu erst so richtig ermessen.

Ich fahre in Vergnügungsparks zwar nie mit irgendwelchen Karussells, aber ich liebe es, durchzubummeln, schöne Fotos zu machen und mich beim Zeichnen in einem Café zu entspannen. Dieser Park in Beppu hat mir riesigen Spaß gemacht!

12 BEPPU STATION MARKET

W ekimachi1.com/beppu/ichiba
A 6-22 Chuomachi, Oita, 874-0936
T +81-977-22-1686

MARKT | Der Beppu Station Market ist ein ganz süßer Markt mit Retro-Stimmung in einer Straße unterhalb der Gleise am Bahnhof Beppu, fast wie ein *shotengai* (überdachte Ladenstraße). Der Markt ist zwar nur ein paar Straßenblocks lang, aber ihr bekommt hier einen guten Eindruck von den regionalen Lebensmitteln in Beppu. Geht unter der Bahnlinie nach Oita durch, dann kommt ihr zu dem Stand mit Obst und Gemüse, der den Eingang zum Markt bildet. Ich liebe diesen Markt, vor allem, weil er so leicht zu erreichen ist.

Ich kaufte ein paar *tori-ten*, die berühmten Hühnchen-Tempura von Beppu, und weil ich eigentlich vorher schon gegessen hatte und nur mal probieren wollte, gab mir der nette Händler nur ein paar Stückchen, und die kosteten dann nur 100 Yen! Noch nie habe ich so gute Hühnchen-Tempura gegessen wie hier.

An den Essensständen bekommt ihr *tori-ten*, frisches Obst und Gemüse sowie Fisch. Aber es gibt hier auch ein Tier- und ein Bekleidungsgeschäft und dazwischen kleine Essbereiche mit Plastikstühlen und -tischen, an denen ihr eure Einkäufe gleich verspeisen könnt. Und am Beppu Station Market arbeiten definitiv die freundlichsten Verkäufer!

13 SELECT BEPPU

W selectbeppu.thebase.in; beppuproject.com/work/541
A 9-34 Chuo-cho, Oita, 874-0939
T +81-977-80-7226

SHOP/HAUSHALTSWAREN/ KUNST | Select Beppu ist ein Zentrum der Kreativität und der beste Laden in Beppu, wenn ihr Handgemachtes kaufen wollt. In dem schönen Haus im traditionell-japanischen Stil wurde im Erdgeschoss ein Laden und im ersten Stock eine Galerie eingerichtet. Im Laden bekommt ihr Produkte heimischer Künstler und Kunsthandwerker, zum Beispiel geflochtene Körbe, Keramikwaren, Zeitschriften, Bekleidung und *furoshiki*, kleine, quadratische Tücher, die man für alles Mögliche benutzen kann – vom Verpacken von Geschenken oder Bento bis zum Abtrocknen von Geschirr oder Händen. Im Sommer sind sie auch perfekt zum Abkühlen, wenn man sie sich angefeuchtet um den Kopf wickelt.

Beppu ist bekannt für sehr schöne handgeflochtene Körbe, ein wunderbares und typisches Souvenir. Sie sind von hoher handwerklicher Qualität und kosten daher zwischen 10 000 und 20 000 Yen, aber das sind sie auch wert.

Im ersten Stock erwartet euch ein fantastisches, leuchtendes Wandbild auf der traditionellen Schiebetür. Zieht aber, bevor ihr hinaufgeht, eure Schuhe aus und lasst sie unten an der Treppe stehen – ihr wisst ja, was sich gehört.

Die Betreiber haben auch eine Website, auf der sie die Kreativszene von Beppu vorstellen. Sie empfahlen mir Verschiedenes, unter anderem auch ihr Lieblingscafé gleich um die Ecke, das Mumumu *(siehe S. 282)*. Nach dem Essen dort nahm mich eine Angestellte noch mit und zeigte mir ihren Lieblingsladen! Liegt es an der Kleinstadt oder sind die Leute bei Select Beppu so unglaublich nett? Ich weiß es nicht, vermutlich beides. Bitte grüßt von mir, wenn ihr dort seid!

14 SPICA

京都府立植物園

W spica-beppu.com
A 1-34 Tatemachi, Oita, 874-0936
T +81-90-9476-0656

SHOP/HAUSHALTSWAREN/ GALERIE | Spica ist ein bekannter, elegant-entspannter Laden in Beppu mit unglaublich freundlichen Angestellten. Sie haben eine großartige Auswahl an Haushaltswaren, heimischen Produkten, Bekleidung und Einrichtungsgegenständen. Schön sind zum Beispiel die Kupfergefäße oder die Kunstzeitschriften. Ich kaufte dort eine Fotozeitschrift, die ein Illustrator und Fotograf aus Beppu erstellt hat.

Ich liebe die Keramik von Ogada, vor allem die Teekanne mit Becher. Wenn ihr zu Hause daraus euren Tee trinkt, erinnern sie euch an eure Reise nach Beppu! Wenn ihr mehr auf Accessoires steht, empfehle ich euch die Ohrringe von Naoto Uchiyama, die herrlich gearbeitet sind. Ihr seht, in diesem Laden erwartet euch eine sorgfältige Auswahl des Besten vom Besten nicht nur aus Beppu, sondern aus aller Welt, zum Beispiel auch wunderschöne gewebte Taschen aus Südafrika.

Links vom Eingang ist eine Galerie, die Ausstellungen von indigoblauen Kleidungsstücken bis zu Fotografien zeigt. Und bei Spica bekommt ihr auch heimischen Kaffee, hausgemachten Zitronenhonig und Kokoscreme.

13

15 MUMUMU

喫茶ムムム

A 1-27 Center-cho, Oita, 874-0936
T +81-80-3119-5261

CAFÉ | Nicht weit von Select Beppu *(siehe S. 280)* findet ihr das hübsche kleine Café mit seiner nostalgischen Einrichtung im Stil der Shōwa-Zeit (1926–1989). Viel Holz, gedämpftes Licht und leiser Jazz im Hintergrund versetzen euch in alte Zeiten zurück, und sofort seid ihr entspannt. Doch die heimelige Einrichtung ist nicht alles. Wenn ihr hineingeht, steigt euch sofort der köstliche Geruch des frisch gerösteten Kaffees in die Nase und ihr hört die Kaffeemühle. Der Kaffee wird nämlich für jede Bestellung frisch gemahlen und sehr sorgfältig und mit viel Liebe zubereitet. Frischer geht's nicht!

Zum Frühstück wird eine Kombination aus Buttertoast, Rührei, Wiener Würstchen, Salat und einem Getränk (Kaffee, Tee oder Saft) für 700 Yen angeboten. Ab elf Uhr könnt ihr auch gegrillte Sandwiches oder Menüs mit Pasta (und Salat) bestellen, aber ihr solltet dann unbedingt den *omurice* wählen. Dieses sehr beliebte japanische Gericht besteht aus einem luftigen Omelett mit Reis, Hühnchen und Ketchup. Obendrauf schreiben sie hier mit Ketchup den Namen des Ladens in Katakana (einem der drei japanischen Silbenschriften). Daneben gibt es auch verschiedene Kuchen. Die Angestellten von Select Beppu essen oft hier – es ist ja immer ein gutes Zeichen, wenn die Einheimischen gern kommen!

Hinten im Café steht eine Reihe Bücher und Magazine über die Region Beppu zur Ansicht bereit, und auch wenn die in Japanisch sind, könnt ihr euch von den Bildern, Weblinks und Karten zu weiteren Ausflügen inspirieren lassen.

15

15

17

17

18

16 COFFEE STAND STAIRS
コーヒー スタンド ステアーズ

A 3-6 Motomachi, Oita, 874-0944

CAFÉ/KAFFEE | Das 2016 eröffnete Coffee Stand Stairs ist ein nettes kleines Café in einer hippen Gegend und perfekt für den Koffeinkick zwischendurch. Mit seinen schwarzen und weißen Schriftzeichen an der Fassade und der Tafel mit dem Sandwich-Angebot vor der Tür ist es nicht zu übersehen. Davor stehen ein paar Plastikstühle und um die Ecke ein kleiner Stehtisch, alles ganz lässig.

Man bekommt hier Espresso, Filter- und geeisten Kaffee oder eine heiße Schokolade. Nett ist, dass man auch rasch mit den Einheimischen ins Gespräch kommt.

17 TOMONAGA PANYA

A 2-29 Chiyo, Oita, 874-0942
T +81-977-23-0969

CAFÉ/BÄCKEREI | Tomonaga ist Beppus älteste und bekannteste Bäckerei. Sie liegt in einem fast reinen Wohngebiet. Die Einheimischen empfehlen sie gern, das ist immer ein gutes Zeichen! Beim Betreten riecht man schon den süßen Duft der Rosinen- und Schokoladenbrötchen. Meist ist hier eine lange Schlange, und ihr müsst eine Nummer ziehen, wenn ihr durch die ratternde Glasschiebetür geht. Hier gibt es auch eine Karte in Englisch.

Tomonaga macht auch die putzigsten Brote in Beppu! Vielleicht probiert ihr das cremegefüllte Brot in Form eines Hundekopfs. Alles wird vor Ort gebacken, und die beliebtesten Sorten sind rasch ausverkauft.

Daher ist es gut, morgens früh dran zu sein. Vom Bahnhof Beppu sind es nur zehn Minuten zu Fuß.

18 OKAMOTOYA

W jigoku-prin.com/en
A 3 kumi Myoban, 874-0843 (Laden), Oita, 874-0843
T +81-977-66-3228 (Laden)

CAFÉ | Okamotoya ist bekannt für den originalen und besten Pudding *jigoku-mushi* (wörtlich: im Höllendampf gedämpft). Die Zubereitungsart hat sich seit 1988 nicht verändert! Ihr müsst so einen Pudding probieren, denn die Mischung aus leicht bitterem Karamell auf dem süßen Pudding ist einfach perfekt. Ich habe den Vanillepudding gegessen, es gibt aber auch Bananen-, Erdbeer-, Kartoffel-, Kaffee- und Grüntee-Geschmack – manche davon nur zu bestimmten Jahreszeiten.

Wenn ihr vor dem Pudding noch Lust auf etwas Herzhaftes habt, dann probiert doch das weich gekochte Ei mit Reis, den Curryreis oder die feinen *Udon*-Nudeln oder auch die *tori-ten* (Hünchen-Tempura). Man kann drinnen und draußen sitzen, am schönsten ist es ganz hinten im Restaurant auf den mit *tatami* bedeckten Sitzen am riesigen Fenster mit Blick auf die Stadt. So eine fantastische Aussicht und dazu leckeres Essen – einfach ein Hochgenuss!

Ich rate euch auch, ein oder zwei *onigiri* (Reisbällchen) zu kaufen, die an der Kasse in Körben angeboten werden. Sie sind in Frischhaltefolie verpackt und sehen nicht nur herrlich handgemacht aus, nach dem ersten Bissen wird euch auch sofort klar, dass ihr nie wieder *onigiri* aus dem Supermarkt essen wollt.

Vom nahen Parkplatz habt ihr übrigens einen schönen Blick auf die Stadt und könnt Fotos von der hübschen Brücke machen.

19 TOYOKEN

東洋軒

W toyoken-beppu.co.jp
A 7-8-22 Ishigaki Higashi, Oita, 874-0907
T +81-977-23-3333

RESTAURANT/TEMPURA | Legendär in Beppu sind die *tori-ten* (Hühnchen-Tempura: *tori* heißt Hühnchen, und *ten* ist die Kurzform für Tempura). Jeder Taxifahrer, den ihr fragt, was man in Beppu gesehen haben muss, wird euch sagen, dass das neben den heißen Quellen die *tori-ten* sind. Toyoken, eine kurze Taxifahrt vom Bahnhof Beppu entfernt, ist für diese Spezialität berühmt. Rechnet daher mit bis zu einer Stunde Wartezeit – vielleicht nehmt ihr euch etwas zu lesen mit.

Die *tori-ten* werden mit einer Zitrusfrucht zum Darüberträufeln serviert, dazu gibt es eine leichte *Ponzu*-Sauce (Würzsauce auf Basis von Zitrusfrüchten) mit ein bisschen Senf. Den könnt ihr auch in die Sauce mischen, wenn ihr wollt. Die *tori-ten* kosten zwischen 800 und 1250 Yen.

Die Mittagskarte enthält verschiedene chinesische Menüs zu Preisen zwischen 750 und 1020 Yen, zum Beispiel Marbo Tofu und gebratenen Reis. Abends zahlt man zwischen 6500 und 15 000 Yen. Ihr könnt dann auch ein individuelles Menü mit *tori-ten* mit Miso, Reis und saurem Gemüse zusammenstellen.

Im Toyoken verkaufen sie unter ihrem Namen auch Produkte wie Saucen und Gewürze, die man wunderbar mit nach Hause nehmen kann.

Gruppen von mehr als vier Personen können ab 17 Uhr einen Tisch reservieren.

20 BEPPU SAKE STAND JUN

別府 酒スタンド 巡

A 1-1-1 Kitahama, Oita, 874-0920
T +81-80-9291-6714

BAR/SAKE | Das ist zweifellos die beste Bar in Beppu. Sie wurde 2019 eröffnet und gehört zu einem Sake-Laden in Oita. Hier in der Stehbar erwartet euch eine unglaubliche Auswahl heimischer Sake, und ihr zahlt, was ihr für richtig haltet. Das Geld wird in einen hölzernen Sake-Becher gelegt.

Die helle Fassade mit viel Holz fällt ins Auge, und wenn man dann durch die großen offenen Fenster hineinschaut und die vielen vergnügten Menschen sieht, zieht es einen direkt hinein.

Die Karte ist in Japanisch, aber fragt einfach nach *osusume* (Empfehlung), dann wird euch gern geholfen. Soni-chan, die Barmanagerin, stammt aus Korea und mischt japanische, französische und italienische Einflüsse in ihr koreanisches Essen. Ich empfehle euch das *kimchi*, dessen Zusammensetzung sich je nach Jahreszeit ändert, und die Pâté auf Toastbrot mit Feigen und Schinken. Ihr könnt auch sauer eingelegtes und anderes Gemüse sowie Gebratenes je nach Saison bestellen.

Ich war damals allein dort, kam aber rasch mit anderen Gästen und dem supernetten Personal ins Gespräch. Als ich Soni-chan von meinem Buch erzählte, gab sie mir jede Menge guter Tipps, und wir suchten ein paar davon zusammen auf, ehe sie um 12 Uhr öffnete. Sie lieh sich extra ein Auto und ließ ihre Tochter länger in der Tagesstätte, nur um mir Dinge zu zeigen. So freundlich und hilfsbereit sind die Leute hier auf dem Land!

Bitte geht in diese Bar in Kitahama, etwa fünf Minuten zu Fuß vom Bahnhof Beppu, und grüßt Soni-chan ganz herzlich von mir!

20

20

20

KISSA-TEN

MEIKYOKU KISSA LION

A 2-19-13 Dogenzaka, Shibuya-ku, Tokyo, 150-0043
T +81-3-3461-6858

PINE TREE

A 7-7 Ginza-cho, Atami, Shizuoka, 413-0013
T +81-557-81-6032

BON BON

W cake-bonbon.com
A 2-1-22 Izumi, Higashi-ku, Aichi, Nagoya, 461-0001
T +81-52-931-0442

MADURA KISSATEN

A Ekimae First Building, B1F, 1-3-1 Kita-ku, Umeda, Osaka, 530-0001
T +81-6-6345-3400

Kissaten (oft auch nur *kissa*) sind Kaffeehäuser im alten Stil, inspiriert von europäischen Cafés, die in Japan in den 1970er Jahren sehr populär waren. Man ging dorthin, um Kaffee aus schicken Kaffeemaschinen zu probieren und Musik zu hören, die es nicht immer und überall auf Schallplatten gab.

Im *kissaten* bekommt man Filterkaffee und einfache Speisen, zum Beispiel Sandwiches (oft mit Schinken und Salat oder Ei und Mayonnaise), sowie Soda-Floats, meist in Blau oder Grün, mit einer Kugel Eis und einer Maraschino-Kirsche obendrauf. Darüber hinaus gibt es je nach *kissaten* auch andere Speisen, etwa Currys, *katsu* (paniertes Schweineschnitzel), *omuraisu* (Omelett mit Reisfüllung), Spaghetti und diverse Kuchen. *Kissaten* sind normalerweise sehr günstig und fröhlich, und man kann dort gut für unter 1000 Yen frühstücken oder Mittag essen.

Die Einrichtung in den *kissaten* ist oft retro in Farben, wie sie in den 1970er Jahren beliebt waren: senfbraune Ledersofas, Pflanzen und wilde Muster je nach Geschmack des Besitzers. Das macht aber gerade ihren Charme aus. Ich liebe diesen Hauch von Nostalgie, der sich auch darin zeigt, dass das Besteck hier wie früher in eine Serviette gewickelt wird.

In *kissaten* geht man auch oft allein, um sich eine Pause zu gönnen oder eine Kleinigkeit zu essen, daher ist es dort meistens sehr ruhig. Bis April 2020 durfte man in fast allen *kissaten* rauchen, was für mich, auch wenn ich selbst nicht rauche, zur nostalgischen Atmosphäre beitrug, aber das hat sich nun geändert. Viele *kissaten* aus der Shōwa-Zeit (1926–1989) in Tokyos Ginza-Viertel haben sogar noch Tische, in deren Mitte ein Aschenbecher eingebaut ist. *Kissaten* sind in Japan so weitverbreitet und beliebt, dass es sogar Zeitschriften und Bücher gibt, die sich nur mit ihnen befassen.

Einer der berühmtesten *kissaten* in Tokyos Shibuya-Viertel, Meikyoku Kissa Lion, der schon fast seit 100 Jahren besteht, konzentriert sich auf klassische Musik – Gespräche sind streng verboten. Ihr sitzt hier auf kirchenbankähnlichen Sitzgelegenheiten, die alle in eine Richtung ausgerichtet sind. Dass hier nicht gesprochen werden darf, ist es etwas ganz Besonderes, man kommt sich fast vor wie in einem Schwarz-Weiß-Film.

Es gibt ein paar *kissaten*, die ich unglaublich gern mag, zum Beispiel Pine Tree in Atami *(siehe S. 67)*, Bon Bon in Nagoya *(siehe S. 156)* und Madura Kissaten in Osaka *(siehe S. 134)*. In Tokyo findet ihr in allen Vierteln *kissaten*, etwa in Koenji, Asagaya, Hatagaya und Kichijoji.

JAPAN

OKINAWA

HERRLICHE, FAST
UNWIRKLICH
SCHÖNE STRÄNDE

26.358°N
127.806°E

14

沖縄

In Okinawa verbinden sich für mich spannende und vielseitige Aspekte von Japan, Amerika, Australien und sogar Hongkong. Traumhafte Strände wie der Manza Beach *(siehe S. 292)*, das Wasser so klar, wie ich es von Australien kenne. Die Einwohner sind freundlich und aufmerksam, das Inselleben plätschert entspannt dahin. In dieser Region gibt es häufig Taifune, und man braucht ein Auto oder Taxi, um voranzukommen, aber der Mix aus westlicher und japanischer Kultur ist allemal eine Reise wert.

Auch die Küche ist eine Mischung aus amerikanischen Einflüssen und heimischen Delikatessen und so köstlich wie kaum irgendwo anders in Japan. Die Speisen in den Strandrestaurants im American Village *(siehe S. 297)* und die Spezialitäten aus Okinawa im Mashiki Market *(siehe S. 300)* sind großartig und sehr empfehlenswert.

Neben den Ausflügen zum Strand besuchen wir hier die Städte Naha und Urasoe. Die besten *soba*, die ich jemals gegessen habe, bekam ich im Soba Eibun *(siehe S. 304)*, und natürlich müsst ihr *spam musubi* (Schweinefleisch auf Reisbett, umwickelt mit einem *Nori*-Blatt) im Pork Tamago Onigiri *(siehe S. 306)* probieren.

Okinawa ist auch ein Fest fürs Auge. Das Licht ist hier anders als im Rest Japans, die Farben der Gebäude und ihre Bauweise sind so hübsch, dass man ständig fotografieren möchte. Kin *(siehe S. 298)* bietet sich dazu besonders gut an. Sogar die Bushaltestellen und Taxis sind niedlich! Die Taxis sind oft blau und mit tropischen Motiven bemalt. Wer die Taxifahrer in Tokyo kennt, wird merken, dass es hier viel entspannter zugeht. Ich könnte mir gut vorstellen, hierherzuziehen – oder ein Ferienhäuschen zu mieten.

1 MANZA BEACH

万座ビーチ

W anaintercontinental-manza.jp/en
A 2260 Serakaki, Onna, Kunigami, 904-0404
T +81-98-966-1211

ATTRAKTION/STRAND | Ich komme ja aus Australien, wo es unfassbar schöne Strände gibt, und bin daher nicht so leicht zu begeistern. Aber sogar ich muss sagen, dass die Strände in Okinawa zu den schönsten gehören, die ich jemals gesehen habe. Ein paar Autominuten vom Cape Manzamo entfernt *(siehe S.294)* liegt der Manza Beach. Ihr erreicht ihn ganz einfach vom großen Parkplatz, das ist natürlich äußerst praktisch. Manza Beach ist einer meiner Lieblingsstrände auf Okinawas Hauptinsel. Allerdings ist man hier selten allein, vor allem Hochzeitspaare lassen sich hier gern fotografieren.

Ich bin so begeistert, weil es hier nicht nur herrlich klares Wasser und weißen Sand gibt, sondern auch fantastische Felsformationen im Wasser. Das Meer ist türkisfarben und ganz ruhig – einfach wunderbar. Kauft euch doch ein Eis und genießt es unter den Palmen, streckt euch im Sand aus und lest ein schönes Buch oder meditiert mit Blick aufs Wasser.

Und natürlich könnt ihr tolle Fotos mit den Palmen und den Felsen im Hintergrund machen.

2 BUSENA BEACH

A 1808 Kise, Nago, 905-0026
T +81-980-51-1333

ATTRAKTION/STRAND | Busena Beach ist ebenfalls einer der vielen schönen Strände von Okinawa. Das Wasser ist kristallklar und tiefblau, der Sand strahlend weiß. Er ist hinter einer Baumreihe verborgen und geschützt, sodass man ihn erst ganz am Ende des Wegs vom Parkplatz ans Wasser entdeckt. Als Erstes sieht man die gelbe Fahne im Wind, dann die weißen Liegestühle unter den weißen Sonnenschirmen – wie in einem Luxusresort. Der hohe Turm der Rettungsschwimmer wirkt nostalgisch wie aus einem amerikanischen Film.

Rechts vom Fußweg seht ihr eine Reihe bunter Tretboote und ein paar Surfbretter. Ein Stück weiter draußen im Meer ist ein Sicherheitsnetz angebracht, das unerwünschte Besucher aus dem Meer abhält, perfekt für Familien.

Spaziert am Strand entlang, macht ein paar großartige Fotos, lest oder schreibt in euer Reisetagebuch und genießt die sanfte Meeresbrise an diesem fantastischen Strand.

Vielleicht ladet ihr euch vorher ja noch traditionelle Musik aus Okinawa auf euren Player, das ist das Tüpfelchen auf dem i! Am besten fahrt ihr mit dem Taxi an den Strand und besorgt euch unterwegs noch eine Bento-Box und etwas zu trinken. Der Strand wird vom Hotel Busena Terrace genutzt und gepflegt, daher müsst ihr Eintritt bezahlen.

1

2

2

3 SESOKO BEACH
瀬底ビーチ

W okinawatraveler.net/en
A 5583-1 Sesoko, Motobu, Kunigami, 905-0227

ATTRAKTION/STRAND | Sesoko Beach ist einer der beliebtesten Strände in Okinawa. Er liegt auf der Insel Sesoko, und man erreicht ihn über eine kurze Brücke in der Region Motobu. Am besten nehmt ihr ein Taxi, falls ihr mit dem Mietwagen kommt, findet ihr aber auch einen Parkplatz.

Der Sand ist unglaublich weiß und das ruhige, kristallklare Wasser vollkommen ruhig. An der Küste findet ihr Unmengen von Korallenresten und schönen Muscheln – ein Traum für Sammler. Der Strand ist umgeben von Felsen, die den Wind gut abhalten.

Wie fast überall in Okinawa könnt ihr auch hier auf einem bewachten Parkplatz das Auto abstellen und von dort zum Strand gehen. Auf dem Weg kommt ihr an einem kleinen Laden vorbei, der alles anbietet, was man am Strand so braucht, zum Beispiel auch bunte Schwimmreifen. Die verwenden die Japaner sehr gern.

Der Strand ist sehr populär, deshalb also nicht besonders einsam, und überdies liegt er in einer Einflugschneise. Die Flugzeuge machen einen ziemlichen Lärm, für einen kurzen Strandbesuch ist er aber in jedem Fall ganz wunderbar.

4 CAPE MANZAMO
万座毛

A Onna, Kunigami, 904-0411

ATTRAKTION/SPAZIERGANG | Der Weg über die Klippen ist sogar für Menschen beeindruckend, die schon mal in Sydney vom Bondi zum Brote Beach gelaufen sind. Die herrlich frische Brise, die wunderbare Landschaft und der schöne Weg sind ein herrliches Erlebnis, und man fühlt sich danach frisch und belebt.

Vom Parkplatz verläuft der kurze Weg auf einem verschlungenen Pfad, von dem man einen freien Blick auf die Felsen von Manzamo hat, die an einen Elefantenrüssel erinnern. Stundenlang könnte man zuschauen, wie sich die Wellen an diesen majestätischen Felsen brechen. Wenn man weitergeht, sieht man den ganzen Manzamo Beach mit dem großen und kleinen Shinto-Schrein-Felsen. Sie sind mit einem Tau verbunden, das die Hochzeit der Götter Izanagi (Mann) und Izanami (Frau) symbolisiert.

Hier könnt ihr großartige Fotos machen, auch wenn es oft windig ist. Und die höflichen Einheimischen machen auch gern ein Foto von euch, wenn ihr sie bittet.

5 AMERICAN VILLAGE

アメリカンビレッジ

W okinawa-americanvillage.com
A 9-1 Mihama, Chatan, Nakagami, 904-0115
T +81-98-926-4455

ATTRAKTION/STRAND/SHOPS/CAFÉS | Das American Village in Okinawa ist ein witziges Dorf, das für das US-Militär erbaut wurde und das man gesehen haben muss. Als wir abends dort ankamen, war ich völlig geschockt, weil alles beleuchtet war wie in Amerika in der Weihnachtszeit oder so, wie ich mir Las Vegas vorstelle. Anscheinend ist hier das ganze Jahr über Weihnachten (auch wenn nur ein Geschäft Weihnachtsartikel anbietet). Das Dorf könnte wunderbar als Filmset in Los Angeles dienen. Hier könnt ihr einkaufen *(siehe* Aeon, *S.303)*, essen, ins Kino gehen oder einfach nur ausspannen.

Das American Village mit bunten Häusern liegt direkt am Strand, Brücken überspannen kleine Flüsse, und man hat das Gefühl, mitten in *The Truman Show* gelandet zu sein. Eine Straße führt am Strand entlang. Dort sind mehrere Restaurants, in denen ihr Hamburger, Taco-Reis oder *spam musubi* bekommt. Oder ihr geht in einen der Coffee Shops oder in eine witzige *izakaya* (kleine Bar), die ihr an den roten Laternen erkennt. Entweder setzt ihr euch in ein Restaurant und schaut hinaus aufs Meer oder ihr holt euch was zum Mitnehmen und esst und trinkt direkt am herrlichen Strand.

Wenn ihr Zeit und Lust habt, geht doch in das Kino im Stil der 1980er Jahre, das mit seinen Neonlichtern selbst aus der Serie *Stranger Things* stammen könnte. Am Fluss entlang stehen einige Cafés, wo man Hamburger und Bier auch im Freien genießen kann. Und seht euch unbedingt das beleuchtete Riesenrad an!

6 MINATOGAWA STATESIDE TOWN

港川ステイツサイドタウン

A 2-18-3 Minatogawa, Urasoe, 901-2134
T +81-98-941-3939

ATTRAKTION/STADT/SHOPS/CAFÉS | Die kleine Stadt wurde ursprünglich für die Soldaten erbaut, heute findet man dort jede Menge richtig hübscher Cafés und toller Läden. Das Gebiet von Urasoe ist streng geometrisch angelegt, die zehn Straßen bilden ein Netz und sind nach amerikanischen Staaten benannt, etwa Arizona, Florida, Texas und Nevada. Die Bauweise erinnert mich ein bisschen an die Strandhäuschen an der Südküste von New South Wales – an Städte wie Culburra, Gerroa und Gerringong. Diese Gegend hat die gleiche nostalgische Atmosphäre mit einem zusätzlichen, niedlichen japanisch-amerikanischen Touch.

Man bekommt japanisches Essen, Currys, Eis, Kaffee, *soba* und kann eine Reihe Haushalts- und Vintage-Läden besuchen. Ich mag besonders gern das Okinawa Cerrado Coffee und das Ippe Coppe *(siehe S.303)* wegen seines großartigen Gebäcks, und weil ein Teil der Einnahmen den Erdbebenopfern in Tōhoku gespendet wird. Bei Portriver Market findet ihr sehr schöne Haushaltswaren und Keramik, Tragetaschen mit dem Aufdruck des Ladens, aber auch frisches Gemüse. Dieser Laden ist der Inbegriff des Stils und Lebensstils von Okinawa, sein Motto ist: »Wir brauchen Stil und ein glückliches Leben.« Damit kann ich sehr gut leben!

Minatogawa ist ein lohnendes Ziel für alle, die liebenswerte kleine Retro-Orte mögen.

7 KIN
金

W visitkintown.jp/en

ATTRAKTION/STADT | Einer meiner Lieblingsorte in Okinawa ist Kin, eine kleine Stadt gleich gegenüber von einer der vielen US-Militärbasen in Okinawa, erbaut, um die Soldaten mit allem Nötigen zu versorgen. Umgrenzung und Tor stehen noch, aber die Zeit der trubeligen Bars und Restaurants, in denen die Amerikaner ein- und ausgingen, ist längst vorbei. Nur wenige Lokale sind noch geöffnet, aber der Ort hat eine sehr angenehme Atmosphäre, und beim Bummel durch die Straßen mit den verblichenen Häuserfronten kann man sich vorstellen, wie es hier früher zuging. Der Ort könnte auch gut als Filmkulisse dienen, und es ist kaum vorstellbar, dass man sich hier in Japan befindet. Auf vielen der Schilder sieht man noch, dass die Preise in Dollar und nicht in Yen angegeben waren. Ich liebe diese morbide Stimmung in der Stadt.

Kin ist berühmt für seine zwei *Awamori*-Brauereien, die das reichlich vorhandene Wasser vom Berg Onna zum Destillieren des speziellen Sake aus Okinawa nutzen. Die zwei Wasserbecken in Ukkaga und Kintaga werden gern zum Kanufahren oder Beobachten von Vögeln besucht.

In Kin findet man unzählige tolle Fotomotive! Schaut einfach mal nach oben oder auf die Straße. Die ausgebleichten Bodenplatten zum Beispiel, die kunstvolle Muster bilden. Oder die Hauswände in Rot oder leuchtendem Pink, die eher an Mexiko als an Japan erinnern. Apropos Mexiko, hier gibt es auch einen King Tacos *(siehe S.309)*.

8 MOTOBU TOWN MARKET
もとぶ町営市場と中曽根

A 4 Toguchi, Motobu, Kunigami, 905-0214

MARKT | Der Motobu Town Market in der Region Nakasone ähnelt mit seiner entspannten Stimmung den Märkten in Hongkong. Er liegt am Wasser, und die heimischen Verkäufer sind sehr fröhlich und freundlich. Achtet beim Bummeln auch auf die ausgebleichten Schilder in Pastellfarben, die rostigen Dächer und all die schönen Zeichen der Alterung an den Gebäuden.

Der Markt ist klein, aber dafür umso liebenswerter. Es gibt dort einen Fischladen, einen Coffeeshop, ein Teehaus, einen Schneider sowie Obst- und Gemüseverkäufer. Als ich dort war, waren einige der Läden geschlossen, und auf meine Nachfrage erfuhr ich: »Ach, die machen einfach auf, wann sie wollen.« Typisch Okinawa!

Man kann hier schön durchschlendern und dann in das Kishimoto Honten gehen. Das *Soba*-Restaurant wurde bereits 1905 eröffnet und hat die besten *soba* in Okinawa! Mittags müsst ihr deshalb zwischen 30 und 60 Minuten auf einen Platz warten. Ein Teller *soba* kostet 650 Yen. Oder ihr esst ein *kagikori* (geschabtes Eis) beim bekannten und nicht weit entfernten Aragaki Zenzai *(siehe S.304)*.

Jeweils am dritten Sonntag des Monats findet der Motobu Handmade Market statt, wo ihr Handgemachtes von heimischen Herstellern bekommt, etwa *yachimun* (Töpferwaren), Holzarbeiten und Bekleidung. Dann finden auch Aufführungen auf den Straßen statt, an Ständen wird wie bei einem Festival frittierter Fisch verkauft. Wenn ihr also zum Motobu Old Market wollt, dann macht das am besten an einem Sonntag.

Nehmt den Expressbus Yanbaru und steigt am Eingang zur Highschool vor dem Markt aus. Der Markt ist täglich geöffnet.

7

9 MASHIKI MARKET
牧志公設市場

W kosetsu-ichiba.com
A 2-7-10 Matsuo, Naha, 900-0014
T +81-98-867-6560

MARKT | Der Mashiki Market ist einer der ältesten Lebensmittelmärkte in Okinawas Hauptstadt Naha. Er existiert seit 1950 und liegt in einer hübschen *shotengai* (überdachte Ladenstraße). Auch wenn er ziemlich touristisch ist, macht es doch Spaß, sich die Waren aus Okinawa anzuschauen.

Im Angebot sind Meeresfrüchte von Okinawas Küste, aber auch Rind- und Schweinefleisch, tropische Früchte, Gemüse, Süßigkeiten, Biskuitgebäck, Tofu und heimische Gewürze. Im Essbereich im zweiten Stock kann man sogar das im ersten Stock Gekaufte selbst zubereiten und verzehren.

An einem Kaffeestand wird *hiyashi* (geeiste Zitrone) verkauft, die eigentlich eine *shikuwasa* (Okinawa-Limette) und unglaublich erfrischend ist.

Denkt daran, Bargeld mitzunehmen, denn hier gibt es keine Geldautomaten. Den Markt erreicht ihr in neun Minuten von der Monorail-Station Mashiki, er ist täglich geöffnet außer jeden vierten Sonntag im Monat.

10 NAKASONE
仲宗根ストアー

A 6 Toguchi, Motobu, Kunigami, 905-0214
T +81-980-47-2023

SUPERMARKT | Ich liebe Gemischtwarenläden, vor allem, wenn sie noch so aussehen wie früher. Wenn es euch auch so geht und ihr den Charme vergangener Zeiten mögt, dann geht zu Nakasone – dem besten kleinen Gemischtwarenladen, den ich kenne. Alles atmet hier Nostalgie, angefangen von der Art, wie sie die Lebensmittel verpacken. Das muss man einfach gesehen haben.

Gleich rechts am Eingang befindet sich ein Brotstand, wo die Brote allerliebst verpackt sind, ich sage nur: Papier mit lustigen Punkten, Figuren aus Cartoons oder Karomustern. Zwängt euch durch die schmalen Gänge und staunt über Retro-Verpackungen für Sake, pastellfarbene Tischdecken und einzigartige Bento-Boxen mit handgemalten Zeichen. Einfach super!

Ich empfehle natürlich, ein Brot zu kaufen, aber auch heimischen Sake als nettes *omiyage* (Souvenir) aus Okinawa. Mein schön verpackter *awamori* (Sake aus Okinawa) kostete nur 370 Yen. Vor dem Laden werden Flipflops oder, wie man in Japan sagt, Strandsandalen verkauft.

仲宗根ストアー
TEL 7~2023
Drink
Coca-Cola
Coca-Cola

11

12

12

11 AEON

イオン

W aeon-ryukyu.jp/store/aeon/chatan
A 8-3 Mihama, Chatan, Nakagami, 904-0115
T +81-98-982-7575

SUPERMARKT | Supermärkte in Okinawa machen Spaß, weil man dort viel über die Region lernen kann, und viele der großen Supermärkte haben einzelne Abteilungen mit den typischen Spezialitäten, so auch Aeon.

Schaut hier vor allem nach: *soba* aus Okinawa, Gewürzölen für *soba*, *Shikuwasa*-Sirup, ein Kochpaket für *goya champaru* (Eintopf mit Bittermelone, Tofu und Schweinefleisch) und Dosenfleisch (Spam). In Okinawa machen sie ein spezielles *spam rice musubi* *(siehe S. 306)*, das ihr unbedingt probieren solltet.

Auch der Taco-Reis stammt aus Okinawa *(siehe S. 309)*, daher findet man auch Taco-Reis-Bento in der Bento-Abteilung. Und dazu spezielle *chu-hi* (alkoholische Getränke in Dosen). Da will man doch einfach sofort nach Okinawa umziehen, oder?

Aeon gehört zu einer amerikanischen Kette und ist auch ein großes Kaufhaus, in dem man alles von Kleidung und Schuhen bis zu Kosmetikartikeln und *omiyage* (Souvenirs) bekommt. Wenn ihr Essstäbchen, Handtücher, Fächer oder andere typisch japanische Dinge sucht, ist Aeon im American Village *(siehe S. 297)* die richtige Adresse.

12 IPPE COPPE

イッペコッペ

W ippe-coppe-bakery.com
A 2-16-1 Minatogawa, Urasoe, 901-2134
T +81-98-877-6189

CAFÉ | Das kleine Café mit Terrasse wurde 2008 eröffnet und bietet eine einzigartige Auswahl an *kakigori* (geschabtem Eis). Ähnlich interessante Geschmackskombinationen wie hier, etwa *shiso* und Zitrone oder *shikuwasa* mit Limette, findet man nur sehr selten.

Bestellt euer *kakigori* an dem kleinen Fenster rechts neben dem Eingang, dann bekommt ihr eine Tischnummer und werdet aufgerufen. Ippe Coppe ist auch bekannt für sein köstliches Brot und den Kaffee, und die außen knackigen und innen ganz weichen Scones sollte man ebenfalls probieren.

In dem Garten sitzt man sehr schön, hinten ist ein netter *washitsu* (Sitzbereich), wo man die Schuhe auszieht und auf einer Matte an einem niedrigen Tisch sitzt (wie auf *tatami*). Ganz in der Nähe hört man eine liebliche Sommerglocke schlagen, was die sommerliche Stimmung in Okinawa noch unterstreicht.

Es wird ja oft sehr heiß in Okinawa, daher gibt es im Ippe Coppe einen Korb mit Fächern aus großen Blättern, aus dem man sich bedienen kann – sehr angenehm.

Das Brot von Ippe Coppe wird innerhalb Japans auch verschickt, ihr könnt es also bestellen, wenn ihr in Japan lebt!

13 ARAGAKI ZENZAI

新垣ぜんざい

A 11-2 Toguchi, Motobu, Kunigami, 905-0214
T +81-98-048-4731

CAFÉ | Wenn ihr am Motobu Town Market seid *(siehe S. 298)*, müsst ihr in das legendäre Aragaki Zenzai gehen. Das gibt es schon seit 1948, und das Angebot hat sich seither nie verändert. Beim *kakigori* (geschabtes Eis) verwenden sie hier gekochte und dann gesüßte Adzuki-Bohnen, die von dem geschabten Eis in der Schale bedeckt werden. Das ist sehr erfrischend und wohltuend im heißen Klima von Okinawa. Oft kommt in Japan beim Adzuki-*kakigori* die Bohnencreme ja obendrauf, aber hier ist sie vom Eis bedeckt, und das Ganze sieht aus wie ein Schneeberg!

Man bestellt hier an einem Automaten und hat die Wahl unter 20 verschiedenen Sorten *kakigori*. Ist das nicht großartig? Der Automat ist zwar nur in Japanisch beschriftet, aber die *kakigori* sind durchnummeriert. Der blaue Knopf mit der Nummer 1 sagt zum Beispiel, dass ihr eine Portion *kakigori* bekommt (zum Preis von 250 Yen). Das entsprechende Ticket gibt man dann ab, und das *kakigori* wird dann an den Tisch gebracht. Ich war mal mit einer Freundin dort, und wir hatten nur eine Portion bestellt, aber die nette Angestellte brachte uns ungefragt eine zweite, damit wir nicht teilen mussten – wie aufmerksam!

14 OKINAWA SOBA EIBUN

オキナワ ソバ エイブン

W sobaeibun.okinawa
A 1-5-14 Tsuboya, Naha, 902-0065
T +81-98-914-3882

RESTAURANT/SOBA | Okay, ich glaube, bessere *soba* habe ich noch nie gegessen. Englische Speisekarte, freundliches Personal, köstliche und billige *soba* in hübscher, moderner Ausstattung mit Holztischen und hübschen Fliesen – was will man mehr?

Der Besitzer reiste lange durch Okinawa und probierte verschiedenste Arten von *soba*, bis er den perfekten Okinawa-Soba-Eibun-Geschmack fand. Seht euch den Instagram-Auftritt an, und ihr werdet sofort Appetit bekommen.

Die *soba* werden acht Stunden lang in einer Brühe aus Schweinefleisch, Bonito und Seetang geköchelt, dazu gibt es jede Menge Beilagen. Der hausgemachte *Koregoosu*-Pfeffer wird aus in *awamori* (Sake aus Okinawa) eingelegten Pfefferschoten hergestellt. Es werden aber auch andere Gewürze wie Yuzu-Chili, japanischer Pfeffer oder sogar Garam-Masala-Pfeffer verwendet. Zu euren *soba* könnt ihr Beilagen wie Onsen-Tamago, hart gekochte Eier, Schweinefleisch, eine Extraportion Nudeln und – besonders empfehlenswert – Koriander bestellen. Der schmeckt perfekt dazu. Sie lieben den Koriander hier wirklich sehr und verkaufen sogar eine sehr leckere Korianderpaste.

Die Gerichte schmecken nicht nur großartig, sie werden auch sehr hübsch serviert: auf einem schönen Holztablett und mit den für Okinawa typischen rot lackierten Essstäbchen.

Ihr bekommt hier auch diverse mit dem Namen des Restaurants bedruckte Artikel, etwa Tragetaschen oder Lätzchen für die lieben Kleinen. Oder ihr kauft handgemachte *soba* in einer hübschen, blau und weiß gemusterten Box.

14

13

14

15 ISHIGUFU RAMEN

いしぐふー らーめん

W ishigufu.jp
A Kansas Street No. 40, 2-13-6 Minatogawa, Urasoe, 901-2134
T +81-98-879-7517

RESTAURANT/SOBA | Das Restaurant Ishigufu hat sieben Filialen in Okinawa, aber diese in Urasoe hat den auffälligsten Eingang: eine weiße Betonmauer, ein rotes Schild und drei orangefarbene Stühle vor der Tür. Meine Freunde in Okinawa gehen am liebsten in dieses Restaurant in Okinawa. Man sollte es gesehen haben!

Auch wenn sie *soba* heißen, werden die Nudeln in Okinawa aus Weizen und *kansui* (Laugenwasser) hergestellt. Dadurch ähneln die *soba* fast den *ramen* – leicht gelblich und elastisch. Die Brühe im Ishigufu wird aus Hühnerfleisch gekocht und hat einen ganz köstlichen und besonderen Geschmack.

Ich empfehle die Spezialität des Ishigufu, die handgemachten *soba* mit Hühnchen und zwei Beilagen für 800 Yen. Wer mehr Hunger hat, bestellt noch gedämpfte oder gegrillte Teigtaschen dazu. Je nachdem, welches Menü man ausgewählt hat, kann man sich auch an der reichhaltigen Salatbar gleich rechts neben dem Eingang bedienen.

Übrigens: Die *soba* in Okinawa ähneln den *ramen* und enthalten weniger als 30 Prozent *Soba*-Pulver. Daher wurden sie von den Fair-Trade-Organisationen zunächst nicht anerkannt. Erst seit 1978 (sechs Jahre nach der Rückgabe von Okinawa an Japan) hat sich das geändert. Die *soba* aus Okinawa gelten als typisches Gericht in Okinawa, und seither wird alljährlich am 17. Oktober der Okinawa Soba Day gefeiert.

16 PORK TAMAGO ONIGIRI

ポークたまごおにぎり

W porktamago.com
A 2-8-35 Yubinbango, Naha, Matsuo, 900-0014
T +81-98-867-9550

RESTAURANT/ONIGIRI | Die gelungene Mischung aus amerikanischem und japanischem Essen, Spam-und-Ei-*onigiri* (Reisbällchen), sind das wahrscheinlich typischste Gericht der Region Okinawa. Als nach dem Zweiten Weltkrieg riesige Dosenfleisch-Vorräte (Spam) der amerikanischen Militärs übrig waren, konnten diese auch von Zivilpersonen gekauft werden, und die Japaner kamen auf die Idee, Spam und Ei in Reisbällchen mit Algen zu packen – die *spam musubi* waren geboren. *Musubi* heißt so viel wie Hülle, das erklärt die Zubereitung ganz schnell: Packe Spam und Ei in Reis und Algen. Das Dosenfleisch wird zuvor meist noch in Teriyaki-Sauce mariniert.

Um diesen Okinawa-Klassiker zu probieren, sollte man in die Filiale von Pork Tamago Onigiri in Matsuo gehen. Man bekommt *spam musubi* hier nur zum Mitnehmen, aber gleich schräg gegenüber ist ein Speisesaal. Typischerweise bestehen sie aus Schweinefleisch und Ei, aber auf der englischen Speisekarte steht eine ganze Reihe *Musubi*-Varianten. Ich habe die mit Schweinefleisch und *tempura goya* (frittierte Bittermelone) gegessen. Fein sind auch die mit Yuzu-Pfeffer. Dazu trinkt man Orion-Bier aus Okinawa oder einen geeisten Jasmintee mit *shikuwasa* (Okinawa-Limette).

Gleich neben dem Restaurant ist ein netter kleiner Supermarkt, in dem man Meeresfrüchte und Gemüse-Tempura in einer Pappschachtel mit Serviette, aber auch *musubi* mit Schweinefleisch und Ei bekommt. Absolut sehenswert sind die Fotos mit den verschiedenen *Musubi*-Varianten an der Eingangstür.

15

15

16

18

17

18

17 KING TACOS
キングタコス

W facebook.com/kingtacos
A 4244-4 Kin, Kunigami, 904-1201
T +81-90-1947-1684

RESTAURANT | King Tacos ist der Geburtsort von Taco-Reis, und dieses Restaurant in Kin *(siehe S. 298)* muss man einfach besuchen. Es ist nämlich so: Die Taco-Schalen kamen 1956 nach Okinawa, und der Taco-Reis wurde 1984 von Matsuzo Gibo in seinem ersten Laden, dem Parlor Senri, erfunden. Er wollte ein Gericht schaffen, das billig ist und die jungen amerikanischen Soldaten schnell satt macht. Taco-Reis besteht aus Reis mit gehacktem Rindfleisch, wie in den normalen Tacos, und obendrauf kommen Tomate, Käse und Salat. Leider musste Gibo seinen Laden 2015 schließen, aber der Nachfolger, King Tacos, übernahm die Rezepte und hat heute viele Filialen in Okinawa.

Wenn ihr das Restaurant betretet, seht ihr gleich links den Automaten, an dem ihr den Taco-Reis und die Getränke auswählt. Oder ihr holt euch Wasser von den Spendern. Das Ticket gebt ihr dem Personal an der Theke, die das Gericht für euch dann zubereiten.

Ich empfehle euch, oben im Essbereich am Fenster Platz zu nehmen. Von da hat man einen schönen Blick auf die Gegend. Die Geschichte der amerikanischen Militärs und die Mischung aus amerikanischem, mexikanischem und japanischem Essen machen das Ganze zu einem schönen Erlebnis.

Das King Tacos ist sowohl bei den Einheimischen als auch bei Touristen beliebt, oft bilden sich lange Schlangen am Abholschalter vor dem Lokal. Das wundert mich auch nicht, denn das Essen ist günstig und sehr lecker!

18 SEA SIDE DRIVE-IN
シーサイドドライブイン

W seaside-drivein.com
A 885 Nakadomari, Onna, Kunigami, 904-0415
T +81-98-964-2272

RESTAURANT | Wenn ihr gern beim Essen den Sonnenuntergang über dem Meer beobachtet, dann ist dieses Restaurant genau richtig. Es wurde 1967 eröffnet, und der Besitzer ließ sich von amerikanischen Fast-Food-Lokalen inspirieren. Das Sea Side Drive-in war dann auch das erste Restaurant in Okinawa, wo man alle Speisen mitnehmen konnte. Es ist zwar kein richtiges Drive-in-Restaurant, aber man kann das Auto abstellen und am Schalter draußen bestellen. Zum Essen setzt man sich dann am besten auf einen Felsen am Meer und genießt den schönen Blick.

Der Ausgabeschalter ist rund um die Uhr geöffnet, der Essbereich im Restaurant schließt um 23 Uhr. Auf der Karte finden sich westliche, japanische und chinesische Gerichte, putzige Soda-Floats, Espresso und heimische Biere. Es gibt Mittags- und Abendgerichte wie Steak, Brathuhn und gebratenen Reis, aber auch *teishoku* (Menüs) wie gebratene Shrimps mit Reis und Beilagen. Ich persönlich mag den retro-amerikanischen Stil hier und bestelle am liebsten westliche Gerichte statt *teishoku*.

Zum Frühstück gibt es Omelett – typisch amerikanisch mit Pommes. Schinken und Eier mit Pommes und Gemüse sehen supergut aus. Zu den Mahlzeiten kann man Reis oder Toast wählen.

Dies ist ein nettes, historisches Lokal in Okinawa, wo ihr auch einfach nur ein Eis am Drive-in-Schalter mitnehmen und dann am Meer verspeisen könnt.

19 SHIRAKACHI

シラカチ

W hyatt.com/en-US/hotel/japan/hyattregency-seragaki-island-okinawa/okaro
A 1108 Seragaki, Onnason, 904-0404
T +81-989-604-321

RESTAURANT | Beim Essen im Restaurant Shirakachi im Inselresort Hyatt Regency Seragaki Island kann man alle Spezialitäten Okinawas an einem Abend probieren, und das auch als externer Gast. Das *kaiseki ryori* (Menü mit japanischer Haute Cuisine) ist die perfekte Einführung in die Küche von Okinawa. Man bekommt zum Beispiel *goya champuru*, *rafute* (Schweinebauch) und Okinawa-*soba*.

In entspannt-eleganter Atmosphäre kann man an der Theke sitzen und den Köchen dabei zusehen, wie sie die Gerichte am *teppan* (Grillplatte) zubereiten. Oder man setzt sich an einen Tisch an den großen Fenstern und genießt den Blick auf Palmen und Pools.

Nicht nur das Essen ist hier fantastisch, auch das Geschirr, die Sake-Gläser und *oshibori* (feuchte Tücher für die Hände) sind wunderschön. Ich entdeckte diese Handtücher im nahen Aeon-Laden im American Village *(siehe S. 297)* und musste sofort welche mitnehmen. Am Tisch liegt ein Tuch, das man zuerst für eine Serviette hält, das sich aber als eine Art Lätzchen entpuppt, das man sich umbindet. Das ist in Japan ganz üblich und kein Grund, sich komisch zu fühlen.

Ich rate euch, entweder vor dem Essen einen Sundowner in der benachbarten Bar einzunehmen oder danach auf einen Absacker dort hinzugehen. Sie haben dort auch eine große Auswahl an *awamori*. Der wird aus Langkornreis hergestellt, aber nicht gebraut wie Sake, sondern destilliert wie *shochu* (japanischer Schnaps).

Ich kann das Restaurant, in dem es eine englische Speisekarte und Englisch sprechendes Personal gibt, nur wärmstens empfehlen.

20 HYATT REGENCY SERAGAKI ISLAND

ハイアット リージェンシー 瀬良垣アイランド

W hyatt.com/en-US/hotel/japan/hyatt-regency-seragaki-island-okinawa/okaro
A 1108 Serakaki, Onnason, 904-0404
T +81-98-960-4321

RESORT | Wenn ich auf Reisen bin, wohne ich gern so nah wie möglich am Zentrum einer Stadt und erkunde sie ausgiebig, aber manchmal muss es auch eine Unterkunft in einem Resort wie diesem sein. Das Hyatt Regency Seragaki Island ist unbedingt zu empfehlen. Es liegt eine Fahrtstunde nördlich von Okinawas Hauptstadt, und dieser Teil Okinawas ist landschaftlich so schön und die Strände sind so großartig, dass man gar nicht mehr abreisen möchte. Das Resort liegt auf einer eigenen kleinen Insel, die man über eine Brücke erreicht.

Hier kann man locker den ganzen Tag an den vielen Pools und Privatstränden, in den Spas, Bars oder Restaurants zubringen. Badet im Infinity Pool, rekelt euch auf einer Liege am Strand, bestellt einen Mai Tai an der Pool-Bar oder gönnt euch eine Pediküre am Pool. Ein Anruf genügt, und ein Tuk-Tuk holt euch ab und fährt euch durch die Anlage. Nach einer ausgiebigen Erkundung von Okinawa ist das ein herrlicher Luxus zur Erholung.

Die Preise sind überraschend gemäßigt, die Zimmer haben entweder Blick auf den Strand oder auf die Pools und das Meer. Dank der Insellage ist es nachts stockfinster, wer also abends gern Lichter im Wasser glitzern sieht, der sollte ein Zimmer mit Blick auf die Pools wählen.

Das Frühstücksbüfett bietet westliche und japanische Gerichte, aber auch viele Spezialitäten aus Okinawa – interessant für Neugierige. Zum Beispiel *goya* (Bittermelone), eingelegte Karotten und Rote Bete. Hier kann man auch spielend eine ganze Woche verbringen, ohne einmal die Insel zu verlassen.

WISSENS—WERTES

SPRACHE

Die Japaner sind ein derart höfliches Volk, dass sie trotz der Sprachbarriere alles Menschenmögliche versuchen, um sich mit Fremden verständigen zu können – und sei es mithilfe eine Übersetzungs-App.

In den mehr als zehn Jahren, die ich nun in Japan lebe, haben sich viele englische Ausdrücke durchgesetzt, und ich bin angenehm überrascht, wenn ich mit ausländischen Freunden unterwegs bin, weil an immer mehr Orten Englisch gesprochen wird. Auch englische Speisekarten gab es in meiner Anfangszeit in Japan noch nicht so häufig wie jetzt.

Man darf aber nicht selbstverständlich davon ausgehen, dass man in jedem Café eine englische Karte bekommt – und oft handelt es sich dabei um ganz besondere Lokale! Wahrscheinlich sind sie nicht nur sehr authentisch, sondern bieten auch eine gute Gelegenheit, mit den Besitzern ins Gespräch zu kommen.

Wer in den touristischen Hotspots unterwegs ist, etwa beim Skifahren auf Hokkaido oder in den Tempeln in Kyoto, kommt normalerweise gut mit Englisch durch. In den kleineren Städten kann das allerdings schwieriger sein.

Rechts ist eine Reihe hilfreicher Ausdrücke und Sätze für den Anfang aufgeführt, und wie so oft im Ausland freuen sich auch die Japaner, wenn man sich mit ihrer Sprache ein wenig Mühe gibt.

Hallo	Konnichiwa
Danke sehr	Arigatou
Entschuldigung	Sumimasen
Es tut mir leid	Gomen nasai
Was ist das?	Kore wa nan desu ka?
Was kostet das?	Kore wa ikura desu ka?
Wo ist …?	… wa doko desu ka?
Wo ist der Bahnhof?	Eki wa doko desu ka?
Das ist köstlich!	Oishii!
Das war sehr gut! (Danke für das Essen)	Gochisousamadeshita
Bitte	Onegaishimasu/Kudasai
Einen Kaffee bitte	Kohi o hitotsu onegaishimasu
Zwei Miso-ramen bitte	Miso ramen futatsu onegaishimasu
Süß!	Kawaii!
Toll!	Sugoii!
Ich bin aufgeregt/ freue mich drauf!	Tanoshimi!
Japanisch	Nihongo
Englisch	Eigo
Deutsch	Doitsu
Ich verstehe nicht	Wakarimasen
Einen Moment bitte	Chotto matte kudasai
Die Rechnung bitte	Okaikei onegaishimasu
Zum Wohl!	Kanpai!
Bier vom Fass	Nama bi-ru

DER WEG VOM & ZUM FLUGHAFEN

Die meisten internationalen Flüge landen auf den beiden Tokyoter Flughäfen Narita (narita-airport.jp/en) oder Haneda (haneda-airport.jp/inter/en). Mit öffentlichen Verkehrsmitteln kommt man in Japan gut voran, wer aber lieber von einem Chauffeur in einem schicken Auto gefahren werden will, kann das vor Reisebeginn online buchen, etwa bei Blacklane.

Haneda ist ein moderner Flughafen mit exzellenter Verkehrsanbindung (haneda-tokyo-access.com/en/transport) nach Tokyo. Mit der Keikyu-Linie braucht man zwischen elf und 35 Minuten bis Tokyo, das kostet zwischen 410 und 610 Yen. Der Keikyu-Limousinenbus fährt 30 bis 60 Minuten und kostet zwischen 580 und 1030 Yen. Die Fahrtzeit mit der Tokyo Monorail (tokyo-monorail.co.jp/english/haneda) beträgt 25 bis 40 Minuten, die Preise beginnen bei 490 Yen.

Viele Billigflieger starten und landen in Narita. Die Fahrt mit dem JR-Narita-Expresszug kostet nach Tokyo 4000 Yen (Busse oder andere Züge sind billiger). Der JR Narita Express braucht 60 bis 90 Minuten bis zum Bahnhof Tokyo. Mit dem Limousinenbus (limousinebus.co.jp/en/bus_services/narita/index) erreicht man Tokyo in 85 bis 115 Minuten für 3100 Yen. Und der Keisei Skyliner fährt 35 bis 65 Minuten und kostet zwischen 2200 und 2470 Yen.

ANDERE FLUGHÄFEN

Viele Orte in diesem Buch sind mit dem Shinkansen ab Tokyo zu erreichen, manche Städte haben auch eigene Flughäfen. Nach Kyoto kommt man über den Flughafen Osaka.
Osaka: osaka-airport.co.jp
Fukuoka: fukuoka-airport.jp
Akita: akita-airport.com
Sapporo: new-chitose-airport.jp
Okinawa: naha-airport.co.jp

Alle anderen Orte in diesem Buch erreicht man am besten mit dem Shinkansen.

UNTERWEGS MIT ÖFFENTLICHEN VERKEHRS-MITTELN

PASMO- & SUICA-KARTE

Wer in den Städten die öffentlichen Verkehrsmittel nutzen möchte, dem empfehle ich den Kauf einer IC-Netzkarte. Davon gibt es einige, aber Pasmo und Suica sind am weitesten verbreitet. Beide Karten kann man an den Ticketschaltern oder -automaten an den Bahnhöfen aufladen. Sowohl Pasmo als auch Suica verlangen eine Kaution von 500 Yen. Dann kann man auf die Karten zwischen 1000 und 10 000 Yen laden, je nachdem, wie oft man sie nutzen will.

Die wiederaufladbare IC-Karte wird an den Fahrkartenschranken der Japan Railway (JR) und der U-Bahnen sowie in den meisten Bussen einfach durchgezogen. Mein Tipp: Lasst sie an den Automaten an den Bahnhöfen personalisieren, dann steht euer Name drauf – ein nettes Souvenir. Man kann die Karte bei der Ausreise aber auch am Flughafen zurückgeben und sich die 500 Yen Pfand sowie das noch vorhandene Guthaben auszahlen lassen.

Und ein weiterer Vorteil dieser wiederaufladbaren Karten: Man kann mit ihnen nicht nur in Verkehrsmitteln zahlen, sondern auch in verschiedenen Läden, Restaurants und Cafés oder in Lebensmittelmärkten und an Automaten.

ZÜGE

Züge sind meiner Ansicht nach das beste Transportmittel, wenn man Japan entdecken will. Die Pläne sind mittlerweile gut verständlich, da die meisten an den Bahnhöfen und in den Zügen auch in Englisch angezeigt sind. Und mit Google Maps lässt sich die Fahrt inklusive Umstiege gut planen.

Wer durch Japan fahren möchte, etwa von Tokyo nach Kyoto und Osaka, für den lohnt sich der Japan Rail Pass, den man nur im Heimatland vor der Abreise kaufen kann (www.jrailpass.com/de). Man entwertet ihn entweder gleich am Flughafen oder – dann unbedingt – vor der ersten Fahrt mit dem Shinkansen. Wer hauptsächlich in Tokyo bleibt und nur mal einen Abstecher nach Okinawa oder Sapporo machen will, für den ist es wahrscheinlich günstiger, in Tokyo die Pasmo- oder Suica-Karte *(siehe S.316)* zu nutzen und die Abstecher dann mit dem Flugzeug zu machen.

Der Japan Rail Pass gilt nur für Züge der Japan Railways Group (JR Group). Alle Fahrten mit privaten Linien müssen extra bezahlt werden.

Wenn man einen Zug betritt, merkt man rasch, wie ruhig der öffentliche Verkehr in Japan abläuft. Unterhaltungen werden, wenn überhaupt, nur ganz leise geführt. Und Telefonate oder laute Musik über Kopfhörer sind absolute No-Gos. Wenn man einen Anruf entgegennehmen muss, sagt man flüsternd, dass man sich im Zug befindet und sobald wie möglich zurückruft. Das Handy stellt man am besten schon vor der Abfahrt auf lautlos. In den Shinkansen gibt es dafür sogar extra Telefonbereiche.

BUSSE

Mit Bussen zu fahren, ist eine kleine Herausforderung, da die meisten kaum oder gar keine Informationen in Englisch anbieten. Hat man aber erst einmal herausgefunden, welchen Bus man nehmen muss, leisten sie gute Dienste, da sie auch Ziele anfahren, die man sonst nicht so einfach erreicht.

Die Busse im Großraum Tokyo kosten normalerweise 200 Yen, egal, ob man nur eine Station oder eine längere Strecke fährt. Man betritt sie durch die Vordertür und zahlt die 200 Yen entweder passend oder mit der Pasmo- oder Suica-Karte. Zum Aussteigen wird der Stopp-Knopf gedrückt, und man nutzt die hintere Tür. Mit einem Kopfnicken oder einer Verbeugung bedankt man sich beim Fahrer fürs Anhalten.

Ich liebe ja in Tokyo den Bus Shibuya Community Hachiko mit dem Hund, der 100 Yen kostet und zwischen Shibuya, Daikanyama und Harajuku verkehrt. Die Fahrt ist unfassbar günstig, und der Hund absolut süß! Die 100 Yen wirft man beim Einsteigen einfach in den Münzschlitz.

TAXIS & FAHRGEMEINSCHAFTEN

Auch wenn es neuerdings in Japan auch Uber Black gibt, wird immer noch überwiegend mit Taxis gefahren. Diese hält man am Straßenrand an, indem man den Arm ausstreckt. Fahrgäste steigen hinten ein, warten aber, bis der Fahrer ihnen die Tür öffnet. Der Fahrer hält seinen Gästen auch am Zielort automatisch die Tür auf, sodass man sie nicht selbst öffnen muss. In Japan ist es unüblich, Trinkgeld zu geben, also sollte man auch dem Taxifahrer nichts extra geben *(siehe S.321)*.

Tagsüber verlangen die meisten Taxis (je nach Stadt) 430 Yen Grundgebühr. Abends kostet es etwas mehr, und es wird ein extra Nachtzuschlag verlangt. Wenn man ein Taxi bestellt, kommt ebenfalls eine kleine Gebühr dazu, die je nach Unternehmen und Tageszeit variiert. Taxifahrer warten höflich und geduldig, bis man die korrekte Summe griffbereit hat, kein Grund zur Hetze also. Und sie freuen sich sehr, wenn man ihnen Kleingeld gibt.

In ländlicheren Gegenden frage ich den Taxifahrer meist gleich beim Einsteigen, ob ich mit Kreditkarte zahlen kann, aber es ist immer gut, ein bisschen Geld in der Tasche zu haben, da in Japan sehr viel bar bezahlt wird *(siehe S.318)*. Das ändert sich zwar allmählich, aber sicher ist sicher.

Hilfreich ist es, wenn man die Hoteladresse oder das Fahrtziel aufgeschrieben oder die Adresse auf Japanisch auf Google Maps hat und sie dem Fahrer zeigen kann. Man kann auch einen Screenshot des Fahrtziels machen oder die Adresse in Japanisch ausdrucken und vorzeigen. Dann sagt man »*koko made onegaishimasu*« oder »*koko made kudasai*«, das heißt »Bringen Sie mich bitte zu dieser Adresse«.

Manche Taxifahrer (zum Beispiel in Kyoto) nutzen auch gern ihr GPS, um die Adresse über die Telefonnummer zu finden. Wer also ganz sicher sein möchte, kann dem Fahrer auch die Telefonnummer geben.

Die Taxis sehen in jeder Stadt in Japan oder auf jeder Insel ein bisschen anders aus. In Fukuoka habe ich welche mit pfirsichförmigen Lichtern gesehen, in Kyoto waren sie herzförmig. Das ist jedes Mal eine Überraschung.

Taxis in Okinawa sind oft mit tropischen Mustern bemalt und meist günstiger als auf dem japanischen Festland.

FAHRRADFAHREN

Ihr wollt euch wie die Einheimischen fortbewegen? Dann mietet ein Fahrrad! Nehmt ein kleines *mamachari* (Fahrrad mit Kindersitz und Korb) und fahrt einfach los! Auf diese Weise kann man eine Stadt prima erkunden und kommt auch in kleine Nebenstraßen, wo man oft die besten Sachen findet.

Man darf auf Fußwegen und der Straße fahren, Helme sind nicht gesetzlich vorgeschrieben. Das Fahren ist sehr angenehm, da Autos, Fußgänger und Radfahrer gleichermaßen rücksichtsvoll und geduldig sind. Wer auf dem Gehsteig läuft und eine Fahrradklingel hört, geht einfach an den linken Rand und lässt das Rad vorbei. Und die Radler tun ihr Bestes, um die Fußgänger nicht zu stören, oft klingeln sie nicht einmal, sondern treten rückwärts in die Pedale und hoffen, dass man sie hört und ausweicht. Alle sind unglaublich höflich.

In Tokyo kann man Räder bei Tokyo Bike (tokyobike.com) für 1000 Yen pro Tag mieten. Das lohnt sich wirklich! Radfahren in Tokyo ist ein tolles Erlebnis!

PRAKTISCHES

ÖFFNUNGSZEITEN

In Japan macht in der Regel alles später auf und ist länger geöffnet als in westlichen Ländern. Das ist ganz praktisch, wenn man nach ein paar Drinks noch in eine Karaoke-Bar gehen und dann ausschlafen möchte.

Die meisten Läden öffnen um 10 oder 11 Uhr und schließen zwischen 19 und 21 Uhr. Da es in Japan keine einheitlichen Geschäftszeiten gibt, sollte man sich vorab informieren.

BARGELD

In Japan wird immer noch viel bar bezahlt. Viele Restaurants und Bars akzeptieren keine Kreditkarten, daher sollte man immer Bargeld dabeihaben.

Nicht alle Geldautomaten in Japan nehmen ausländische Karten an, ich nutze daher am liebsten die in Lebensmittelmärkten (vor allem den größeren wie 7-Eleven, Lawson und FamilyMart) oder einer Niederlassung der Japan Post. Eine gute Idee ist es auch, die Pasmo- oder Suica-Karte *(siehe S. 316)* aufzuladen, mit denen man in vielen Supermärkten, Lebensmittelläden und an Automaten bezahlen kann.

Wer bar bezahlt, kann das Geld in aller Ruhe zusammensuchen. Die Leute warten geduldig, bis man die exakte Summe hat. Aufmerksam ist es, wenn man die Scheine alle mit derselben Seite nach oben und die Münzen in ordentlichen Häufchen hinlegt.

In manchen Mittagslokalen, etwa in Cafés, aber nicht in *izakaya* *(siehe S. 320)* wird die Rechnung gern aufgeteilt, wenn man bittet *»okaike betsubetsu onegaishimasu«*. Dann wird gefragt, was jeder verzehrt hat, und man bezahlt nur sein eigenes Essen und seine Getränke. Das ist allerdings nicht überall üblich.

In Japan legt man die Münzen an der Kasse auf ein Tablett und bekommt auch das Wechselgeld auf das Tablett gelegt.

ADRESSEN

Japanische Adressen sind nicht immer ganz einfach zu lesen, vor allem, wenn man daran gewöhnt ist, Straßennamen zu verwenden. Die gibt es hier in Japan nur für größere Hauptstraßen, ansonsten orientieren sich die Adressen am Parzellen- oder Gebäudeblock-System.

Die einfachste Methode, Adressen in Japan zu finden, ist die Eingabe des Orts in Google Maps oder eine Karten-App. Das ist sogar für die Nutzung öffentlicher Verkehrsmittel nützlich, da die Karten die Bahnhöfe und manchmal sogar den besten Ausgang zum Zielort anzeigen.

In Japanisch geschriebene Adressen folgen diesem Format:

- Postleitzahl aus sieben Zahlen mit Bindestrich
- Präfektur/Region (zum Beispiel Tokyo)
- Stadtbezirk mit dem Suffix *»-ku«* (zum Beispiel Setagaya-ku)
- Ortsteil (zum Beispiel Kitazawa)
- Nummer des Stadtbezirks (*»chome«*), durch Bindestriche getrennt, zum Beispiel 1-2-3. Das wäre dann Ortsteil/Viertel 1, Block 2, Gebäude 3.
- Name des Gebäudes, Stockwerk und Zimmernummer

SICHERHEIT

Japan ist ein unglaublich sicheres Land. Selbst wenn man Laptop oder Handy am Tisch im Café liegen lässt und weggeht, wird es bei der Rückkehr noch genauso daliegen. Schirme und Fahrräder sind allerdings eine Ausnahme. Auf die sollte man gut aufpassen.

Auf YouTube gibt es viele Videos, in denen man sieht, dass Menschen, die bemerken, dass ein anderer etwa seinen Geldbeutel verloren hat, den Geldbeutel aufheben und demjenigen bringen, der ihn verloren hat. Ich habe zum Beispiel im Zug erlebt, dass ein Mann, der wohl ein bisschen zu viel Sake getrunken hatte, eingeschlafen ist und ihm persönliche Dinge aus der Tasche gefallen sind. Sofort stand eine Frau auf, sammelte alles ein, packte die Sachen wieder in seine Tasche und stellte sie ordentlich neben den Mann. Das ist herzerwärmend!

Mir ist es einmal passiert, dass ich mit einer befreundeten Familie aus Australien in einem Spielesalon war, und während die Kinder die Spiele testeten, ließ die Mutter aus Versehen alle Pässe an einem Spieltisch liegen. Wir waren schon gute fünf Minuten weg, als sie das bemerkte, und als wir zurückkamen lagen die Pässe – natürlich – noch genau an derselben Stelle, wo sie sie abgelegt hatte.

Wer in einer Stadt etwas verliert, geht zur nächsten Polizeidienststelle, denn dort werden Fundsachen abgegeben. Vergesst ihr in einem Zug etwas, wendet ihr euch an den Ticketschalter und informiert den Stationsvorstand. Die telefonieren dann meist die anderen Haltestellen durch und organisieren, dass man seine verlorenen Dinge zurückbekommt.

Zu Stoßzeiten sind die Züge oft sehr voll, da herrscht dann auch ein ziemliches Gedränge. In vielen Zügen gibt es jedoch ein eigenes Abteil nur für Frauen. Man erkennt es an einer Grafik in Pink am Bahnsteig und am Zug.

Ich war schon zu allen Tageszeiten in Japan unterwegs und habe mich nie unsicher gefühlt. Auch in dunklen Gassen und auf belebten Straßen lasse ich meine Handtasche immer offen. Wem das zu riskant ist, der schließt besser den Reißverschluss.

Falls euch dennoch irgendetwas zustößt, wählt die 110 und teilt es der Polizei mit. Unter der 119 ruft man den Krankenwagen oder die Feuerwehr. Aber hoffentlich braucht ihr das nie.

LGBTQIA+ REISENDE

LGBTQIA+ Reisende sollten keine Probleme haben, da Japan aber ein sehr traditionelles und konservatives Land ist, sollten alle Reisenden von persönlichen Zuneigungsbekundungen in der Öffentlichkeit absehen, auch vom Händchenhalten, da dies verpönt ist. Ausländische Reisende werden eher aus Neugierde beäugt, weil sie einfach keine Japaner sind.

Ein Doppelzimmer oder ein Zimmer in einem *ryokan* (traditionellen japanischen Hotel) zu buchen, sollte kein Problem sein. Und ich beneide meine schwulen Freunde immer, da sie gemeinsam in den *onsen* (heiße Quelle) gehen können, denn die sind ja nach Geschlechtern getrennt!

Tokyo und Osaka haben eine dynamische Bar- und Nachtclub-Szene. In Tokyo gibt es mehr als 300 Homosexuellen-Bars, vor allem im Szeneviertel Ni-Chome in Shinjuku. Ich habe in diesen Bars zusammen mit meinem Freund David einige meiner tollsten Nächte in Tokyo verbracht.

Gleichgeschlechtliche Ehen sind in Japan nicht anerkannt, doch in einigen Tempeln in Kyoto werden mittlerweile Hochzeitszeremonien angeboten. In Tokyo und Osaka finden Gay-Paraden und -Festivals statt, die immer mehr an Bedeutung gewinnen. Was in Japan bisher noch eine Seltenheit ist, sind geschlechterneutrale Toiletten, aber ich denke, auch das wird sich ändern.

ELEKTRONISCHE GERÄTE

Lasst euren Fön zu Hause und nutzt die Geräte in eurer Unterkunft, denn die Spannung in Japan ist niedriger (100 V), da kommt aus dem Fön nur ein laues Lüftchen. Die japanischen Steckdosen sind vom Typ A, denkt also daran, einen entsprechenden Adapter für Laptop oder Tablet mitzunehmen.

WLAN

Japan hat auch wegen der Olympischen Sommerspiele 2021 die Zahl der WLAN-Hotspots deutlich erhöht, aber noch immer ist es häufig schwer, WLAN zu finden. Fragt im Hotel oder in der Unterkunft nach, ob sie ein Pocket-WLAN oder ein Smartphone mit Internetzugang zur Verfügung stellen, das ihr bei euren Touren durch die Stadt nutzen könnt. Oder ihr klärt noch vor der Abreise mit eurem Telefonanbieter die Datennutzung in Japan. Natürlich könnt ihr auch bei der Ankunft am Flughafen eine zweite SIM-Karte für Japan kaufen oder ein Pocket-WLAN mieten.

BEIM ESSEN

ESSSTÄBCHEN

Gebt nie Speisen mit den Essstäbchen von einem zum anderen weiter (das erinnert an ein Ritual bei Bestattungen, bei dem Knochenstückchen des Verstorbenen mithilfe von Stäbchen von einem Familienmitglied zum anderen weitergegeben werden). Man fuchtelt auch nicht mit Essstäbchen herum oder zeigt damit auf andere. Und man steckt sie auch nicht senkrecht in Reis oder Nudeln, sondern legt sie auf den Bänkchen oder am Teller- oder Schüsselrand ab.

Wenn man mit den Stäbchen eine Speise zerteilen möchte, etwa *okonomiyaki* (eine Art würziger japanischer Pfannkuchen mit Kohl) oder Kroketten, nimmt man beide Stäbchen in eine Hand und zieht sie dann vorsichtig auseinander. Wenn das nicht klappt, lasst euch Messer und Gabel bringen. Die Hand wird nicht vom Teller zum Mund geführt. Wenn Teller oder Schüssel klein sind (etwa 15 Zentimeter Durchmesser), nimmt man sie in die Hand. Und man sollte leeres Geschirr auch nicht selbst stapeln – außer, man isst in einem Running-Sushi-Restaurant.

IZAKAYA

Eine *izakaya* ist eine kleine Bar. Oft werden sie auch als »japanische Pubs« bezeichnet. Manchmal wird ein »Gedeck« berechnet, dafür bekommt man dann einen kleinen Probierhappen. Während man üblicherweise in einer *izakaya* etwas isst, kann man in den Pubs auch einfach nur ein Getränk bestellen.

Wenn man Platz genommen hat, bekommt man oft ein *oshibori* (feuchtes Tuch). Damit reinigt man sich die Hände, aber keinesfalls das Gesicht. Wir sind ja nicht im Flugzeug! Das *oshibori* legt man dann zusammengerollt neben den Teller und kann es während des Essens noch mal benutzen. Die *oshibori* haben je nach Jahreszeit unterschiedliche Temperaturen und sind im Sommer eine willkommene Erfrischung.

KISSATEN

Kissaten (kurz *kissa*) sind Kaffeehäuser im alten Stil, inspiriert von den Cafés in Europa, die in Japan in den 1970er Jahren boomten. In *kissaten* bekommt man Filterkaffee und etwas zu essen, etwa einfache Sandwiches (oft »gemischt«, also Schinken und Salat oder Ei und Mayonnaise), und Soda-Floats, meist in Blau oder Grün und mit einer Kugel Eis und einer Maraschino-Kirsche obendrauf. Dazu werden je nach *kissaten* verschiedene Speisen angeboten, Currys, *katsu* (paniertes Schweineschnitzel), *omuraisu* (Omelett mit Reisfüllung), Spaghetti oder Kuchen. *Kissaten* sind meist sehr günstig, man bekommt Frühstück oder Mittagessen mit Hauptgericht und Getränk schon für unter 1000 Yen.

ETIKETTE

TRINKGELD

In Japan gibt man kein Trinkgeld. Bei einer meiner ersten Reisen nach Japan verfolgte mich ein Angestellter in Harajuku bis auf die Straße, um mir die paar Yen Restgeld zurückzugeben. Derart peinliche Erlebnisse vermeidet man lieber.

SCHUHE

In vielen *izakaya* muss man vor dem Betreten die Schuhe ausziehen. Das macht man im *genkan* (Eingangsbereich). Viele *izakaya* haben Schließfächer, in die man die Schuhe abstellen kann. Achtung: Zum Anziehen geht man wieder in denselben Bereich, wo man sie ausgezogen hat (und zieht sie nicht gleich an den Schließfächern wieder an).

Man zieht die Schuhe auch beim Betreten von Wohnungen aus. Es gilt aber als unhöflich, in Wohnungen oder dem Restaurant barfuß zu laufen. Daher empfiehlt es sich, für alle Fälle ein Paar Socken in der Tasche zu haben, die man dann im *genkan* anziehen kann.

Beachten sollte man auch, dass man nicht auf die Ränder der *tatami* steigt, sondern sie auf dem Reisstroh betritt.

PRIVATBESUCHE

Wer in Japan zu jemandem nach Hause eingeladen wird, bringt ein kleines Geschenk mit, entweder aus seinem Heimatland oder etwas Kleines wie Tee, ein Päckchen Reiscracker, Kekse oder Obst. In den Untergeschossen der Kaufhäuser gibt es ganze Abteilungen nur mit solchen kleinen Geschenken, da findet man also immer etwas, wenn man unsicher ist.

Beim Betreten der Wohnung zieht man die Schuhe aus und sagt *»ojyamashimasu«*, was so viel heißt wie »bitte entschuldigen Sie, dass ich in Ihre Wohnung komme«. Dann wäscht man sich die Hände und, wenn möglich, spült sich den Mund aus, um keine Keime in die Wohnung zu tragen.

UNTERKÜNFTE

In Japan findet man alle Arten von Übernachtungsmöglichkeiten, oft auch ganz traditionelle.

HOTELS & HOSTELS

Hotels und Hostels gibt es in Japan in allen Preisklassen. Die meisten Hotels haben Betten statt Futons, manche Business-Hotels verfügen sogar neben der Dusche auf dem Zimmer über ein *sento* (öffentliches Bad), das die Gäste nutzen können.

KAPSELHOTELS

Winzige Kabinen, in denen man sich gerade so ausstrecken kann und die man daher ausschließlich zum Schlafen nutzt. Dazu gibt es Gemeinschaftsduschen und -toiletten.

LOVE HOTELS

Was soll man dazu sagen? Manche sind total retro – mit einem Schwanenbett wie bei Björk oder einem sich drehenden Bett und lauter Spiegeln, und man kann sie stundenweise mieten.

RESORTS

Das ist die westlichste Option der Unterkunftsmöglichkeiten in Japan. Manchmal sind sie sehr luxuriös, manchmal auch nur sehr tröstlich, wenn man eine Pause von der japanischen Kultur braucht.

MINSHUKU

Minshuku sind kleine Bed & Breakfasts, oftmals Familienbetriebe, und meist eher in den kleineren Städten zu finden. Hier erfährt man viel über das alltägliche Leben in Japan.

RYOKAN

Ryokan sind traditionelle japanische Hotels, häufig mit schönen *tatami*, Futons und *sento* (öffentlichem Bad). Hier bekommt man oft ein *yukata* (traditionelles Gewand), das man beim Frühstück und Abendessen trägt. Manche *ryokan* servieren das Abendessen auf dem Zimmer – oft *sashimi*, eingelegtes Gemüse, Salat, Fisch, Fleisch, Reis, Miso und *nabe* (Eintopf).

JAHRESZEITEN

FRÜHLING

Wer es gern ein bisschen kühl, aber angenehm hat und die *sakura* (Kirschbäume) sehen möchte, der sollte im Frühling nach Japan reisen. Die *Hanami*-(Kirschblüten-)Feste mit den vielen Menschen beim Picknick in den Parks sind ein Erlebnis. Ich liebe den Frühling in Japan.

SOMMER

Hiyashi chuka (kalter Nudelsalat) ist typisch für den Sommer in Japan, und wer ihn gern isst, ist im Sommer hier genau richtig. Für mich ist der Sommer eine Qual und die Feuchtigkeit fast unerträglich. Schon morgens um 9 Uhr ist man nach zehn Minuten völlig durchgeschwitzt. Zur Abkühlung gibt es kalten Grüntee an Automaten und *kakigori* (geschabtes Eis) sowie Klimaanlagen in den Einkaufszentren. Auch das japanische Bier ist recht erfrischend, im Sommer wird auch Frozen Beer angeboten, das sollte man mal probiert haben!

HERBST

Der Herbst ist in Japan sehr malerisch. Wenn sich die Blätter nach und nach rot und orange verfärben und man durch raschelndes Laub spaziert, ist das wirklich herrlich. Bald gibt es dann auch den ersten Glühwein, und man kann sich Gedanken über die Wintergarderobe machen. Mit Herbstbeginn startet auch die regnerische Zeit, aber praktisch, wie die Japaner nun mal sind, gibt es in vielen Kaufhäusern am Eingang Automaten für Regenjacken, sodass ein plötzlicher Regenguss kein Problem ist.

WINTER

Wer Wollschals, Taschenwärmer, dicke Strumpfhosen und Strickhandschuhe mag und gern an einem gemütlichen *kotatsu* (niedriger beheizter Tisch mit Decke) sitzt, der wird den Winter in Japan lieben. Er ist meine liebste Jahreszeit in Japan! Man wärmt sich in einem *sento* (öffentlichen Bad) auf, trinkt ein paar Gläser *umeshu* (Pflaumenwein) oder fährt ein paar Runden mit dem JR-Zug auf der Yamanote-Linie in Tokyo, denn da sind die Sitze beheizt. Und natürlich kann man in Hokkaido wunderbar Ski fahren und snowboarden!

FEIERTAGE & FESTIVALS

Japan hat eine lange Tradition von Festen, die das ganze Jahr über stattfinden. Daher lohnt es sich, vor der Reise zu prüfen, was wo stattfindet.

Mit Ausnahme des japanischen Neujahrs und der »Goldenen Woche« sind die meisten Läden, Cafés und Galerien an öffentlichen Feiertagen geöffnet.

Japanisches Neujahrsfest	1. Jan
Tag der Volljährigkeit	2. Montag im Jan
Gedenktag der Reichsgründung	11. Feb
Geburtstag des Kaisers	23. Feb
Frühlingsanfang	20. oder 21. März
Shōwa-Tag	29. Apr
Goldene Woche	29. Apr bis 5. Mai
Tag der Verfassung	3. Mai
Tag des Grüns	4. Mai
Tag des Kindes	5. Mai
Tag des Meeres	3. Montag im Juli
Tag des Berges	11. Aug
Tag der Ehrung der Alten	3. Montag im Sept
Herbstanfang	Ende Sept
Tag des Sports	2. Montag im Okt
Tag der Kultur	3. Nov
Tag der Arbeit	23. Nov

ERDBEBEN, TSUNAMI UND NATUR-KATASTROPHEN

Japan wird häufig von Erdbeben oder anderen Naturkatastrophen heimgesucht, da empfiehlt es sich, mit den Mitreisenden für alle Fälle einen Treffpunkt auszumachen. Am besten irgendwo im Freien, etwa in einem Park, wo man nicht mit herabstürzenden Teilen rechnen muss. Wer sich während eines Erdbebens in einem Gebäude aufhält, sollte sich unter einem Tisch vor herabfallenden Gegenständen schützen. Weil sich Türen bei einem Beben auch mal verklemmen können, sollte man sie bei einem länger andauernden Beben öffnen. Gut ist es auch, ein Paar Schläppchen griffbereit zu haben, da im Haus ja keine Schuhe erlaubt sind. So kann man nötigenfalls auch über Glasscherben laufen, ohne sich zu verletzen, falls das Haus evakuiert werden muss.

Erdbeben- und Tsunami-Warnungen werden von NHK Television auf Kanal 1 gesendet, und die meisten neueren Fernseher haben einen Knopf zum Umschalten auf englische Sprache. Vor Ort wird auch über Lautsprecher durchgesagt, wenn eine Evakuierung erforderlich ist. Genaue Infos bekommt man auch auf der Website der Japan Meteorological Agency: www.jma.go.jp

Während der Taifun-Saison gehen in den Lebensmittelläden manchmal die Vorräte aus, weil sich jeder zu Hause in Sicherheit bringt und abwartet, bis alles vorbei ist, daher sollte man in dieser Zeit etwas mehr einkaufen, falls man wegen des Sturms nicht hinauskann. Fenster brechen im starken Sturm leicht, daher werden sie oft mit Klebebändern oder Karton geschützt, damit sich keiner an den Scherben verletzt. Wer einen Taifun an der Küste oder auf einer Insel erlebt, muss besondere Vorsichtsmaßnahmen treffen. Japan hat in allen Regionen Erdbebenschutzräume eingerichtet, oft sind sie in Grundschulen zu finden.

REGISTER

Bildnachweis

Alle Bilder © Ebony Bižys mit Ausnahme folgender:

S. 16: directphoto.bz/Alamy Stock Photo
S. 21: Alamy
S. 23 oben: KungChuyada/Shutterstock.com
S. 23 unten: ranmaru/Shutterstock.com
S. 27 oben und Mitte: Morumotto/Shutterstock.com
S. 29 unten, S. 33–35: mit freundlicher Genehmigung von Moreru Mignon
S. 30 unten: VTT Studio/Shutterstock.com
S. 40 links: mit freundlicher Genehmigung von City Country City
S. 55 unten: mit freundlicher Genehmigung von My Home in Tokyo
S. 56: Alamy Stock Photo
S. 59 links: Sayaka Minemura
S. 61, S. 75 unten, S. 83, S. 169, S. 171, S. 183 oben, S. 184: iStock Photo
S. 66 unten: mit freundlicher Genehmigung von Hatoya Hotel
S. 70, S. 78 links und oben, S. 103 unten, S. 107 Mitte: Natalie Schön
S. 89: john mobbs/Shutterstock.com
S. 90 unten: Tuul and Bruno Morandi/Alamy Stock Photo
S. 98: Stéphanie Crohin
S. 119 oben: Shinya Yanagihara
S. 133: mit freundlicher Genehmigung von Hi! Sandwich
S. 148 oben und unten: mit freundlicher Genehmigung von On Reading
S. 154 oben: Ai Hasunuma
S. 159: mit freundlicher Genehmigung von Pecori
S. 163: Elana Pistorio
S. 166: Shutterstock
S. 172 oben: Korbut Ivetta/Shutterstock.com
S. 172 unten: Sean Pavone/Shutterstock.com
S. 183 Mitte unten: Jigokudani Monkey Park
S. 184 unten: mit freundlicher Genehmigung von Ch.Books
S. 197: mit freundlicher Genehmigung von Shiogama Sugimura Jun Museum of Art
S. 216: Carlos Huang/Shutterstock.com
S. 219 Mitte, S. 223 oben: Unsplash
S. 219 unten, S. 220: hedgehog111/Shutterstock.com
S. 223 unten: ChunChang Wu/Shutterstock.com
S. 270, S. 296 oben, S. 312, S. 313: BOCO

Die Autorin dankt Toni Fan und dem Team der Japan National Tourism Organization für ihre Unterstützung.

Hinweise zu den Karten:

Die Karten in diesem Buch enthalten Daten von Mitarbeitern von © OpenStreetMap
Zugang zu OpenStreetMap ermöglicht die Lizenz Open Data Commons Open Database License (ODbL) der OpenStreetMap Foundation (OSMF): http://opendatacommons.org/licenses/odbl/1.0/

Jegliche Rechte individueller Inhalte der Datenbank sind lizenziert unter folgender Lizenz: http://opendatacommons.org/licenses/dbcl/1.0/

Datenextraktion durch Geofabrik GmbH
https://www.geofabrik.de

© National Land Information Division, National Spatial Planning and Regional Policy Bureau, MILT of Japan

DK | Penguin Random House

Für die Originalausgabe:

Verlagsleitung Melissa Kayser
Lektorat Megan Cuthbert, Alice Barker
Kartografie Emily Maffei
Art-Direktion Ebony Bižys
Satz Megan Ellis
Register Helena Holmgren
Assistenz (Japan-Recherche) Nyree Jacobs
Repro Megan Ellis und Splitting Image Colour Studio

Für die deutsche Ausgabe:

Projektbetreuung Stefanie Franz
Herstellungskoordination Antonia Wiesmeier
Herstellung Stefanie Staat

Übersetzung Susanne Traub-Schweiger, Garmisch-Partenkirchen
Redaktion Dr. Gabriele Rupp, Krailling
Schlussredaktion Philip Anton, Köln

Titel der englischen Originalausgabe: *Hello Sandwich Japan*

Das Original erschien 2021 in Australien bei Hardie Grant Travel, ein Imprint von Hardie Grant Publishing, Melbourne und Sydney
www.hardiegrant.com/au/travel

ISBN 978-3-7342-0828-7
5902-970513-23885-01

2 3 4 26 25 24

Druck und Bindung Leo Paper Products Ltd, China

FSC www.fsc.org MIX Papier | Fördert gute Waldnutzung FSC® C020056